पुरानी राजस्थानी

पुरानी राजस्थानी

मूल लेखक

डॉ. एल.पी. तेस्सितोरी

अनुवादक

डॉ. नामवर सिंह

वाणी प्रकाशन

वाणी प्रकाशन

4695, 21-ए, दरियागंज, नयी दिल्ली 110 002

शाखा

अशोक राजपथ, पटना 800 004

फ़ोन : +91 11 23273167 फ़ैक्स : +91 11 23275710

www.vaniprakashan.in
vaniprakashan@gmail.com
editorial@vaniprakashan.com
sales@vaniprakashan.in

PURANI RAJASTHANI
by Dr. L.P. Tessitori
Translated by Dr. Namvar Singh

ISBN : 978-93-5000-082-3
Criticism

संस्करण 1955, 1979, 1998
आवृत्ति संस्करण 2015
मूल्य : ₹ 350

रजोरिया प्रिंटर्स, दिल्ली-110 093 में मुद्रित

वाणी प्रकाशन का लोगो मक़बूल फ़िदा हुसेन की कूची से

प्रथम संस्करण की भूमिका

यह पुस्तक डा० एल० पी० तेस्सितोरी के 'Notes on the Grammar of the Old Western Rajasthani with special reference to Apabhramsa and Gujarati and Marwari' शीर्षक अंग्रेजी निबंध का अनुवाद है जो 'इंडियन ऐंटिक्वेरी' में धारावाहिक रूप से १९१४ ई० के अप्रैल, मई, सितम्बर, अक्तूबर, नवम्बर, दिसम्बर तथा १९१५ ई० के जनवरी से जुलाई तक और १९१६ ई० के जनवरी तथा जून के अंकों में प्रकाशित हुआ था।

डा० तेस्सितोरी के इस खोजपूर्ण निबंध के भाषाबैज्ञानिक महत्त्व पर कुछ कहने की आवश्यकता नहीं है। जैसा कि डा० सुनीतिकुमार चाटुर्ज्या ने अपनी "राजस्थानी भाषा' नामक पुस्तक (उदयपुर, मई १९४९ ई०) में कहा है, 'पुरानी राजस्थानी उच्चारण-रीति, रूप-तत्त्व और वाक्य-रीति के पूरे विचार के साथ तेस्सितोरी की आलोचना ऐसी महत्त्वपूर्ण है कि इसे राजस्थानी (मारवाड़ी) तथा गुजराती भाषा-तत्त्व की बुनियाद यदि कहा जाय, तो अत्युक्ति न होगी।"

डॉ० ग्रियर्सन ने १९०७ और १९०८ ई० में 'लिंग्विस्टिक सर्वे ऑफ़ इंडिया' के दो जिल्दों में राजस्थानी का पहला 'वर्णनात्मक व्याकरण' प्रस्तुत किया था। उसके सात साल बाद उस भाषा का 'ऐतिहासिक व्याकरण' प्रस्तुत करके डा० तेस्सितोरी ने सचमुच एक ऐतिहासिक कार्य किया। जहाँ तक मुझे मालूम है, इससे पहले आधुनिक-भारतीय भाषाओं में से किसी भाषा का 'ऐतिहासिक व्याकरण' नहीं लिखा गया था। इस प्रकार तेस्सितोरी का यह निबंध राजस्थानी का ही नहीं, बल्कि भारतीय-आर्यभाषा के ऐतिहासिक व्याकरण की बुनियाद कहा जा सकता है।

'पुरानी पश्चिमी राजस्थानी' के द्वारा तेस्सितोरी ने अपभ्रंश और आधुनिक भारतीय आर्यभाषाओं के बीच की उस खोई हुई कड़ी के पुनर्निर्माण का प्रयत्न किया है जिसके बिना किसी आधुनिक भाषा का ऐतिहासिक व्याकरण लिखा ही नहीं जा सकता। निःसंदेह उन्होंने जिन २२ जैन हस्तलिखित ग्रंथों के

आधार पर विवेचन किया है. वे मुख्यतः गुजराती और राजस्थानी भाषाओं का ही आदि रूप प्रस्तुत करते हैं, फिर भी उनसे अपभ्रंश-युग के बाद की भाषा के ध्वनि-परिवर्तन की प्रवृत्तियों पर पूरा प्रकाश पड़ता है। इस दृष्टि से तेस्सितोरी का ध्वनि-विचार बहुत व्यापक उपयोग की वस्तु है।

जहाँ तक हिंदी के आदि रूप के पुनरुद्धार का प्रश्न है, इस निबंध में केवल सांकेतिक विचार-स्फुलिंग ही मिल सकते हैं परंतु वे कुछ स्फुलिंग ही हिंदी के ऐतिहासिक व्याकरण की समस्याओं पर पर्याप्त प्रकाश डालने में समर्थ हैं। 'प्राकृत-पैंगलम्' से शब्द-रूप चुनते समय तेस्सितोरी ने स्थान-स्थान पर संकेत किया है कि इससे पुरानी ब्रजभाषा के रूप व्युत्पन्न हो सकते हैं। जगह-जगह पुरानी बैंसवाड़ी की ओर भी संकेत है। इस तरह तेस्सितोरी की विवेचना-प्रणाली और संगृहीत तथ्यों के आधार पर प्राकृत-पैंगलम्, उक्ति व्यक्ति-प्रकरण, कीर्तिलता तथा इधर की खोजों से प्राप्त अन्य सामग्रियों से 'पुरानी हिंदी' का ऐसा ही ऐतिहासिक व्याकरण प्रस्तुत किया जा सकता है जिसकी इस समय अत्यन्त आवश्यकता है।

इस निबंध की ओर मेरा ध्यान सबसे पहले तब गया जब मैं "हिंदी के विकास में अपभ्रंश का योग' पुस्तक पर काम कर रहा था। इसके अनुवाद की आवश्यकता उसी समय महसूस हुई जो अब गुरुदेव आचार्य हजारीप्रसाद द्विवेदी के प्रोत्साहन से प्रस्तुत पुस्तक के रूप में पूर्ण हुई है। इसके भाषान्तर तथा लिप्यन्तर की कठिनाइयाँ वही समझ सकता है जो ऐसे अनुवादों के असिधारा व्रत का व्रती है। आशा है, क्वचित-कदाचित स्खलन विद्वानों के रोष की भ्रू भंगिमा नहीं, बल्कि सुझाव का कृपा-कटाक्ष प्राप्त करेगा।

—नामवर सिंह

हिंदी विभाग
काशी विश्वविद्यालय।

लेखक-परिचय

डा० एल० पी० तेस्सितोरी का जन्म सन् १८८८ ई० में इटली के उदीने नगर में हुआ था। २१ वर्ष की वय तक उन्होंने फ्लोरेंस विश्वविद्यालय में अध्ययन किया; वहीं से उन्होंने अंग्रेजी में एम० ए० किया और फिर तुलसी-दास की रामायण पर खोजपूर्ण निबंध लिखकर पी-एच० डी० की उपाधि ली।

विश्वविद्यालय से निकलने के बाद डा० तेस्सितोरी ने २३ वर्ष की उम्र में (१९११ ई०) मिलान में फ़ौज की नौकरी कर ली। परन्तु कुछ ही महीने के बाद उन्होंने यह नौकरी छोड़ दी। इस बीच उन्होंने भारतीय विद्वानों से सम्पर्क स्थापित करने का प्रयत्न किया। डा० याकोबी के कहने से उन्होंने भारत में आचार्य विजयधर्म सूरि के पास पत्र लिखा और 'पुरानी राजस्थानी' निबंध के लिए कुछ आवश्यक पांडुलिपियाँ मँगवाईं। डा० तेस्सितोरी के मन में भारत आने की प्रबल आकांक्षा थी जो अंत में डा० ग्रियर्सन के प्रयत्न से १९१४ ई० में पूरी हुई। वे 'बंगाल एशियाटिक सोसाइटी' में 'बॉर्डिक एंड हिस्टॉरिकल सर्वे ऑफ़ राजपूताना' के सुपरिंटेंडेंट नियुक्त किये गए। अपना कार्यभार सँभालने के लिए डा० तेस्सितोरी ८ अप्रैल १९१४ ई० को भारत आए और कुछ दिन कलकत्ते रहकर राजस्थान चले गए।

इसके बाद डा० तेस्सितोरी का संपूर्ण जीवन राजस्थान में ही बीता। बीकानेर को केन्द्र बनाकर वे राजस्थान के गाँवों का दौरा करते रहे। इस तरह थोड़े ही दिनों में वे ठेठ राजस्थानी हो गए। राजस्थान से उन्हें मातृभूमि का-सा प्यार हो गया। अंत में, जिस मिट्टी से उन्हें इतना प्यार था, उसी की गोद में उन्हें स्थान भी मिला। राजस्थान का जलवायु उनके अनुकूल नहीं पड़ा और जुकाम हो जाने के कारण १९१८ के शीतकाल में अचानक उनका देहावसान हो गया। मृत्यु के समय उनकी अवस्था केवल ३१ साल की थी। यों तो अल्पायु में मरने वाले प्रायः सभी लोगों के बारे में कहा जाता है कि यदि वे जीते रहते तो न जाने क्या करते; किन्तु तेस्सितोरी के बारे में यह कथन जितना सही है,

उतना बहुत कम लोगों के बारे में हो सकता है। केवल ५ वर्षों में तेस्सितोरी ने जो काम कर दिखाया वह बहुतों के लिए उम्र-भर में भी सम्भव नहीं है।

डा० तेस्सितोरी की महत्त्वपूर्ण कृतियों की सूची निम्नलिखित है—

1. Origin of the Dative and Genetive and Dative - Post-position in Gujarati and Marwari (JRAS, London, 1913)

2. Some Grammatical Forms in the Old Baiswari of Tulsidas. (ibid. 1914)

3. Grammar of Old Western Rajasthani (Ind. Ant. 1914-16)

4. Reports of the Bardic and Historical Survey of Rajputana (1914-17, JRASB)

5. The Wide sound of E and O in Marwari and Gujarati (Ind. Ant. Sept. 1918)

सम्पादित ग्रंथ—

(१) वचनिका राठोड़ रतनसिंहजी री (रायल एशियाटिक सोसाइटी बंगाल, १९१७ ई०)

(२) बेलि क्रिसन रुकमणीरी (वही, १९१९ ई०)

(३) छन्द राउ जइत-सी रउ (वही, १९२० ई०)*

—o—

* विस्तृत परिचय के लिए देखिए 'राजस्थानी भारती', भाग ३, अंक १ (अप्रैल १९५०), बीकानेर।

विषय-सूची

पुरानी राजस्थानी

प्रस्तावना

तीन साल पहले जब फ्लोरेंस के 'रेजा बिब्लिओतेका नत्सिओनाले चेंत्राले' के भारतीय संग्रह में पहले-पहल मुझे कुछ **प्राचीन पश्चिमी राजस्थानी** के हस्तलिखित ग्रंथ खोज में मिले, तो मुझे लगा कि इनमें पाए जाने वाले नवीन व्याकरणिक रूप **नव्य-भारतीय** भाषाविज्ञान के विद्यार्थियों के लिए अत्यंत लाभदायक हो सकते हैं। परंतु जब मैंने वह कार्य अपने हाथ में लिया तथा उन हस्तलिखित ग्रंथों का अध्ययन करने लगा और उस भाषा के साथ धीरे-धीरे मेरा परिचय बढ़ने लगा, तो मैंने देखा कि इनसे उन अनेक व्याकरणिक रूपों की नई व्याख्या की जा सकती है जिनकी व्युत्पत्ति का या तो पता नहीं है अथवा अभी ध्यान नहीं दिया गया है। इसलिए मैंने अपनी पूर्ववर्ती योजना का विस्तार **प्राचीन-पश्चिमी-राजस्थानी** के ऐतिहासिक व्याकरण के रूप में करने का निश्चय किया। इसी को आज सर्वसाधारण के सम्मुख वर्तमान 'निबंध' के रूप में प्रस्तुत कर रहा हूँ। यह विषय अपभ्रंश से आधुनिक भारतीय आर्यभाषा के विकास के इतिहास के लिए अत्यंत महत्त्वपूर्ण है। मुझे आशा है कि मेरा श्रम भारतीय भाषा-विज्ञान की इस शाखा में रुचि लेने वाले सभी विद्वानों के लिए स्वीकार्य होगा। जहाँ तक अपूर्णताओं का सवाल है, जो कि इस क्षेत्र में ऐसे प्रत्येक अनुशीलन के साथ आगामी अनेक वर्षों तक लगा रहेगा, मैं सोचता हूँ कि प्रस्तुत विषय में मुझे क्षमा किए जाने का विशेष कारण है। वह यह कि जहाँ तक मुझे मालूम है, **नव्य भारतीय** भाषा-विज्ञान के इस महत्त्वपूर्ण विषय पर, भारत में कभी गए बिना ही, काम करने का साहस करने वाला मैं पहला यूरोपीय हूँ। इसलिए भारतवासियों की सहायता से मैं सर्वथा वंचित रहा, जो कि ऐसे किसी काम के लिए अपरिहार्य समझी जाती है। भारत में मैं कभी नहीं रहा, यह मेरा दोष नहीं है, क्योंकि मेरी यह प्रबल अभिलाषा सदैव रही है कि जिन भाषाओं को मैं इतना प्यार करता हूँ, उनका अध्ययन उसी जगह जाकर करूँ। यह अभाव केवल अवसर का ही है, जो कभी-न-कभी मुझे अवश्य मिलेगा—इसकी मुझे पूर्ण आशा है।

—o—

अध्याय १

भूमिका

जिस भाषा को मैंने 'प्राचीन पश्चिमी राजस्थानी' नाम दिया है और इन पृष्ठों में जिसका विवरण देने जा रहा हूँ, वह शौरसेन अपभ्रंश की पहली सन्तान है और साथ ही उन आधुनिक बोलियों की माँ है जिसे गुजराती तथा मारवाड़ी नाम से जाना जाता है। भाषा के इस प्राचीन रूप की ओर सबसे पहले श्री एच० एच० ध्रुव ने ध्यान आकृष्ट किया। उन्होंने १८८९ ई० में **मुग्धावबोधमौक्तिक** का एक संस्करण प्रकाशित किया। यह ग्रंथ संस्कृत का एक आरंभिक व्याकरण है और इस पर प्राचीन पश्चिमी राजस्थानी की एक टीका भी है। इसके बाद १८९३ ई० में उन्होंने लन्दन की प्राच्य-विद्या-विशारदों की अन्तर्राष्ट्रीय कांग्रेस के नवें अधिवेशन में 'चौदहवीं-पन्द्रहवीं शताब्दी की गुजराती भाषा' शीर्षक निबंध प्रस्तुत किया। लेकिन अपने इस अध्ययन में उन्होंने अत्यंत असावधानी दिखाई है; न तो उनका पर्यवेक्षण विश्वसनीय है और न भाषावैज्ञानिक दृष्टि से यथातथ ही है। इसलिए उनका परिश्रम नव्य भारतीय आर्यभाषाओं के उद्भव के विषय में खोज करने में विशेष लाभदायक नहीं हो सका है। '**भारतीय भाषा-सर्वे**' जिल्द ९, खंड २ में सर जार्ज ग्रियर्सन ने इस विषय पर फिर विचार किया और **मुग्धावबोधमौक्तिक** की टीका में प्रयुक्त भाषा का स्पष्टतम विवरण दिया है। इस पुस्तक में अपेक्षाकृत जितने स्वल्प उदाहरण हैं, उन्हें देखते हुए इस विवरण को यथासंभव पूर्ण कहा जा सकता है। इसकी भाषा को उन्होंने 'प्राचीन गुजराती' कहा है और इसे अपभ्रंश तथा गुजराती के बीच की कड़ी बतलाया है। परंतु इसके लिए मैंने जो भिन्न नाम अपनाया है, उसका कारण है। इस 'निबंध' में मैंने जिस नई सामग्री का उपयोग किया है, उससे पता चलता है कि कम से कम पन्द्रहवीं शताब्दी तक आधुनिक गुजरात के संपूर्ण और आधुनिक मारवाड़ के संभवतः अधिकांश भाग में व्यवहारतः भाषा का एक रूप प्रचलित था और यह भाषा बिल्कुल वही थी जिसके उदाहरण **मुग्धावबोध-मौक्तिक** में मिलते हैं। दूसरे शब्दों में उक्त समय तक मारवाड़ी गुजराती से अलग नहीं हुई थी, इसलिए प्राचीन गुजराती जैसे एकांगी नाम की जगह एक

ऐसे उपयुक्त नाम की आवश्यकता है जिससे प्राचीन मारवाड़ी का भी बोध हो सके।[1]

तथ्य यह है कि जिस भाषा को मैं 'प्राचीन पश्चिमी राजस्थानी' नाम से पुकारता हूँ, उसमें वे सभी तत्व हैं जो गुजराती के साथ-साथ मारवाड़ी के उद्भव के सूचक हैं और इस तरह वह भाषा स्पष्टतः इन दोनों की सम्मिलित माँ है। यह बहुत पहले ही स्वीकार किया जा चुका है[2] कि गुजराती और मारवाड़ी एक ही उद्गम-स्थल शौरसेन अपभ्रंश से उत्पन्न हुई हैं, राजस्थानी को पश्चिमी हिंदी से अलग कर उसे अलग भाषा के रूप में रखने का श्रेय सबसे पहले सर जार्ज ग्रियर्सन को है। उन्होंने पहले ही यह मत व्यक्त किया है कि "यदि राजस्थानी बोलियों पर अब तक किसी मान्य भाषा की बोलियों के रूप में विचार करना है तो वे गुजराती की बोलियाँ हैं।"[3] गुजराती और मारवाड़ी की घनिष्ठता मानव-विज्ञान-सिद्धान्त के साथ भी मेल खाती है, जैसा कि सर जार्ज ग्रियर्सन[4] और श्री डी० आर० भंडारकर[5] ने दिखलाया है, इस सिद्धान्त के अनुसार गुजरात और राजपूताना एक ही आर्य कबीले—गुर्जरों से आबाद थे। ये गुर्जर पश्चिमोत्तर भारत के प्राचीन सपादलक्ष से चलकर पूर्वोत्तर राजपूताना में आ बसे थे और फिर क्रमशः पश्चिम में फैलते हुए गुजरात में जा पहुँचे। साथ ही उन्होंने अपने देशान्तरण के विभिन्न प्रदेशों पर अपनी भाषा भी लाद दी। यही सिद्धान्त राजस्थानी और हिमालय की भाषाओं की एकरूपता के विषय में लागू होता है, जिन्हें सर जार्ज ग्रियर्सन ने 'पहाड़ी' नाम से एक समूह में रखा है।[6] डा० भगवान लाल इन्द्रजी ने अपने 'गुजरात का आरंभिक इतिहास'[7] में दिखलाया है कि गुजरात में गुर्जरों का प्रवेश ४००-६०० ई० के बीच हुआ। जो हो, इतना निश्चित है कि सपादलक्ष से गुर्जर जो भाषा अपने साथ ले आए, शौरसेन अपभ्रंश के निर्माण में उसका मुख्य हाथ है।

शौरसेन अपभ्रंश के बारे में अब तक हमारी जानकारी मुख्यतः हेमचन्द्र प्राकृत व्याकरण ४/३२९-४४६ सूत्रों के उदाहरणों और नियमों पर आधारित

---

१. 'प्राचीन पश्चिमी राजस्थानी' नाम जो कि मुझे सबसे अधिक सुविधाजनक प्रतीत होता है, सर्वप्रथम सर जार्ज ग्रियर्सन ने मुझे सुझाया।

२. तुलनीय, पिशेल : ग्रैमेटिक डेर प्राकृत श्प्राखेन § ५

३. लि० स० इ०, जिल्द ९, खण्ड २, पृ० १५

४. वही, पृ० २, ३२३

५ इंडियन ऐंटीक्वेरी, जिल्द ४० (१९११)

६. Progress Report of the Linguistic Survey of India, up to the end of the year 1911, presented before the XVIth International Congress of Orientalists, Athens, 1911.

७. Bombay Gazetteer Vol. i. Part. i, (1826), p. 2.

है। हेमचन्द्र १२वीं शताब्दी ईस्वी (सं० ११४४-१२२८) में हुए थे और स्पष्ट है कि उन्होंने जिस अपभ्रंश का परिचय दिया है, वह उनसे पहले की है; इसलिए इस प्रमाण के आधार पर हम हेमचन्द्र-वर्णित शौरसेन अपभ्रंश की पूर्ववर्ती सीमा कम से कम १०वीं शताब्दी ईस्वी रख सकते हैं। और **प्राकृत-पैंगल** का ज्यों ही वैज्ञानिक संस्करण सुलभ हो जायगा, अपभ्रंश के परवर्ती इतिहास-संबंधी भी पर्याप्त सूचनाएँ मिलने की आशा है। इस ग्रंथ के कुछ अंश का पाठ-संग्रह सीगफ्रीड गोल्डश्मिट ने किया है, और पिशेल ने अपने प्राकृत व्याकरण में उसका उपयोग भी किया है। उससे यह स्पष्ट है कि जिस भाषा में **पिंगल-सूत्र** के उदाहरण लिखे गए हैं, वह हेमचन्द्र के अपभ्रंश से अधिक विकसित भाषा की अवस्था का पता देती है। इस परवर्ती अपभ्रंश-अवस्था की केवल एक, किन्तु सबसे महत्त्वपूर्ण विशेषता के उल्लेख तक ही अपने को सीमित रखते हुए मैं **वर्तमान कर्मवाच्य** का रूप उद्धृत कर सकता हूँ जिसके अंत में सामान्यतः—**ईजे** (<इज्जइ)[८], आता है। इससे पता चलता है कि व्यंजन-द्वित्व के सरलीकरण तथा पूर्ववर्ती स्वर के दीर्घीकरण की प्रक्रिया आरंभ हो गई थी। अपभ्रंश की तुलना में आधुनिक भाषाओं की यह मुख्य ध्वन्यात्मक विशेषता है और इसका आरंभ चौदहवीं शताब्दी से बहुत पहले ही हो चुका था। यह वह समय है जब तक अथवा जिसके बाद **प्राकृत-पैंगल** का अंतिम संग्रह-कार्य लगभग समाप्त हो गया प्रतीत होता है।[९] क्योंकि इस ग्रंथ में यद्यपि विभिन्न छंदों के उदाहरण के लिए कुछ ऐसे पद्य उद्धृत हैं जो चौदहवीं शताब्दी से पुराने नहीं हो सकते, फिर भी यह स्पष्ट है कि यही बात अन्य सभी पद्यों के लिए लागू नहीं हो सकती। पिंगल-अपभ्रंश को किसी भी तरह उस भाषा का प्रतिनिधि नहीं कहा जा सकता जो **प्राकृत-पैंगल** की रचना के समय बोल-चाल में प्रचलित थी, बल्कि वह एक ऐसी भाषा का रूढ़ रूप है जो पहले ही लगभग मृत हो चुकी थी और केवल साहित्य-रचना के लिए प्रयुक्त होती थी। व्यावहारिक निष्कर्ष यह है कि हमारे लिए **प्राकृत-पैंगल** की भाषा हेमचन्द्र के अपभ्रंश और आधुनिक भाषाओं की आरम्भिक अवस्था के बीच वाले सोपान का प्रतिनिधित्व करती है और इसे दसवीं से ग्यारहवीं अथवा संभवतः बारहवीं शताब्दी ईस्वी के आस पास की भाषा कहा जा सकता है।

विकास-क्रम से इसके बाद इस भाषा की वह अवस्था आती है, जिसे मैंने प्राचीन-पश्चिमी-राजस्थानी कहा है। परन्तु यह ध्यान देने की बात है कि पिंगल

---

८. उदाहरणतः 'ठवीजे' (२,६३; १०१), 'दीजे' (२।१०२, १०५), 'भणीजे' (२।१०१) इत्यादि

९. दे० चन्द्रमोहन घोष, प्राकृत-पैंगलम्, बिब्लियोथेका इंडिका (कलकत्ता, १९०२) पृ० ७

अपभ्रंश उस भाषा-समूह का शुद्ध प्रतिनिधि नहीं है जिससे प्राचीन-पश्चिमी-राजस्थानी उत्पन्न हुई है; बल्कि उसमें ऐसे अनेक तत्त्व हैं जिनका आदि स्थान पूर्वी राजपूताना मालूम होता है और जो अब मेवाती, जयपुरी और मालवी आदि पूर्वी राजस्थानी बोलियों तथा पश्चिमी हिन्दी में विकसित हो गए हैं। ऐसी पूर्वी विशेषताओं में से मुख्य है संबंध-परसर्ग 'कउ' का प्रयोग, जो प्राचीन पश्चिमी राजस्थानी के लिए सर्वथा विदेशी है और यहाँ तक कि आज भी गुजरात और पश्चिमी राजपूताना की बोलियों में एकदम ग़ायब है। इसके विपरीत पूर्वी राजस्थानी बोलियों तथा पश्चिमी हिन्दी में इसका व्यापक प्रचलन है। इसलिए अपभ्रंश से प्राचीन पश्चिमी राजस्थानी का उद्भव दिखाने के लिए **प्राकृत-पैंगल** की भाषा केवल परोक्षतः उपयोग की वस्तु है। **प्राकृत-पैंगल** की भाषा की पहली सन्तान प्राचीन-पश्चिमी राजस्थानी नहीं, बल्कि भाषा का वह विशिष्ट रूप है जिसका प्रमाण चंद की कविता में मिलता है और जो भलीभाँति प्राचीन पश्चिमी हिन्दी कही जा सकती है। पिंगल अपभ्रंश के साथ-साथ इस भाषा की एक विशेषता है सामान्य वर्तमान काल के लिए वर्तमान कृदन्त का प्रयोग। अब तक जो प्रमाण प्राप्य हैं उनके आधार पर यह संभव नहीं है कि प्राचीन पश्चिमी हिंदी की पश्चिमी सीमा और प्राचीन-पश्चिमी-राजस्थानी की पूर्वी सीमा निर्धारित की जा सके। परंतु बहुत संभव है कि जिस युग से इस समय हमारा अभिप्राय है, प्राचीन पश्चिमी हिंदी आज की अपेक्षा पश्चिम की ओर अधिक फैली हुई थी और उसने कम से कम आधुनिक पूर्वी राजस्थानी के क्षेत्र का कुछ भाग अधिकृत कर लिया था। यह इतनी दूर तक फैल गई थी कि प्राचीन-पश्चिमी-राजस्थानी की सीमा ही इसकी सीमा हो गई या ये दोनों किसी मिश्रित मध्यवर्ती बोली के रूप से कुछ अलग रह गईं थीं—यह मैं निश्चयपूर्वक नहीं कह सकता। फिर भी इनमें से द्वितीय विकल्प के पक्ष में मेरा झुकाव है। यदि इस मध्यवर्ती भाषा का अस्तित्व था तो उसे प्राचीन पूर्वी राजस्थानी पुकारना तथा जिन बोलियों को आजकल ढुंढारी या जयपुरी की सामान्य संज्ञा के अंतर्गत रखा जाता है, उनका प्राचीन प्रतिनिधि समझना उचित होगा। संभवतः इस प्राचीन भाषा के कुछ प्रमाण सुरक्षित हैं, लेकिन जब तक वे प्रस्तुत नहीं किए जाते तब तक इस विषय को हम विचाराधीन ही रखते हैं। परन्तु हम यह मान सकते हैं कि पूर्वी राजपूताना की प्राचीन भाषा—वह प्राचीन पूर्वी राजस्थानी हो चाहे प्राचीन पश्चिमी हिंदी—मूल रूप में गुजरात और पश्चिमी राजपूताना की भाषा की अपेक्षा गंगा द्वाब की भाषा के अधिक निकट थी। फ्लोरेंस के **रेजा बिब्लिओतेका नत्सिओनाले चेंत्राले** के भारतीय पांडुलिपियों के संग्रह में मुझे रामचन्द्र के **पुण्यश्रावक-कथा-कोश** के जयपुरी रूप का एक अंश प्राप्त हुआ है। इसकी भाषा यद्यपि मुश्किल से २०० या ३०० वर्ष पुरानी होगी, फिर भी यह ध्यान देने योग्य बात है कि आधुनिक जयपुरी की अपेक्षा पश्चिमी हिंदी से समानता रखने

वाले तत्त्व इसमें अधिक हैं।

इस प्रसंगान्तर के बाद अब मैं फिर अपने विषय का सूत्र पकड़ता हूँ। प्राचीन-पश्चिमी राजस्थानी की उन मुख्य विशेषताओं को समेट कर दो में इस प्रकार रखा जा सकता है जिनके द्वारा वह एक ओर अपभ्रंश से अलग हो जाती है और दूसरी ओर आधुनिक गुजराती और मारवाड़ी से:—

१. अपभ्रंश के व्यंजन-द्वित्व का सरलीकरण और पूर्ववर्ती स्वर का प्रायः दीर्घीकरण हो जाता है, जैसे—

अप० **अज्ज** > प्रा० प० रा० **आज** (दशट्ट[१०] ६);
अप० **वद्दल** > प्रा० प० रा० **बादल** (एफ़० ५३५, २२)
अप०* **चिब्भडि** > प्रा० प० रा० **चीभड** (पं० २५२)

थोड़े से अपवादों के साथ यह ध्वन्यात्मक प्रक्रिया समान रूप से सभी नव्य भारतीय आर्यभाषाओं में भी पाई जाती है और अपभ्रंश की तुलना में यह न० भा० आ० की स्पष्टतः लक्षित होनेवाली मुख्य विशेषता मानी जा सकती है।

२. अपभ्रंश के दो स्वर-समूहों **अइ**, **अउ** के उद्वृत्त रूप सुरक्षित हैं अर्थात् इनमें से प्रत्येक समूह के दो स्वर तब तक दो भिन्न अक्षर माने जाते थे; जैसे—

अप० **अच्छइ** > प्रा० प० रा० **अछइ** (आदिच०)
अप०* **उण्हआलउ** > प्रा० प० रा० **ऊन्हालउ** („)

आधुनिक गुजराती में **अइ** संकुचित होकर **ए** और **अउ** **ओ** हो जाता है, तथा आधुनिक मारवाड़ी में **अइ** से **ए** और **अउ** से **औ**। इस तरह गुजराती में **अछइ** से **छे** और **ऊन्हालउ** से **उनालो** हो जाएगा।

जहाँ तक अपभ्रंश से प्राचीन पश्चिमी राजस्थानी के अंतिम रूप से संबंध विच्छेद कर लेने के समय का संबंध है, यदि हम उसे तेरहवीं शताब्दी या उसके आसपास निश्चित करें तो सत्य से बहुत दूर नहीं हैं। इस निर्णय का एक कारण तो यह है कि पिंगल अपभ्रंश बारहवीं या अधिक से अधिक तेरहवीं शताब्दी ईस्वी के बाद बोल-चाल की भाषा कहीं नहीं रही; और दूसरा यह कि **मुग्धाव-बोध मौक्तिक** का रचनाकाल १३९४ ई० है जो प्राचीन-पश्चिमी-राजस्थानी के निर्माण-काल की अपेक्षा पूर्णतः विकसित अवस्था का प्रतिनिधित्व करता है। **मुग्धावबोधमौक्तिक** में प्राप्त अनेक व्याकरणिक रूपों से प्राचीनतर रूप पंद्रहवीं शताब्दी में रचित कविताओं में सुरक्षित हैं।

जैसा कि पहले कहा जा चुका है, प्राचीन-पश्चिमी-राजस्थानी मूल रूप में अकेली एक भाषा का प्रतिनिधित्व करती है जो गुजरात और राजपूताना दोनों में प्रचलित थी। परंतु गुजराती और मारवाड़ी के रूप में प्राचीन पश्चिमी-राजस्थानी के विभाजित होने की प्रक्रिया कब शुरू हुई, इसका निश्चय

---

१०. इन संक्षिप्त रूपों की व्याख्या इस अध्याय के अंत में देखिए।

अब तक की प्राप्त सामग्री के आधार पर करना कठिन है; परंतु इतना निश्चित है कि यह विलगाव क्रमशः हुआ और इस विलगाव को पूर्णता तक पहुँचने में काफी लंबा समय लगा। जिन विशेषताओं के द्वारा मारवाड़ी गुजराती से अलगाई जाती है, उनमें से एक है सामान्य वर्तमान काल की उत्तम पुरुष, बहुवचन की क्रिया को अन्त में—**आँ** का आना जो कि अहमदाबाद में प्राप्य सं० १५०८ की 'वसंतविलास' नामक रचना में मिलता है।[11] इससे पता चलता है कि पन्द्रहवीं शताब्दी तक मारवाड़ी के निर्माण में काफी प्रगति हो गई थी। परंतु इससे बहुत पहले भी प्राचीन पश्चिमी-राजस्थानी की मारवाड़ी प्रवृत्ति को लक्षित कर लेना संभव है—मुख्यतः संबंध कारक के लिए चतुर्थी परसर्ग **रहइँ** का प्रयोग। प्राचीन पश्चिमी राजस्थानी की परवर्ती अवस्था में विलगाव इतना स्पष्ट हो गया कि यह बतला सकना अत्यंत सरल है कि अमुक पांडुलिपि गुजराती प्रभाव में लिखी गई है या मारवाड़ी शैली में। प्राचीन पश्चिमी राजस्थानी इस प्रकार जिन दो धाराओं में विभाजित हो गई, उनमें से गुजराती का प्रतिनिधित्व करनेवाली एक धारा सामान्यतः अपने मूलस्रोत के प्रति श्रद्धावान रही; जब कि मारवाड़ी का प्रतिनिधित्व करने वाली दूसरी धारा ने उस मूल स्रोत से एक हद तक अपना विलगाव प्रकट करने के लिए उन अनेक नई विशेषताओं को ग्रहण कर लिया जो पूर्वी राजपूताना की पड़ोसी बोलियों और कुछ बातों में पंजाबी तथा सिंधी से भी मिलती-जुलती हैं। यही कारण है कि प्राचीन पश्चिमी राजस्थानी अब तक केवल प्राचीन गुजराती कही जाती रही है। मारवाड़ी की जो मुख्य विशेषताएँ प्राचीन पश्चिमी राजस्थानी की परवर्ती अवस्था में वर्तमान थीं, वे निम्नलिखित हैं—

१. **अ** के स्थान पर **इ** होना, जैसे—**कमाड** के लिए **किमाड, खण** के लिए **खिण, पणि** या **पण** के लिए **पिणि** (आदि च०)।

२. करण कारक के लिए संबंध कारक के विकारी रूप का प्रयोग तथा संबंध कारक के लिए करण कारक के विकारी रूप का प्रयोग, जैसे **सगलाँ-ही दुक्खे**, करण बहुवचन (आदि च०)।

३. परसर्गों का प्रयोगः—**रहइँ > हइँ > रइँ, रउ, ताँई**।

४. सर्वनाम-रूपः—**तुम्हें** के लिए **तुहे; अम्ह, तुम्ह** के लिए **अम्हाँ, तुम्हाँ; तेह, तीह, जेह, जीह,** के लिए **तीआँ, जीआँ**।

५. संयुक्त सर्वनामों का प्रयोगः—**जे, ते** के लिए **जि-को, ति-को**।

६. गुजराती **आपण, आपणे** के लिए **आँप, आँपे** का प्रयोग, विशेषतः जब कि संबोधित पुरुष से युक्त उत्तम पुरुष बहुवचन के लिए आता है।

---

११. एच० एच० ध्रुव, वही, पृ० ३२०, ३२३, ३२५

७. संख्यावाचक विशेषण २, ३ के लिए **बे**, **त्रिणि** के स्थान पर **दो**, **तीन** जैसे रूपों का प्रयोग।

८. सार्वनामिक क्रियाविशेषण **कही** के लिए **कदी** का प्रयोग।

९. सामान्य वर्तमान काल के उत्तम पुरुष बहुवचन के लिए—**अउं** के स्थान पर—**आँ** पदान्त का प्रयोग।

१०. सामान्य भविष्यत् काल के मध्यम और अन्य पुरुष एकवचन के लिए—**इसइ**,—**इसिइ** के स्थान पर—**इसि** पदान्त का प्रयोग।

११. कहना या पूछना अर्थवाली क्रियाओं के भूतकालिक कृदन्त के साथ कर्म के अनुक्त रहते भी नपुंसक के स्थान पर स्त्रीलिंग का प्रयोग; जैसे **पूछी** (आदि च०)।

ये सभी विशेषताएँ **आदिनाथ-चरित** की पांडुलिपि में प्राप्त हुई हैं और उनमें से अधिकांश **षष्टिशतक** की पांडुलिपि में भी दिखाई पड़ती है। जहाँ तक संबंध कारक के परसर्ग **हंदो** का संबंध है जिसे मारवाड़ी ने पंजाबी और सिंधी से लिया है, मेरे देखने में जितनी पांडुलिपियाँ आईं उनमें से किसी में नहीं मिला।

पश्चिमी राजस्थानी की प्राचीन अवस्था कब समाप्त होती है और आधुनिक गुजराती तथा मारवाड़ी की ठीक-ठीक कब शुरू होती है—इसे मैं निश्चय के साथ नहीं कह सकता। प्राचीन पश्चिमी राजस्थानी की परवर्ती अवस्था की सभी पांडुलिपियाँ, जो मुझे सुलभ हो सकी हैं, दुर्भाग्य से तिथि-रहित हैं और जब तक कोई नया प्रमाण नहीं मिलता, कोई निश्चित सीमा स्थिर करना असंभव है। पर एक चीज़ के बारे में निश्चित है कि आधुनिक गुजराती का आरम्भ, जैसा कि सामान्यतः कहा जाता है, नरसिंह मेहता से नहीं हो सकता। इस कवि का जन्म १४१३ ई० में हुआ था और ये पद्मनाभ के समकालीन थे जिन्होंने १४५६ में **कान्हड़दे-प्रबन्ध** की रचना की। इससे स्पष्ट है कि नरसिंह मेहता ने भी प्राचीन पश्चिमी राजस्थानी के उसी रूप में लिखा होगा जिसमें पद्मनाभ ने लिखा। इसमें कोई शक नहीं कि नरसिंह मेहता के गीतों की भाषा आधुनिक गुजराती के अधिक निकट दिखाई पड़ती है; परन्तु इससे उक्त स्थापना में कोई अंतर नहीं पड़ता क्योंकि ४५० वर्षों की लंबी अवधि में उनकी भाषा का आधुनिक रूप में बदल जाना स्वाभाविक है। यह देखते हुए कि प्राचीन पश्चिमी राजस्थानी की कविताएँ, जिनका आरंभ पन्द्रहवीं शताब्दी से ज्ञात होता है, ऐसी भाषा का रूप प्रदर्शित करती है जो प्राचीन पश्चिमी राजस्थानी की परवर्ती पांडुलिपियों की भाषा से कम से कम १०० वर्ष प्राचीनतर है—यहाँ तक कि उन रूढ़ रूपों को भी स्वीकार करते हुए जिनका प्रयोग कविता में सामान्यतः हुआ करता है—मुझे यह स्थापित करते कोई कठिनाई नहीं दीख पड़ती कि प्राचीन पश्चिमी राजस्थानी का युग

कम से कम सोलहवीं शताब्दी तक की लंबी अवधि तक जाकर समाप्त हुआ होगा। लेकिन बहुत संभव है कि प्राचीन पश्चिमी राजस्थानी इस सीमा के बाद भी रही हो—और नहीं तो इसकी कुछ विशेषताएं तो निश्चय ही। एक भाषा से दूसरी भाषा का संक्रमण प्रायः क्रमिक विकास के रूप में होता है, इसलिए यह स्वाभाविक है कि प्राचीनतर भाषा के समाप्त होने और नव्यतर भाषा के आरंभ होने के क्रम में नव्यतर भाषा की आरंभिक अवस्था में प्राचीनतर भाषा की कुछ विशेषताएँ अवशिष्ट रह ही जाती हैं और इसी तरह पूर्ववर्ती भाषा की अंतिम अवस्था में परवर्ती भाषा के कुछ आरंभिक रूप भी घुले-मिले रहते हैं। अपने को गुजराती तक सीमित रखते हुए, जो कि प्राचीन पश्चिमी राजस्थानी की परंपरा को निभाने में अधिक आगे है और मारवाड़ी की अपेक्षा अधिक विख्यात है, इसकी उन मुख्य विशेषताओं का उल्लेख किया जा रहा है जिनके कारण यह प्राचीन पश्चिमी राजस्थानी से स्वतंत्र अस्तित्व रखती है:—

१. स्वर समूह **अइ, अउ** का **ए, ओ** में संकोचन; जैसे—**करे** (<**करइ**, **ओरतो** (<**अउरतउ**)।

२. खुले अक्षरों में **इ, उ** के लिए **अ** का स्थानापन्न होना, जैसे—**त्रण** (<**त्रिण्णि**), **दहाडो** (<**दिहाडउ**), **बापडो** (<**बापुडउ**)।

३. **आ, ई, ऊ**, दीर्घ स्वरों को ह्रस्व करने की प्रवृत्ति, जैसे—**अथडे** (<**आथडइ**), **विसरे** (<**वीसरइ**), **उपरि** (<**ऊपरि**)।

४. अनुनासिक व्यंजनों के बाद या स्वरों के बीच में **ह** का लोप जैसे—**बीनो** (<**बीहनउ**), **देरुँ** (<**देहरुँ**), **एवो** (<**एहवउ**), **अमे** (**अम्हे**), **ऊनालो** (<**ऊन्हालउ**); परन्तु यह ध्यान देने योग्य है कि इनमें से अधिकांश उदाहरणों में **ह** ध्वनि, यद्यपि लिखने में लुप्त हो गई, अभी तक हल्के रूप में उच्चरित होती सुनाई पड़ती है।[१२]

५. जहाँ **स** के बाद **इ**>**य** आए वहाँ **स** के स्थान पर **श** होना, जैसे—**करशे** (<**करिस्यइ**), **शो** (<**स्यउ**)।

६. **ल** जहाँ अपभ्रंश के असंयुक्त मध्यग **ल** से उत्पन्न होता है, वहाँ उसका मूर्धन्यीकरण हो जाता है; जैसे **मले** (<**मिलइ**)। यह प्रक्रिया संभवतः प्राचीन पश्चिमी राजस्थानी की प्राचीनतम अवस्था से ही आरंभ हो गई थी किन्तु इसकी किसी पांडुलिपि में **ल॰** को **ल** से भिन्न करके नहीं लिखा गया है।

७. नपुंसक के एकवचन कर्त्ता की विभक्ति—**अउँ** का क्षय तथा उसके स्थान पर—**उँ** का आगमन।

८. बहुवचन-द्योतक—**ओ**-तत्त्व का सूत्रपात।

---

१२. तुलनीय, लि. स, इ. जिल्द, खंड पूर्वोक्त, पृ० ३४७ पर उदधृत शब्दों की सूची।

९. सामान्य वर्तमान तथा भविष्यत् की उत्तमपुरुष बहुवचन की क्रिया के—अउँ पदान्त का क्षय तथा उसमें से पहले के स्थान पर—इए और दूसरे के स्थान पर—उँ का प्रयोग ।

१०. मूल कर्मवाच्य की प्रत्यय—ईजइ,—ईअइ के स्थान पर विधि कर्मवाच्य—आय का प्रयोग ।

इस निबंध में जितनी सूचनाएँ हैं वे मुख्यत: फ्लोरेंस (इटली) के 'रेजा बिब्लीओतेका नत्सिओनाले चेंत्राले' के भारतीय संग्रह की जैन पांडुलिपियों से ली गई हैं । परंतु इनके अतिरिक्त भी मैंने 'इंडिया आफ़िस लाइब्रेरी' की दो जैन पांडुलिपियों का उपयोग किया है जो पुस्तकाध्यक्ष डा० एफ० डबल्यू० टामस की कृपा से मुझे सुलभ हो गईं । मुनिराज श्री विजयधर्म सूरि ने कृपापूर्वक मेरे लिए दो जैन पांडुलिपियाँ और इस विषय से संबद्ध अब तक प्राप्य सारी की सारी मुद्रित सामग्री भी सुलभ कर दी । नीचे अकारादि-क्रम से संक्षिप्त रूपों के साथ मेरी सूचना के मुख्य स्रोतों की सूची दी जा रही है । काव्य-ग्रंथों से गद्यग्रन्थों को अलगाने के लिए उन्हें तारकांकित कर दिया गया है । फ्लोरेंस की पांडुलिपियों को सूचित करने के लिए उनके आगे 'एफ़' तथा एक संख्या दी गई है जो प्रोफेसर पवोलिनी के 'इ मानो स्क्रीत्ति इन्दियानी देल्ला बिब्लिओतेका नत्सिओनाले चेंत्राले दी फ़िरेन्त्से (नोन कोम्प्रेज़ि नेल कातालोगो देल्ल' औफ़्रेख्ट)[१३] की क्रम-संख्या को सूचित करती है ।

*आदि०—**आदिनाथदेशनोद्धार** का बालावबोध, ८८ गाथाएँ, इंडिया आफ़िस लाइब्रेरी की सी० पांडुलिपि, सं० १५६१ ।

***आदिच०—आदिनाथ-चरित्र एफ़** ७०० (सूरपुर) की पांडुलिपि ।

***इन्द्रि०—इन्द्रि-पराजय-शतक** का बालावबोध, ९९ प्राकृत गाथाएँ, इंडिया आफ़िस लाइब्रेरी की सी० पांडुलिपि, सं० १५६१ ।

***उप०—उपदेशमालाबालावबोध**, रचयिता सोमसुन्दर सूरि; श्री विजयधर्म सूरि के सौजन्य से प्राप्त पांडुलिपि, १२० पत्र; संवत् १५६७[१४] ।

ऋष०—ऋषभदेव-धवल-संबंध; एफ० ७५८, की पांडुलिपि ।

***कल०**—सिद्धसेन दिवाकर के **कल्याण-मन्दिर-स्तोत्र** की अवचूरि ४४ संस्कृत छंद; एफ० ६७१ की पांडुलिपि ।

कान्ह०—पद्मनाभ-कृत **कान्हड़दे प्रबन्ध** (झालोर, सं० १५१२=१४५६ ई०) के० एच० ध्रुव द्वारा (गुजरात शाळापात्र में ?) मुद्रित;

---

१३. जोर्नाले देल्ला सोचेता आज़ियातिका इतालियाना Vol. XX (1907), p. 63-157.

१४. प्रेस में यह निबंध भेजने के समय तक इस पांडुलिपि के केवल ६८ पत्रों का ही पाठ-संग्रह कर सका हूँ जो धर्मदास की मूल प्राकृत गाथा ३०० तक है ।

इसका पाठ-संग्रह मैंने सर जार्ज ग्रियर्सन के सौजन्य से किया; उन्होंने मुझे अपनी पुनर्मुद्रित प्रति भेज दी थी।

चतु०—[नव-स्थान-सहित-] **चतुर्विंशति-जिनस्तवन**, २७ छंद; श्री विजय-धर्म सूरि की पांडुलिपि; सं० १६६७।

ज०—**जम्बुस्वामि-नउ गीताछन्दउ**, ३० छंद; एफ० ७५२ पांडुलिपि।

***दश०**—**दशवैकालिका-सूत्र** की अवचूरि; एफ० ५५७ पांडुलिपि।

***दशदृ०**—**दशदृष्टान्त**; एफ० ७५६ पांडुलिपि।

प०—**पञ्चाख्यान**, पंचतंत्र के प्रथम तंत्र का पद्यानुवाद, ६६४ छंद (अनेक संस्कृत छंदों से युक्त जो यत्र-तत्र प्रक्षिप्त हैं) एफ़० १०६ पांडुलिपि, थियोडोर ग्रौफेख्ट के 'फ्लोरेंटाइन संस्कृत मैनुस्क्रिप्ट्स' (लाइपज़िग १८९२) में उल्लिखित।

***प्र०**—ऋष्युत्तम कृत **प्रश्नोत्तर-रत्नमाला** का प्राकृत गद्यान्तर, २९ छंद; एफ़० ७६२ पांडुलिपि।

***भ०**—**भववैराग्यशतक** का बालावबोध, १०४ प्राकृत छंद; एफ० ६१५ पांडुलिपि।

***मु०**—**मुग्धावबोध-मौक्तिक**, प्राचीन पश्चिमी राजस्थानी की टीका से युक्त संस्कृत व्याकरण, रचनाकाल १३९४ ई०; इसमें आए हुए प्राचीन पश्चिमी राजस्थानी रूपों का विवरण सर जार्ज ग्रियर्सन ने लि० स० इ०, जिल्द ९, खंड २, पृ० ३५३-३६४ पर दिया है।

***योग०**—हेमचन्द्र के **योगशास्त्र** की छाया, प्रथम चार अध्याय; एफ० ६१८ पांडुलिपि।

रत्न०—**रत्नचूड़ या मणिचूड़-नी कथा**, ३५१ छंद; सं० १५७१, एफ० ७६६ पांडुलिपि।

वि०—**विद्या-विलासचरित** (हीराणन्द सूरि), १७४ छंद; सं० १४८५; एफ० ७३२।

शालि०—साधुहंस कृत **शालिभद्रचउपई**, २२० छंद; एफ० ७८१।

***शील०**—जयकीर्ति के **शीलोपदेशमाला** पर टबा; ११६ प्राकृत गाथाएँ; एफ़० ७९१।

***श्रा०**—**श्रावक-प्रतिक्रमण-सूत्र** का बालावबोध, सं० १५६४; एफ० ६४३।

***षष्टि०**—नेमिचन्द्र कृत **षष्टिशतक** का बालावबोध; १६२ प्राकृत छंद; एफ० ६३८।

इनके अतिरिक्त मैंने फ्लोरेंस की अन्य अनेक पांडुलिपियों से पाठ संग्रह किया है और आगामी पृष्ठों में यथास्थान उन्हें 'एफ०' तथा प्रोफेसर पवोलिनी के संग्रह की क्रमसंख्या के साथ उद्धृत किया है। जहाँ तक उपयुक्त सामग्री के तिथि-

निर्णय का प्रश्न है, उनमें से अधिकांश पर तिथि नहीं दी गई है; फिर भी मैंने शताब्दियों के अनुसार उनका वर्गीकरण करने का प्रयत्न किया है, और इसका आधार मुख्यत: वे छह-सात पांडुलिपियाँ हैं जिन पर तिथि दी हुई है। वर्गीकरण निम्नलिखित है—

ईस्वी सन् १३००-१४००—*कल, *मु०।

,, ,, १४००—१५००—वि०, कान्ह०, ऋष०, *दश०, *योग०।

,, ,, १५००—१५५०—प०, ज०, रत्न, शालि०, *श्रा०, *उप०, *इन्द्रि०, *आदि०, *भ०।

ईस्वी सन् १५५०-१६००-चतु०, *षष्टि०, *आदिच०, *प्र०, *दशद०, *शील०।

यह असंभव नहीं है कि अंतिम युग के अंतर्गत रखी हुई पांडुलिपियों में से कुछ सोलहवीं शताब्दी के बाद की हों क्योंकि उनमें से केवल एक (चतु०) पर ही तिथि दी हुई है और वह भी संवत् १६६७ (=१६११ ई०) है। जिन पांडुलिपियों में मारवाड़ी प्रवृत्ति के लक्षण मिलते हैं, वे निम्नलिखित पाँच हैं—

*कल०, *दश०, *उप०, *षष्टि०, *आदिच०।

इनमें से अंतिम दो रचनाकाल की दृष्टि से अधिक परवर्ती हैं और स्वभावत: मारवाड़ी विशेषताओं से अधिकांशत: प्रभावित हुई हैं।

अध्याय २

ध्वनि-विचार

§ १. प्राचीन पश्चिमी राजस्थानी में भी वही ध्वनि-व्यवस्था है जो अपभ्रंश में है, अन्तर केवल इतना है कि प्राचीन-पश्चिमी राजस्थानी में जैन महाराष्ट्री की तरह आद्य ण तथा मध्यग ण्ण दन्त्य हो जाते हैं। संभवतः प्राचीन पश्चिमी राजस्थानी में ल़ ध्वनि भी होती थी, जो गुजराती और मारवाड़ी दोनों में सामान्यतः मिलती है; परंतु प्राचीन पांडुलिपियों में इसके लिए कोई विशिष्ट वर्ण नहीं है। अन्य ध्वनियाँ जो लिखने में एक दूसरे से अलगाई नहीं गई हैं, ये ये हैं—

ए (ĕ) और ई (e); ओ (ŏ) और ओ (ô); अनुस्वार और अनुनासिक; ख और ष।

अनुस्वार और अनुनासिक दोनों ही अक्षर पर बिंदी रखकर व्यक्त किए गए हैं; ख का बोध ष के द्वारा ही कराया गया है, जो वस्तुतः संस्कृत की ऊष्म ध्वनि ष का सूचक है, निःसन्देह तत्सम शब्दों में सभी संस्कृत ध्वनियाँ प्रयुक्त हो सकती थीं। य का उच्चारण प्रायः ज की तरह होता था—तत्सम में भी, विशेषतः आदि में और तद्‌भव में भी; परंतु ऐसा वहीं होता था जहाँ वह श्रुति (euphonic) नहीं होता था। अक्सर ज के लिए य ही लिखा जाता था; जैसे—**जमण** < **जिमण** के लिए **यमण** (शालि० १६); **जोवा योग्य** के लिए **योवा योग्य** (इन्द्रि० ४३) और **जुगलिआ** के लिए **युगलिआ** (आदि च०)।

(अ) असंयुक्त स्वर

§ २. केवल अप्रलिखित स्थलों को छोड़कर प्रा० प० रा० में अपभ्रंश अ को सुरक्षित रखा गया है—

(१) आद्य या मध्य अक्षरों में, विशेषत: जब उसके पूर्व या पश्चात् दीर्घ स्वर वाला कोई अक्षर हो, अ का इ हो जाता है। प्राकृत में ऐसा वहीं होता था जहाँ अ शब्द के बलाघात के पूर्व पड़ता था (पिशेल, ग्रैमेटिक, §§ १०२-१०३); प्राचीन पश्चिमी राजस्थानी के उदाहरण ये हैं :—

ईंडउँ (प० ५०४, ५०६, ५०८) <इण्डउँ (एफ० ७८३, ७४) <अप० **अण्डउँ** <**सं० अण्डकम्**;

काचिवउ (दश००८) <**काचवउ** (वही) <अप० **कच्छवउ** <सं० **कच्छपक:**;

किमाड (आदिच०) <अप० **कवाँड** <सं० **कपाट**;

किम्हइ (दश०) <अप० * **कहँइ** <सं० **कथमपि**;

गिउ (शालि० ६, ६६, कल० ४४) <अप० **गउ** <सं० **गत:**;

जिणिउ (भ० २३, आदि० ३५, ३६) <अप० **जणिउ** <सं०* **जनित:** (=**जात:**);

जिहाँ, तिहाँ आदि <अप० **जहाँ, तहाँ** <प्रा० **जम्हा तम्हा**, <**सं० यस्मात्, तस्मात्**;

तिजइ (प०) <अप० **तजइ** (पिंगल, १।१०४, २।६४)[15] <सं० **त्यजति**;

दोहिल (दश००) <***दुलह** <अप० **दुल्लह** <सं० **दुर्लभ**;

साविज (प०) <* **सावय** <अप० **सावअ** <सं० **श्वापद**;

सिउँ (दे० § ७०, (५)) <अप० **सहुँ** <सं० **साकम्**;

अन्य बिखरे हुए उदाहरण—

इलका <**अलका** (एफ़० ६५६), **इति** <**अति** (वि०, शालि०), **कउतिग** <**कौतुक** (प० १२५, १२६, १५८), **कूँहरि** <**कुमारी** (वि० ३८, ४८, ५० आदि०), **क्षित्री** <**क्षत्रिय** (कान्ह० २३), **खिण** <**क्षण** (आदिच०, ६), **गिणइँ** <**गणइँ** (इन्द्रि० ६४), **पातिक** <**पातक** (एफ० ७८३, ७५), **सिलाम** <अरबी **सलाम** (कान्ह० २०)[16]।

आधुनिक गुजराती में इ फिर अ हो गया; जैसे कमाड, **कमाड, सावज, तजे** इत्यादि; लेकिन मारवाड़ी में अ के स्थान पर इ कर देने की प्रवृत्ति सुरक्षित रही है।

(२) किसी ओष्ठ्य व्यंजन के पूर्व या पश्चात् आने पर अ प्राय: उ में बदल जाता है। प्राकृत में ऐसी ही प्रवृत्ति के लिए देखिए पिशेल, § १०४;

---

१५. पिशेल 'त' को 'च' कहते हैं (देखिए, ग्रैमेटिक § ४५४)

१६. 'धिन' <'धान्य' (ऋष० ६५, १२६,१६७), 'चाणिक' <'चाणक्य' (दशद०, २), इत्यादि में 'इ' अपिनिहिति का परिणाम है।

उभयकुमार (शालि० ६६) <अभयकुमार

पुरहुणउ (प० ६८०) <प्राहुणउ <अप० पाहुणउ <सं० प्राघुर्णकः

पुहर, पुहुर (प०) <अप० पहर <सं० प्रहर ;

पुहुतउ (प० १६५, १६८, ६८४,) <अप०* पहुत्त उ <सं* प्रभूतकः (प्र + √भू)

बुहतरि, बुहुतरि (दे० § ८०) <प्रा० बाहत्तरि <सं० द्वासप्तति;

मुसाण (उप० ५५) <अप० मसाण <सं० श्मशान;

मुंहतउ (आदिच०) <अप० महन्तउ <सं०* महन्तकः

मुहुरी (वि० २०) <अप० महुरी <सं० मधुरी;

सउँपइ < अप० समप्पइ, <समप्पेइ <सं० समर्प्यति ;

जब पूर्ववर्ती अथवा पश्चवर्ती अक्षर में उ हो तो उसके प्रभाव से कभी-कभी अ बदलकर उ हो जाता है; जैसे—

गुरुड < गरुड (प० ३४०); दुर्दुर < दर्दुर (प० ५३६, ५४२)

पुउढिउ < पउढिउ (प० ४३२);

(३) कभी-कभी अ फैलकर अइ हो जाता है; ऐसा मुख्यतः वहीं होता है जहाँ दो या दो से अधिक अकारान्त अक्षर एक दूसरे के बाद आते हैं जैसे—

करइतु <करतु (एफ़० ६०२), कइँहतां <कहतां (एफ० ७८३,२४)

गहइँगह <गहगही (एफ़ ७८३, २७), गइहइगण <गहगण (एफ़ ७२२; १०), सहइस छइहइतालीस <सहस छहतालीस (एफ़ ७२२, ४१), महरि < मरि (योग० २।२६), पइरि <परि (=परइ दे० § ७५) (योग० ४।३६, ४७)

आधुनिक गुजराती में ऐसे स्थल पर ए दिखाई पड़ता है; जैसे—

सहेवुं, सेहेवु <सहवुं ;

और मारवाड़ी में ऐ; जैसे <सैहैस <सहस, रैहैती <रहती ये दोनों उदाहरण नासकेत-री कथाई से लिए गए हैं। इस पुस्तक के लिए देखिए रिविस्ता देल्यी स्तूदी ओरिएन्ताली जिल्द ६ (१६१३), पृ० ११३-१३०;

(४) आद्य अ का प्रायः लोप हो जाता है; जैसे—

छइ <अछइ (दे०§११४) <अप० अच्छइ <सं० ऋच्छति (पिशेल §§५७ ४८०)

झाझऊँ (प० ६१५) <अप०* अज्झज्झउँ <सं* अध्यध्यकम्;

तणउ (दे०§७३ (४) <*पणउ <अप० अप्पणउ <सं० आत्मनकः

तालीस (आदिच०) <अप० अत्तालीस <प्रा० चत्तालीसम् <सं० चत्वारिंशत्

नइँ<**अनइँ** (दे०§१०६)<अप० **अण्णइँ** <सं० **अन्यानि**;

बाचउँ (प० ३७४)<अप० **अवच्चउँ**<सं० **अपत्यकम्**;

रहइँ (दे० § ७१ (६))<**अरहइँ**<**उरहइँ**<अप०* **ओर**< ***अवर** <सं० **अपर**

रॉन (प० ५८)<अप० **अरण्ण**<सं० **अरण्य**;

प्राकृत के लिए देखिए पिशेल, ग्रैमेटिक § १४१

(५) मध्यग **अ** जब ऐसे दो व्यंजनों के बीच आए जिनमें से एक **ह** हो तो लुप्त हो जाता है; जैसे—

एहउ (उप०)<**एहवउ**; **देण्हार** (वही)<**देणहान**,

तिम्ही-ज (आदिच०)<**तिम-ही-ज**, **किहवारइँ** (दश०) <***केह वारहिं** (दे०§६८ (२))

(६) निम्नलिखित स्थानों में **अ** श्रुति का आगम हो जाता है—

क. संयुक्त व्यंजनों के बीच, ख. उन संयुक्त व्यंजनों के पूर्व जिनमें से एक **स** हो; ग. पदान्त **ई** के बाद।

उदाहरण—

गरभ<**गर्भ** (एफ़ ७८३, ७२, ७७), **जनम**<**जन्म** (ऋष०) ३४, **परधान** <**प्रधान** (एक ७८३, ३६), **मुगति**<**मुक्ति** (ऋष० ३५, २२६), **अस्त्री**< **स्त्री** (एफ़ ७६५, १, २३), **घोडा-तणीय**<**घोड-तणी** (कान्ह० ४६), **जागीय** <**जागी** (ऋष० ६०) **पणमेवीअ**<**पणमेवि** (ऋष० १) **मतीअ**<**मती** (ऋष० ७) **मिलीअ-नि**<**मिली-नि** (ऋष० ६३)।

(७) यदि **अ** के पूर्व **अः** आए और पश्चात् **ह** तो वह दीर्घ हो जाता है; जैसे—

वाचनाहार (योग० २।६)<**वाँचनहार**<**वाचन्हार**<***वाचण्हार**< **वाँचणहार** (दे० § १३५)।

माहारउ (एफ़ ५८०, एफ़ ७२२) <**माहरउ** (दे० § ८३) <अप० **महारउ** (दे० पिशेल § ४३४)।

§ ३. अपभ्रंश का मध्यग **आ** प्रायः ह्रस्व हो जाता है। प्राकृत में ऐसा तभी होता था जब **आ** शब्द में बलाघात के पहले या पीछे आता था (दे० पिशेल §§ ७६), लेकिन प्राचीन पश्चिमी राजस्थानी में **आ** ऐसे स्थान पर भी ह्रस्व हो जाता है जहाँ पूर्ववर्ती या परवर्ती अक्षर में कोई दीर्घ स्वर आ जाय जैसे—

अजी (आदिच०)<**आज-इ**<अप० **अज्ज-इ**<सं० **अद्यापि**; **जमाई** (प० ३५४, ३५७)<अप* **जामाइअ**<सं० **जामातृक**; **परइँ** (दे० §७५)<अप० **पआरए**<सं०* **प्रकारेण**; **बिमणउँ** (प० ५७६,-५७८)<अप०* **बिमाणउँ**

<सं० द्विमाणकम्;[१७] विनवई (प० ३४८)<अप० * विण्णावइ<सं० * विज्ञापयति; सइँ (षष्टि ८५)<अप० सम्राइँ<सं० शतानि;

व्यंजन-द्वित्व के पूर्ववर्ती आ के स्थान पर होनेवाले अ के लिए देखिए §४३.

§४. अपभ्रंश इ के परिवर्तन प्राचीन पश्चिमी राजस्थानी में निम्नलिखित होते हैं—

(१) इ दुर्बल होकर अ हो जाता है; जैसे—

अन्द्र (एफ़ ७२२,१३)<सं० इन्द्र;

असउ<इसउ (दे० § ६४; (१))<अप० अइसउ<सं० यादृशक: (पिशेल, ८१,१२१) ।

आगलि (दे० § १०१, (३))<*आगिलि (दे० § १४५) <अप० * अग्गिले<स० अग्रिले;

एतउ, केतउ (दे० ९३ (१))<अप० एत्तिउ, केत्तिउ<सं० *अयत्त्य:, कयत्त्य: (पिशेल, § १५३);

करवउँ<करिवउँ (दे० § १३४)<अप० करेव्वउँ<सं० * करेय्यकम् (पिशेल §§ २५४, ५७०)

कुहणी (श्रा०)<प्रा० कुहिणी (=कूर्पर:, देशी० २।६२)

ज<जि (दे० § १०४)<अप० जि<प्रा० जे, जेव<सं० एव

त्रण्णि (ऋष०, एफ़ ६०२<त्रिण्णि<अप० तिण्णि<सं० त्रीणि;

परणइ (दश०)<अप० परिणइ, °णेइ<सं० परिणयति,

फरसइ (श्रा०)<प्रा० फरिसइ (हेम० ४।१८२)<सं० स्पृशति,

माटइँ (दे०§७१ (५))<अप०*णिमत्तएँ<णिमित्तएँ सं० *निमित्तकेन;

रुकमणी (एफ०७८३)<सं० रुक्मिणी;

(२) इ का प्रसार अइ में हो जाता है; जैसे—

गइउ (शालि० १०)<गिउ (दे०§ २ (१))<अप० गउ<सं० गत:;

प्रतइ (दश० १)<सं० प्रति;

बइतालीस (एफ ६०२, आदिच)<बितालीस (दे०§८०)

यह प्रवृत्ति §२, (३) से मिलती जुलती है । आधुनिक गुजराती में ए हो जाता है; जैसे बेँतालीस, और मारवाड़ी में ऐ; जैसे पैता<पिता, वैसे<विसे (नासकेत-री कथा) ।

(३) इ का प्रसार इई में हो जाता है; जैसे—

रहिईत (दश० ८)<सं० रहित;

---

१७. 'बिमणउँ' की व्युत्पत्ति के विषय में मुझे जो बात पहले सूझी थी, वह है अप०* 'बिगुण' (दे०, पिशेल, § २३१) सं० 'द्विगुणकम्'

सहिईत (वही<सं० **सहित**;

मुझे केवल दो उदाहरण मिले हैं। इसी तरह का परिवर्तन एक और जगह होता है जहाँ **अ** का प्रसार **अई** में हो जाता है; जैसे—

रईचितँ<सं० **रचितम्** (एफ ५८८)

(४) इ का दीर्घ रूप ई हो जाता है; जैसे—

आरीसउ (दश० ३।३)<प्रा० **आअरिस**<सं० **आदर्श**;

कही-इ (भ०, योग० षष्टि०)<अप०* **कहिं-इ,ँ** वि< सं० **कस्मिन्नपि**

अहीं (दे० § ९८(२)<अप०***आअहिँ**<सं०* **अदकस्मिन्** या ***अयकस्मिन्** (पिशेल § ४२९)

कीहँ (आदि १३।४७))<**किहाँ** (दे० § ९८, (१))<अप० **कहाँ**< प्रा० **कम्हा** <सं० **कस्मात्**।

नथी (दे० § ११५)<प्रा० **णत्थि**<सं० **नास्ति**;

अंतिम तीन उदाहरणों में **इ** के दीर्घीकरण की व्याख्या मात्रा के विपर्यय के रूप में की जा सकती है (दे० § ४८)

(५) **इ** का परिवर्तन **य** में हो जाता है। यह परिवर्तन दो स्थलों पर संभव है :

(क) जहाँ मध्यग **इ** के पूर्व **अ** आए; जैसे—

पयसार (प० २४६)<**पइसार**, प्रा० प० रा० की भाववाचक संज्ञा; जिसका संबंध अप० **पइसइ**<सं० **प्रविशति** से है।

वयर (प० ५०३)<अप० **वइर**<सं० **वैर**;

वयरागी (एक ६१६, १२६,)<अप० **वइरागी**; <सं० **वैरागी**; और

(ख) वहाँ जहाँ पदान्त **इ** के पूर्व कोई दीर्घ स्वर आये। ऐसा विशेषतः कविता में ही अधिक होता है, जहाँ अन्त्य **इ** शब्द के अंत में आता है; जैसे—

बोय (प० ५७)<अप०***दो-इ**<प्रा० **दो-वि**<सं० **द्वपि**; **कहिवाय** (प० १२३)<**कहिवाइ** (दे० §१४०)

जहाँ **इ** किसी व्यंजन के बाद या स्वर के पहले आए, **इ** के स्थान पर **य** बहुत कम लिखा जाता है और उससे भी कम वहाँ लिखा जाता है जहाँ वह दो व्यंजनों के बीच आता है। इनमें से द्वितीय प्रवृत्ति के उदाहरण मुख्यतः एफ० ७२२ संख्या की पांडुलिपि तक ही सीमित हैं, जहाँ इसकी बहुतायत है। इससे स्पष्ट है कि यह पांडुलिपि केवल लेखन-शैली की विशेषता है। दोनों प्रवृत्तियों के उदाहरण ये हैं।

घ्इ (आदिच०)<**दिइ**<अप० **देइ**<सं०* **दयति** (=ददाति) **ल्यइ** (वही)<**लिइ**<अप० **लेइ**<सं० ***लयति**;

व्यहाणउँ (वि० ७३, प० ५२२, ६२७)<**विहाणउँ** (प० ३२३) <अप० **विहाणउँ**<सं० ***विभाणकम्**।

यम, क्यम, त्यम (एफ ७२२)<**इम, किम, तिम** (दे० § ११९) **व्याकुउ**

(एफ० ७२२, ६३)<**विराउ**<अप० **विरूअउ**<सं० विरूपकः; **व्यणां** (एफ ७२२, ६४)<**विना**।

सुण्य (एफ ७२२, ६०)<**सुणि**, मध्यम पुरुष, एकवचन की आज्ञार्थ क्रिया (दे० § ११६)

§ ५. निम्नलिखित स्थलों को छोड़कर अपभ्रंश उ सुरक्षित रखा जाता है

(१) उ प्रायः दुर्बल होकर अ हो जाता है, मुख्यतः ऐसे स्थलों पर जहाँ अक्षर में उसके पश्चात् कोई अन्य उ (ऊ, अउ) आ जाय या उसके पूर्व कोई दीर्घ स्वर। इनमें से पहली प्रवृत्ति प्राकृत में भी पाई जाती है (देखिए, पिशेल § १२३) जैसे—

अरहउ (प० ४७६)<**उरहउ** (आदिच०)<अप० ***अविर**<सं० **अपर**

अलूक (प० ६७५, ६८५)<सं० **उलूक**

असूर (प०, रत्न० २३४)<अप० **उस्सूर**<सं० **उत्सूर**

ओलगु (प० १०५)<प्रा० **ओलुग्गो** (देशी० १।१६४)=**सेवक**)

करीस (दे० § १२१)<अप० **करीसु** (हेम० ४।३९६,४)<सं०* **करिष्यम्** (पिशेल, § ४३४)

जेतलउ, तेतलउ इत्यादि (दे० § ६३, (२))<अप० **जेत्तुलउ, तेत्तुलउ** (हेम० ४।४३५)

तउँ (दे० § ८६)<अप० **तुहुँ**<सं० **त्वकम्** (पिशेल § ४२१)

ताहरउ (दे० § ८६)<अप० **तुहारउ** (दे० § ४८)<**तुह-कारउ** (पिशेल § ४३४)।

रणझणवउँ, क्रियार्थक संज्ञा (प० ३४, १६७)<अप० **रुणुझुणि**, नादानुकृत संज्ञा (Substantive) (हेम० ४।३६८);

साहमउँ (प० ५६४)<अप० **सम्मुहउँ**<सं० **सम्मुखम्**;

हतउ (दे० § ११३)<**हुतउ** (मु०) **हुँतउ**<अप० **होन्तउ**<सं० ***भवन्तकः**;

हउ (दे० § ११३)<**हुउ**<अप० **होउ**<सं० **भवतु**,

(२) उ का प्रसार अउ में; जैसे—

हउआ (ऋष० ७१)<**हुआ**<अप० **हूआ**<सं० **भूताः**; (३) आद्य उ का लोप; जैसे—

बइसइ (दशदृ० २)<**उवइसइ**<सं० **उपविशति**;

निम्नलिखित उदाहरण में उ जहाँ पहले लुप्त होने को था, दुर्बल होकर अ हो गया—

रहइँ (दे० § ७१ (६))<**अरहइँ** (मु०)<**उरहइँ**<अप०* **अवर**< सं० **अपार**;

§ ६. प्राचीन पश्चिमी राजस्थानी का ऊ प्रायः ओ में परिवर्तित हो जाता है जैसे—

तोह-इ (भ० ७८) <**तुँह-इ** (प०, कल०, भ०) (दे० § ८६)

दोहिल (दशदृ०, एफ़ ५७६) <* **दूलह** <अप० **दुल्लह** <सं० **दुर्लभ**; इसी के सारूप्य पर **सोहिल** (एफ़ ५७६) <अप० **सुलभ** <सं० **सुलभ** बन गया। **ऊ** और **ओ** की समानता प्रसंगात् हेमचन्द्र ने भी प्राकृत व्याकरण सूत्र १।१७३ में लक्षित की है। वहाँ यह कहा गया है कि संस्कृत **उप** प्राकृत में संकुचित होकर या तो **ऊ** हो जाता है या **ओ**। **ऊ** और **ओ** का यह परस्पर विनिमय जैपुरी में भी होता है (दे० लि० स० इं०, जिल्द ६, खण्ड २, पृ० ३३) तुलनीय, **ई**= **ऐ**, § ७, (२)।

§ ७. अपभ्रंश, गुजराती और मारवाड़ी की तरह प्राचीन पश्चिमी राजस्थानी में दीर्घ और ह्रस्व दोनों **ए** होते हैं लेकिन लिखते समय **ए** और **ऍ** में कोई अंतर नहीं किया गया है। इसलिए मैं भी दोनों को **ए** ही लिखूंगा, केवल उन विशेष स्थलों को छोड़कर जहाँ यह जानना अत्यंत महत्त्वपूर्ण है कि **ए** दीर्घ है यह ह्रस्व। सामान्य तत्सम शब्दों में **ए** दीर्घ है और तद्भव शब्दों में ह्रस्व है; परंतु जैसा कि प्राचीन पश्चिमी राजस्थानी के पद्य-साहित्य तथा आधुनिक बोलियों के गद्य-साहित्य से प्रमाणित है, इस नियम के अनेक अपवाद भी हैं 'लिंग्विस्टिक सर्वे ऑफ़ इंडिया' जिल्द ६, खंड २, पृ० ३४४ पर सर जार्ज ग्रियर्सन द्वारा दी गई ह्रस्व **ऍ** वाले शब्दों की सूची देखिए। प्राचीन पश्चिमी राजस्थानी कविता में छंद के अनुरोध से एक ही शब्द में **ए** कभी दीर्घ हो सकता है और कभी ह्रस्व। इस प्रकार प० में **जेह** (१००) **तेह** (२५, १००), **जे** (२१), **ते** (६६) **जाँणे** (२७०), और **जॅह** (२५), **तॅह** (२६, ३८, ५६), **जॅ** (१००), **तॅ** (१००), **जाँणॅ** (६२)।

प्राचीन पश्चिमी राजस्थानी में अपभ्रंश **ए** के निम्नलिखित परिवर्तन होते हैं—

(१) **ए** का परिवर्तन **इ** में; यह प्रक्रिया अपभ्रंश में ही आरंभ हो गई थी, लेकिन मुख्यत: पदान्त **ए** तक ही सीमित थी (दे० § पिशेल § ८५); जैसे—

अम्हि (दे० § ८४) <अप० **अम्हे** <सं० **अस्मे** (=**वयम्**)

इम, किम, जिम, तिम (दे० § ६८ (३))—अप० **एवँ, केवँ, जेवँ, तेवँ** (पिशेल § २६१)

करिज्यो (भ० ४४) <अप०* **करेज्जहु** (दे० § १२०)

करिवउं (कल० ५) (दे० § १३४) <**करेव्वउं** <सं०* **करेय्यकम्**

दिइ (ऋष० १३) <अप० **देइ०** <सं०* **दयति** (=**ददाति**)

लिइ (आदि० ११) <अप० **लेइ** <सं०* **लयति** (=**लाति**)

बि (दे० § ८०) <अप० **बे** <सं० **द्वे**

होइजे (कल० ४२) <अप०* **होएज्जहि** (दे० § १२०)

गुजराती में **इ** और भी दुर्बल होकर **अ** हो जाता है; जैसे—**करजो, करवुं**;

अथवा फिर ए ही होता है, जैसे—**एँम, कें म, अम्हें, बें**। इसलिए संभव है कि कुछ स्थलों पर जहाँ प्राचीन पश्चिमी राजस्थानी में अपभ्रंश और गुजराती ए का इ हो जाता है, इ केवल एँ ध्वनि व्यक्त करती है। प्राचीन पश्चिमी राजस्थानी की कविता में मूल ए को प्रायः सुरक्षित रखा गया है, अधिकांशतः उन स्थानों पर जहाँ दीर्घ मात्रा की आवश्यकता रही है, जैसे—

करे (प० २५०, २५५), **करि** (दे० § ११९) के लिए < अप० **करि, करे** (पिशेल, § ४०१); **करिवुं** (दे० § १३४) के लिए **करेवुं** (प० ९६) **बि** के लिए **बे**; **इम** के लिए **एम** इत्यादि।

(२) ए बदलकर **ई** हो जाता है। यह अपभ्रंश में भी मिलता है, जैसा कि दो उदाहरणों से पता चलता है—**विण** < सं० **वेणी** और **लीह** < सं० **लेखा** (हेम० ४।३२९)। प्राचीन पश्चिमी राजस्थानी में ए के लिए प्रायः ई लिखा मिलता है और इसी तरह एँ के लिए इ। जैसे—

वली के लिए **वले** (आदिच०)।

ई के लिए **ए** (उप०) जो कि जोर देने के लिए प्रयोग की जानेवाली एक प्रत्यय है (दे० § १०४)। इसी तरह कविता में **एम, केम** < **इम, किम** के लिए **ईम, कीम** और **जेह, तेह** के लिए **जीह, तीह** मिलता है। निम्नलिखित गद्यांश में ए के एक रूप के साथ-साथ इ का भी रूप है जिससे स्पष्ट है कि ये दोनों स्वर सहज भाव से परस्पर-विनिमेय हैं।

जीणइँ प्रकारइँ कोइ गृहस्थ पीडा न पामइँ, तेणइँ प्रकारइँ······ (दश० १।४)

(जिस प्रकार कोइ गृहस्थ पीड़ा न पाए, उसी प्रकार······)

उत्तरी गुजराती बोली में ई और ए के परस्पर-विनिमय के लिए देखिए लिं० सं० इं० ज़िल्द ९, खण्ड २, पृ० ३२९।

(३) आद्य ए का लोप; जैसे—

हवइ (६।१८, प्र० ५९०) **एहवइ** (दे० § ९४, (३))

हिवडाँ (आ०) **हवडाँ** < **एहवडाँ** (दे० § ९४, (४))

§ ८. **ओ** की प्रवृत्ति भी ए की ही तरह है। यद्यपि आधुनिक गुजराती और मारवाड़ी में ह्रस्व ओ नहीं है, फिर भी अपभ्रंश की तरह प्राचीन पश्चिमी राजस्थानी में वह मौजूद है। प० से निम्नलिखित उदाहरण लिए जा सकते हैं—

कोँ, (१७१), **जोँ** (१३८), **जोँई** (१२५), **जोँगी** (१३१) **तुम्होँ** (४६५)।

अपभ्रंश **ओ** प्राचीन पश्चिमी राजस्थानी में उ हो गया; जैसे—

हुइ (दे० § ११३) < अप० **होइ** < सं० **भवति**

हुँतउ (दे० वही) < अप० **होन्तउ** < सं०* **भवन्तकः**

(आ) संयुक्त स्वर

§ ९. अपभ्रंश अअ प्राचीन पश्चिमी राजस्थानी में कभी उद्‌वृत्त स्वर के रूप में नहीं रहने पाते थे; बल्कि या तो संयुक्त होकर आ हो जाते थे जैसा कि—अअ कारान्त संज्ञा शब्दों के विकारी रूपों में दिखाई पड़ता है (दे० § ६२) अथवा दोनों अ के बीच य श्रुति का आगम में हो जाता था; जैसे—

रयण<अप० **रअण**<सं० **रत्न**,

वयण<अप० **वअण**<सं **वचन**,

प्राचीन पश्चिमी राजस्थानी में अअ जहाँ रह गया है, उसका एक ही उदाहरण मिला है जहाँ उसका निर्माण सामान्य वर्तमान काल के मध्यम पुरुष में पदान्त—अअँ से हुआ है, परंतु वहाँ भी अअ मौलिक नहीं है बल्कि प्राचीन पश्चिमी राजस्थानी अउ से उत्पन्न हुआ है (दे० § ११७)।

अपभ्रंश अअ और अआ में अक्सर संधि हो जाती है; जैसे—

ऊन्हालउ (आदिच०)<अप० **उण्हआलउ**<सं० **उष्णकालक:**

परइँ (दे० § ७५)<***पारइँ**<अप० **पआरएँ**<सं० ***प्रकारकेण** **रा** (शालि० ११०, १२४)<अप० **राअ**<सं० **राज**

लेकिन आअ के मामले में संधि न करके दोनों स्वरों के बीच य अथवा व श्रुति (दे० § २८, ३४) का समावेश हो सकता है; जैसे—

राय, पाय, जावइ इत्यादि।

§ १०. प्राचीन पश्चिमी राजस्थानी में अइ के उद्‌वृत्त रूप में ही रहने का नियम है; ऐसा दोनों स्थितियों में होता है, वह मौलिक हो चाहे अपभ्रंश—अहि से उत्पन्न; जैसे—

पइसइ (योग० ३।१२३)<अप० **पइसइ**<सं० **प्रवशति**

कन्हइँ (दे० § ७४, (१)<अप० **कण्णहिँ**<सं० ***कर्णस्मिन्** (**कर्णे**)

फिर भी निम्नलिखित अपवाद द्रष्टव्य हैं—

(१) अइ का सरलीकरण इ में; जैसे—

अनिँ (दशदृ० ५)<**अनइँ** (दे० § १०६)<अप० **अण्णइँ**<सं० **अन्यानि**

इणि (श्रा०)<**इणइ** (दे० § ८९)<अप०* **एणहिँ**<सं० ***एनस्मिन्**।

करि चि (प्र० ३)<**करइ चइ** (दे० § ११८)<अप० ***करइ अच्छइ**< सं० **करति ऋच्छति**;

जिसउ, तिसउ इत्यादि (दे० § ९४ (१))<अप० **जइसउ, तइसउ**<सं० **यादृशक:, तादृशक:** (पिशेल §§ ८१, १२१)

होसि (शालि० ६१)<अप० **होसइ** (हेम० ४।३८८, ४१८, (४)) <सं०* **भोष्यति** (=**भविष्यति**)

(२) अइ का समीकरण इइ में; जैसे—

एकि-इ (प० ४९६)<**एक-इ**

कउणिइँ (कल० ४)<कउणइँ (दे० § ६१)<अप० कवणएँ

कहिसिइ (आ०)<कहिसइ (दे० § १२१)

तिइँ (कान्ह० १०१, १०२)<तइँ (दे० § ८६)<अप० तइँ<सं० त्वया

परिइँ (आ०, फल० ३२)<परइँ (दे० § ७५)<अप० पआरएँ<सं०* प्रकारकेण;

बिइठउ<वि० १३०)<बीहन्तइँ<अप० बीहन्तएँ<सं०* भीषन्तकेन (पिशेल § ५०१)

माहिइ (प० ४१०)<माहइ (दे० § ७४७)<अप० मज्झहि<सं०* मध्यस्मिन् (=मध्ये)।

हुसिइ (एफ़ ६६३)<हुसइ (दे० § १२१)<अप० होसइ<सं०* भोष्यति।

(३) अइ का संकोचन ई में; यह परिवर्तन पूर्वोक्त इइ (दे० § १६) की मध्यवर्ती अवस्था के द्वारा हुआ मालूम होता है; जैसे—

अजी (आदि च०)<*आजि-इ<आज-इ<अप० अज्ज-इ<सं० अद्यापि;

त्रीजउ (दे० § ८२) < *त्रिइजउ < *त्रइजउ या *त्रईजउ < अप०* तइज्जउ<सं० तृतीयकः।

लगी (दे० § ७२(६))<*लगिइ<लगइ<अप० लग्गहिं<*लग्नस्मिन् (=लग्ने)।

हूँती (दे० § ७२ (११))<*हूँतिइ<हूँतइ<अप० होन्तहिं<सं० *भवन्तस्मिन्।

(देखिए होर्नले के गौडियन ग्रैमर, § ७६ में मराठी के उदाहरण)

(४) अइ का संकोचन ए में; यह परिवर्तन प्राकृत और अपभ्रंश में ही हो चुका था (दे० पिशेल § १६६), और प्राचीन पश्चिमी राजस्थानी में यह तृतीया बहुवचन के पदान्त में (दे० § ६०) तथा विधेयात्मक (Precative) एकवचन में (दे० § १२०) दिखाई पड़ता है। इसमें कोई शक नहीं कि यह बहुत प्राचीन है; जैसे—

चोरे (कल० ६)<अप० चोरहि<सं० चोरभिस् (=चौरस)

जाणिजे (भ० २१, प० ५६४)<अप० *जाणिज्जहि।

§ ११. निम्नलिखित स्थानों को छोड़कर प्राचीन पश्चिमी राजस्थानी अउ उद्‌वृत्त रहता है।

(१) अउ का सरलीकरण उ में; जैसे—

करु (ऋष० १०, १३)<करउ (दे० § ११६)<अप० करहु< सं० करथ;

कुण (आदि०, इन्द्रि०, योग० इत्यादि)<कउण (दे० § ६१)< अप०

कवण (पिशेल § ४२८)

चुथु (योग०, ४।१३७, शालि० २५) <**चउथउ** (दे० § ८२) <अप० **चउत्थउ** <सं० **चतुर्थक**;

सुँपइ (एफ़० ७८३, ५३) <**सउँपइ** <अप० **समप्पइ** <सं० **समर्प्यति**

(२) **अउ** का परिवर्तन **इउ** में; जैसे—

बोलिउँ (दश० ६) <**बोलउँ** (दे० § ११७)

(३) **अउ** का समीकरण **उउ** में; जैसे

कुँउँण (उप० २१५) <**कउँण** (दे० § ६१) <अप० **कवण**,

पुउढीउ (प० ४३२) <**पउढिउ**

इनमें से द्वितीय उदाहरण में **प** के प्रभाव से **अ** सम्भवतः **उ** में बदल गया है (दे० § २, (२))

४. **अउ** का संकोचन **ऊ** में; इसका कारण या तो यह हो सकता है कि **अउ** पहले समीकरण द्वारा **उउ** हो गया (जैसा कि **अइ**>**इइ**>**ई** में) अथवा **उ** पर स्वराघात हो गया। इस विषय में मैं ठीक-ठीक कुछ भी नहीं कह सकता। संभवतः कुछ स्थानों पर प्रथम कारण से परिवर्तन होता है और कुछ पर द्वितीय कारण से। जैसे--

मूं (वि० ७७) (दे० § ८३) <अप० **महु** <सं० **मह्यम्** (पिशेल § ४१८) यहाँ **ऊ** में **अउ** का परिवर्तन **उउ** की अवस्था से हुआ प्रतीत होता है क्योंकि यहाँ एक औष्ठ्य व्यंजन है। जब कि अन्य उदाहरण—

हूँ (दे० § ८३) <अप० **हउँ** <सं० **अहकम्** (पिशेल § ४१७) में **ऊ** में **अउ** का परिवर्तन **उ** पर स्वराघात का परिणाम मालूम होता है; अन्य उदाहरण ये हैं—

आपणपूँ (दश० १।२) <**आपणपउँ** (दे० § ६२)

कूण (आदि० ३) <**कउण** (दे० § ६१) <अप० **कवण**—(पिशेल § ४२८)

बोलूँ (एफ० ७१५, १, ३) <**बोलउँ** (दे० § ११७)

सूँ < **सउँ** (दे० § ७०, (५)) <अप० **सहुँ** <सं० **साकम्**

(५) **अउ** का संकोचन **आ** में; मध्यवर्ती अवस्था **अअ** प्रतीत होती है, **अउ** के दुर्बल होकर **अअ** हो जाने के प्रमाण **कल०** की पांडुलिपि में मिलते हैं। उसमें सामान्य वर्तमान काल मध्यम पुरुष का पदान्त—**अउँ** प्रायः **अअ** हो जाता है; जैसे—

कन्हाँ (आदिच०) (दे० § ६१) <***कन्हउँ** <अप० **कण्णहुँ**

कराँ (आदिच; षष्टि) <**करउँ** (दे० § ११७) <अप० **करहुँ** < सं० ***करमस्** (=**कुर्मस्**)

यह सन्धि अथवा संकोचन-विधि मारवाड़ी तथा पूर्वी राजस्थानी की

अपनी विशेषता है; गुजराती खास के लिए यह एकदम पराई चीज है।

(६) **अउ** का संकोचन **ओ** में; परिवर्तन एकदम **अइ**>**ए** से मिलता-जुलता है (दे० § १० (४))। इसके लिए एक ही उदाहरण विधि (Precative) के मध्यम पुरुष बहुवचन के पदान्त में मिलता है—

—इजो,—इज्यो < अप०—**एज्जहु**, (दे० § १२०)।

§ १२ **अए** का संकोचन **ए** में; जैसे—

अनेरु (योग० २।८८)<अप० **अण्णएरु**<सं० * **अन्यकार्य:**

बेटे (दश०, १०) <***बेटए**<अप०<सं० ***बिट्टअहिं**, **बिट्टअ** का तृतीया बहुवचन (दे० § ६०)।

§ **१३. अओ** का संकोचन **ओ** में; जैसे—

पोलि (रत्न० ५, १११) <अप० **पओलि** < सं० **प्रतोली**। उपर्युक्त उदाहरण में **ओ** को **अउ** < **ओ** का भी परिणाम कहा जा सकता है और ऐसा कहने का विशेष कारण यह है कि प० १०० में **पोलीआ** के लिए **पउलीआ** मिलता है।

§ **१४. आइ** का संकोचन **आ** में; जैसे—

अनेरां (कल० ३४) < अप० **अण्णएराइं** < सं० ***अन्यकार्यकाणि** नपुंसक बहुवचन के उदाहरणों के लिए देखिए § ५८, (३)। एक अपवाद अपभ्रंश **काइं** (< सं० **कानि**) से बनता है जिसमें **इ आ** के साथ संयुक्त नहीं होता; बल्कि उससे भिन्न अस्तित्व बनाए रखता है और प्राय: उसका दीर्घीकरण **ई** में हो जाता है। देखिए **कांई** और **कांइ**, § ९१

§ **१५. इअ** का संकोचन **ई** में; जैसे—

अमी (ऋष० ५६, एफ़० ७१५।२।१२) <अप० **अमिअ** < सं० **अमृत**।

एकेन्द्री (एफ़० ६०२, १) सं० **एकेन्द्रिय**।

जमाई (प० ३५४)<अप० **जामाइअ**—<सं० **जामातृक**—,

दीवी (योग २।८७)<अप०* **दीविअ**<सं० **दीपिका**,

दीस (प० १२६)<अप०* **दिअस**—<सं० **दिवस**—,

दीह (प० ४१६)<अप० **दिअह**—<सं० **दिवस**—,

पईडउ (आदि० ८७) < प्रा०* **पइअडओ** (तुलनीय **पइअम्**, देशी० ६।६४)

पीइ (दश० ६) <अप० **पिअइ** <सं० **पिबति**,

हईडउं (प० ८) <**हइयडउं** (एफ० ७१५) <अप० **हिअअडउं** <सं०* **हृदयटकम्**।

§ १६. **इइ** का संकोचन **ई** में। इस परिवर्तन के कुछ उदाहरण पहले § १०, (३) पर दिया जा चुका है। अन्य उदाहरण संयोजक कृदन्त

(Conjunctive participle) के— ई पदान्त से निकाले जा सकते हैं जिनमें, जैसा कि मैं आगे दिखलाऊँगा, भूत कृदन्त के सप्तमी पदान्त—इइ का संकोचन —इउ में हो जाता है (दे० § १३१); जैसे—

मेहली (भ० ७०) < * **मेहलिइ** < * **मेल्हिइ** < अप० **मेल्लिइ,**० **इए** (=सं० **मुक्ते**)

§ १७. **ईअ** का संकोचन ई में; जैसे—

कहीइ (एफ० ७१५।१।१०) < **कहीअइ** < **कहीयइ** < **कहीजइ** (दे०§ १३६) < अप० **कहिज्जइ** < सं० **कथ्यते** ।

आधुनिक गुजराती **बी** < अप० **बीअ**—<सं० **बीज**-

मारीतु (योग० २।२६) < **मारीयँतु** < अप० **मारिज्जन्तु** < सं०* **मार्यन्तः** ।

निम्नलिखित उदाहरण में **ईअ** का परिवर्तन **इअ** में हो गया है—

करिअइ (आदि च०) < **करीअइ** < **करीयइ** < **करीजइ** (दे० § १३६) < अ० **करिज्जइ** < **क्रियते** ।

§ १८. **उअ** का संकोचन ऊ में; जैसे

चूउ (भ० ४८) < अप० **चुअउ** < सं० **च्युतक:**

जूजूयउ (दशदृ० १) < अ० **जुअंजुअउ** (हेम० ४।४२२, (१४) <सं० * **युगंयुगक:**

मूउ (योग० २।९७, आदि० ३५) < अप० **मुअउ** < सं० **मृतक:** ।

§ १९. **ऊअ** का संकोचन ऊ में; जैसे—

जू (नपुं०) (प० २५४) <अप० **जूअ**—<सं० **द्यूत,**

जू (स्त्री०) (प० ४२४) < अप० **जूअ, जूआ** < सं० **यूका**

रूडउ (आदि० ८५) < अप० **रूअडउ** < सं० * **रूपटक:**

हूउ (दे० § ११३) <अप० **हूअउ** < सं० **भूतक:** ।

परंतु कभी-कभी ये दोनों स्वर अपना अस्तित्व अलग-अलग बनाए भी रह सकते हैं, जैसे **रूयडउ** (एफ० ७१५।१।११) और **हूअउ** (दशदृ०) में। इनमें से द्वितीय उदाहरण के लिए **हुअउ** रूप भी मिलता है (दशदृ० प० ३२२) जिसके सारूप्य के लिए **ईअ** > **इअ** का उल्लेख किया जा सकता है § १७ ।

(इ) अनुस्वार और अनुनासिक

§ २०. प्राचीन पश्चिमी राजस्थानी में पांडुलिपियों में **अनुनासिक** और **अनुस्वार** में कोई अंतर नहीं किया गया है; दोनों ही के लिए **बिन्दु** प्रयुक्त हुआ है। इसलिए हम निर्णय नहीं कर सकते कि **जं, कउणइं** जैसे रूपों को **जं, कउणइं** पढ़ा जाय अर्थात् अनुस्वार पूर्वक—जैसा कि अपभ्रंश में होता है—अथवा **जँ, कउणइँ** अर्थात् अनुनासिक की तरह। लेकिन इसकी संभावना

बहुत है कि **बिन्दु** आद्योपान्त **अनुनासिक** के लिए प्रयुक्त हुआ है; अपवाद केवल **तत्सम** शब्द हैं जहाँ इसका अर्थ या तो अनुस्वार है अथवा विभिन्न वर्गों का पंचम वर्ण। **अनुस्वार** का **अनुनासिक** में परिवर्तन प्राकृत और अपभ्रंश अवस्था से ही आरम्भ हो गया था। प्राकृत वैयाकरणों का कहना है कि प्राकृत और अपभ्रंश कविता में °इं, °हिं, °उं, पदान्त ह्रस्व और दीर्घ दोनों समझे जा सकते हैं; अर्थात् पदान्त अनुस्वार विकल्प से अनुनासिक और अनुस्वार दोनों माने जा सकते हैं (दे० पिशेल § १८०)। हेमचन्द्र अपने प्राकृत व्याकरण सूत्र ४।४११ में कहते हैं कि अपभ्रंश के °उं, °हुं, °हिं, °हं इत्यादि पदान्त प्राय: ह्रस्व उच्चरित होते हैं और उनके व्याकरण में उद्धृत उद्धरणों से हमें पता चलता है कि यही स्थिति °अं, °इं, और °एं पदान्तों की भी है। इसलिए ऐसा लगता है कि पदान्त अनुस्वार अपभ्रंश से ही अनुनासिक में बदल गया था और यदि हम हेमचन्द्र द्वारा उद्धृत छन्दों से निर्णय करें, जिनमें प्राय: सभी पदान्त अनुस्वार अनुनासिक तथा केवल थोड़े से अनुस्वार हैं, हमें पता चलता है कि इनमें से प्रथम प्रवृत्ति नियम की सूचना देती है और द्वितीय प्रवृत्ति अपवाद की अर्थात् अपभ्रंश में, बोलचाल की अपभ्रंश में पदान्त अनुस्वार वस्तुत: अनुनासिक हो गया था और उसका अवशेष केवल कविता में ही रह गया था जहाँ दीर्घ अक्षर के लिए उसका उपयोग होता आ रहा था।

अपभ्रंश के बाद प्राचीन पश्चिमी राजस्थानी में अनुस्वार और अनुनासिक की स्थिति निम्नलिखित है—

(१) मध्यवर्ती अनुस्वार का पूर्ववर्ती स्वर जब दीर्घ हो जाता है तो वह अनुस्वार अनुनासिक में बदल जाता है जैसे—

साँचरइ (प० ३८८) < अप० **संचरइ** < सं० **संचरति**

साँभलइ (कल० ३५) < अप० **संभलइ** (हेम० ४।७४) < प्रा० **संभरइ** (दे० पिशेल § ३१३) < सं० **संस्मरति**।

(२) मध्यवर्ती अनुस्वार जब दो ऐसे स्वरों के पहले आता है जो आ से भिन्न किसी अन्य दीर्घ स्वर के रूप में संयुक्त हो जाते हैं तो उसका लोप हो जाता है; जैसे—

जूजूयउ (दसदृ० १) < अप० **जुअंजुअउ** < सं०* **युगंयुगकः**

(३) मध्यवर्ती अनुनासिक प्राय: सुरक्षित रहता है; जैसे—

कुंअर (दशदृ० १) < अप० * **कुंअर-**, ***कुँआर-** < सं० **कुमार-**,

कुँआरि (वि०) < अप० **कुँआरी**, **कुंवारी** < सं० **कुमारी**

निम्नलिखित उदाहरणों में मध्यवर्ती अनुनासिक का स्थान परिवर्तन हो गया है—

ठाइँ (कल० ७२) < अप० **ठाँइ** < सं० * **स्थामे** (=**स्थाने**),

भुइँ (आ०, प० ३१८) < अप० **भूइँ** < सं **भूमि**।

(४) अपभ्रंश का पदान्त अनुस्वार या अनुनासिक प्राय: अनुनासिक के रूप में प्राचीन पश्चिमी राजस्थानी में सुरक्षित रहता है जैसे—

ताँ, तिहाँ (दे०§§, ६०, ६८ (१)) < अप० **तहाँ** (हेम० ४।३५५) < प्रा० **तम्हा** < सं० **तस्मात्**,

पाणीइँ (दश० ४) < अप० **पाणिअएँ** < सं० **पानीयकेन**,

राखउँ (कल० ३०) < अप० **रक्खउँ** < सं० * **रक्षकम्** (? दे० पिशेल § ४५४)

वाहलाँ (आदि० २२) < अप० **वल्लहहँ** या °**हाहँ** < सं०* **वल्लभसाम्** (? = **वल्लभानाम्**)

हूँ (दे० § ८३) < अप० **हउँ** < सं० **अहकम्**

परन्तु कभी-कभी स्थान परिवर्तन भी हो जाता है; जैसे—

काँइ (प० ६८५) < अप० **काइँ** < सं० **कानि**

और जब यह दो ऐसे स्वरों के बीच आता है जो संयुक्त होकर **ए** बन जाते हैं तो उसका (अनुस्वार का) लोप हो जाता है; जैसे—

दिणे (प० ६८५) < अप० **दिणहिँ** < सं० * **दिनभिस्** (= **दिनैः**)

(५) निम्नलिखित उदाहरण में अनुनासिक का परिवर्तन **म्** में हो गया है—

किम्ह-इ (दश०) < अप० **कहँ-इ, कहँ-वि**, < सं० **कथमपि**।

(६) मध्यवर्ती **आ** में प्राय: अनुनासिक श्रुति का योग हो जाता है, मुख्यत: उस समय जब **आ** के बाद **ण, न, म**, या **ह** आते हैं; जैसे—

पुराँण (प० ३), **स्वाँन** (प० ४८), **नाँम** (प० ५२१)

ब्राँह्मण (प० २६), **माँहिइ** (प० ५७३)

(ई) असंयुक्त व्यंजन

प्राचीन पश्चिमी राजस्थानी में पहुँचते ही अपभ्रंश व्यंजनों में निम्नलिखित परिवर्तन होते हैं—

§ २१. कभी-कभी **ग** का महाप्राणीकरण **घ**; जैसे—

सघलउ (प० ३२९) < **सगलउ** (प० २६७) < अप० * **सगलउ** < सं० **सकलकः**,

सूघरी (प० ६०४), **सूगरी** (प० ५९८) < अप० * **सूगरिअ** < सं० **सूकरिका**।

आघउ (प० ५८४) में अपभ्रंश **अग्ग, घ** संभवतः सप्तमी विभक्ति के प्रत्यय—**हउ** से **ग** के संयुक्त होने का परिणाम है (दे० § १४७) इसलिए मूल रूप * **आगहउ** होगा। ऐसे ही परिवर्तन के लिए देखिए **प** > § २६ और **ग** > **घ** के लिए देखिए § ३१.

§ २२. **ज** कभी-कभी **य** में बदल जाता है। अनेक स्थानों पर इस परिवर्तन का आभास-मात्र होता है क्योंकि लिखने में **ज** और **य** प्रायः एक दूसरे के स्थान पर व्यवहृत हो जाते हैं और इसमें कोई संदेह नहीं कि वे बहुत कुछ एक ही प्रकार से उच्चरित होते थे; अर्थात् **ज** की तरह (दे० § १)। लेकिन कुछ अन्य स्थानों पर ऐसा प्रतीत होता है कि **ज** का दुर्बल होकर **य** हो जाना वास्तविक है; अर्थात् स्वरों के बीच **ज** व्यंजन की शक्ति खो देता है और जैन-प्राकृत की य-श्रुति की तरह Euphonic तत्त्व के रूप में प्रयुक्त होता है; जैसे—

कहीइ (एफ़ ७१५।१।१०) < **कहीयइ** (आ०) < **कहीजइ** (आदिच०) < अप० **कहिज्जइ** < सं० कथ्यते;

वाणीयउ (दशद० ५) < ***वाणीजउ** < अप० **वाणिज्जउ** < सं० वाणिज्यकः।

§ २३. आद्य **ण** सदैव **न** हो जाता है। तुलना के लिए देखिए अर्धमागधी और जैन-प्राकृत की स्थिति जहाँ प्राकृत और अपभ्रंश मूर्धन्य **ण** के लिए दन्त्य **न** हो जाता है। यह परिवर्तन आद्य और शब्द के बीच द्वित्व दोनों अवस्थाओं वाले **ज** में होता है। इस प्रकार प्राचीन पश्चिमी राजस्थानी में हम देखते हैं—

नवि (शालि० ४५) (दे० § १०३) < अप० **णवि** < सं० **नापि**,

नाठउ (आदि० २) < अप० **णट्ठउ** < सं० **नष्टकः** इत्यादि।

§ २४. निम्नलिखित जगह **त ट** हो जाता है—

माटइँ (दे० § ७१ (५)) < * **निमातइँ** < अप० * **णिमत्तएँ** < **णिमित्तएँ** < सं० **निमित्तकेन**,

आधुनिक गुजराती **एटलो** < प्रा० प० रा० **एतलउ** (दे० § ९३, (२)) < अप० **एत्तुलउ**।

§ २५. कभी-कभी **त** का परिवर्तन **प** में हो जाता है और **प** का **त** में; जैसे—

जगपेश्वर (ऋष० ६७) < सं० **जगतेश्वर**,

जीपवउं (ज० ३, दशद० २) < **जीतवउँ** (वही) जो कि **जीत**-- < अप० * **जित्त** की क्रियार्थक संज्ञा है।

तणउ (दे० § ७३, (४)) < * **पणउ** < **अप्पणउ** < सं० * **आत्मनकः**

पोतउ < **आपोपउ** (दे० § ९२)

तुलना के लिए देखिए संस्कृत **आत्म**—को जो प्राकृत में **अप्प**—और **अत्त** दो रूपों में दिखाई पड़ता है (पिशेल §§ २७७-४४१) **त** > **त्र** के लिए देखिए § ३१।

§ २६. **प** कभी-कभी **फ** के रूप में महाप्राण हो जाता है। यह परिवर्तन

§२१ से कुछ-कुछ मिलता-जुलता है। इस तरह के जो केवल दो उदाहरण मिले हैं उनसे पता चलता है कि परवर्ती अक्षर के ह से मिलने के कारण ही **प फ** हो गया होगा; जैसे—

आधु० गुज० **आफणीए**<प्रा० प० रा० **आपहणी** [य] इँ (दश० ४) (दे०§ ६२) <अप० **अप्पण**<सं० **आत्मन**—.

ऊफरउ (आदि०)<**ऊपहरउ** (दश० ५।१३)<*ऊपरहउ (दे०§ १४७) <अप० **उप्पर**—<सं० **उपरि**—।

देखिए § ३८, **प**>**प्र** के लिए देखिए §३१।

§ २७. **म ल** में बदल जाता है—

लूसइ (योग० २।६७, १११, इन्द्रि० १)<अप०* **मुस्सइ**<सं०* **मुष्यति** (=**मुष्णाति**)।

§ २८. **अ, आ** जब किसी अन्य स्वर के पहले आते हैं तो **अ, आ** के पहले Euphonic **य** आ जाता है और वह कार्य करता है जो जैन प्राकृत की **यश्रुति** करती है। जैसे—

कुँयर (कान्ह० १०)<अप० ***कुँआर**—<सं० **कुमार**,

जोयइ (प० १५८)<अप० **जोअइ** <सं० **द्योतते**,

तीयाँ (आदिच०)<**तीआँ** (दे० § ६०)<अप०* **तेहहँ**,

नयर (प० १०)<अप० **नअर**—<सं० **नगर**—,

रयणी (ऋष० ५२)<अप० **रअणी** <सं० **रजनी**

हूया (आदि० ३७)<अप० **हूआ** <सं० **भूताः**

परंतु कुछ पांडुलिपियों में ऐसा नहीं है; जैसे—

कुँअर (दशद० १), **तीआँ** (आदि च०), **अण** (ऋष० १)

हुआ (कल० ११) इत्यादि

च, न के बाद भी कभी-कभी Euphonic **य** का आगम हो जाता है, मुख्यतः वहाँ जहाँ इन व्यंजनों के बाद **अ, आ** आता है; इसके अतिरिक्त **ओ** के पहले आनेवाले **ज** तथा **ख** और **स** के बाद भी **य** श्रुति हो जाती है विशेषतः वहाँ जहाँ इनका उच्चारण **क्ष, श** जैसा होता है।

च्यारि (दे० § ८०)<अप० **चारि**<सं० **चत्वारि** (पिशेल § ४३९)

न्यापित (प०)<सं० **नापित**

करिज्यो (दे० § १२०)<***करिजो**<अप०* **करेज्जहु**,

संख्येप (एफ़ ५८५)<सं० **संक्षेप**—,

स्याप (प० ५५६)<सं० **शाप**—,

जो>**ज्यो** परिवर्तन के उदाहरणों की तुलना के लिए राजस्थानी बोलियों के संबंधवाचक सर्वनाम के रूप देखिए।

§ २९. **र** कभी-कभी **ड** हो जाता है और **ड, र** जैसे—

केडूँ (एफ़ ७१५।१।१४) <केरुँ (दे० § ७३, (२)) <अप० केरउँ < सं०* कार्यकम्,

बइसारइ (दश० ४) <बइसाडइ (आदिच०) (दे० § १४१, (३)) <अप०* उवइसाडइ <सं० उपविशायति (=उपवेशयति)

दन्त्य र और मूर्धन्य ड के परस्पर विनिमय की तुलना के लिए देखिए बोलचाल की उत्तरी गुजराती (लिं० स० इं, जिल्द ६, खण्ड २, पृ० ३२६-३३०)

§ २६. अ. पदान्त में कभी-कभी र ल हो जाता है जैसे तृतीया में—

आलइ <आरइ <आडइ (दे० § १४१, (३))

§ ३०. र कभी-कभी लुप्त भी हो जाता है. जब ऐसे दो स्वरों के बीच में आता है जिनमें से द्वितीय इ हो; जैसे—

ओलिउ (मु०) <*ओइलउ <*ओरिलउ (दे० § १४४) <अप०* ओरिल्लउ, * अवरिल्लउ <अपारिलाकः,

पइलउ (मु०) <* परिलउ (दे० § ११४) <अप०* परिल्लउ< सं० *पारिलकः,

सइर (शालि० ११८, उप० २८, २६, ४१, ४४, ५० इत्यादि) <* सरिर<अप० सरीर <सं० शरीर।

§ ३१. आद्य असंयुक्त व्यंजन और उसके बाद वाले स्वर के बीच में कभी-कभी Euphonic र का आगम हो जाता है, ठीक उसी तरह जैसे च, न, ज के बाद य का आगम हो जाता है (दे० § २८)। जिन व्यंजनों के साथ र अक्सर जुड़ जाता है, वे हैं ग, त, प, भ, स। यही प्रवृत्ति अपभ्रंश में भी दिखाई पड़ती (पिशेल § २६८)। प्राचीन पश्चिमी राजस्थानी के उदाहरण—

गिरोहली (योग० ३।६७) <* ग्रोहली<अप०* गोहली< सं० गोध—

ग्रहइँ (प० २६०) <अप०* गहइँ <सं०* ग्रहति (=गृह्णाति)

त्रांबुं (इन्द्रि० २३) <अप०* तम्बुं <सं० ताम्रम्

त्रिण्णि (दे० § ८०) <अप० तिण्णि<सं० त्रीणि

त्रीजउ (दे० § ८२) <अप० तइज्जउ<सं० तृतीयकः

त्रीस (दे० § ८०) <अप० तीसा, तीसम् <सं० त्रिंशत्

त्रूटइ (भ० ७४) <अप० तुट्टइ<सं० त्रुटयते

त्रोडइ (एफ० ७८३, ७७) <अप०* तोडइ<सं०* त्रोटति (पिशेल, § ४८६)

प्रामइ (मु०) <पामइ<अप० पावँइ<सं०* प्रापति (=प्राप्नोति)

प्राहुणइ (आदि० ५१) <अप० पाहुणउ<सं० प्रावुणकः

भ्रासडि (दश०,४) <अप०, जैन माहा०, अर्धमाग० भासडी< शौर० भस्सडी<सं०* भस्मती।

आधुनिक गुजराती **सराण** (स्त्री०)<प्रा० प० रा०* **सराणि**<अप०* **साणी**<सं० **शाणी**।

उपर्युक्त उदाहरणों में से अनेक में र संस्कृत र का अवशेष प्रतीत होता है। **एत्र** (दश०) <अप० **एत्र**— (तुल० **एत्रुल**—, पिशेल, § २६८) में मध्यवर्ती व्यंजन में र के आगम का उदाहरण मिलता है।

§ ३२. **ल** कभी-कभी **न** हो जाता है और **न ल**, जैसे—

नान्हउ (दश०) < प्रा० **लण्हओ** <सं० **श्लक्ष्णक:**

निलाउ <प्रा० **णिलाउ**-सं० **ललाट**—,

लींब (उप० ३६) <अप० **निम्बु** <सं० **निम्बू**

आधु० गुज० **लीलुं** <प्रा० प० रा० **नीलुं** (इन्द्रि० २०) <अप० **नीलुं** <सं० **नीलम्** उप० की पांडुलिपि में साधारण **नाँखइ** के स्थान पर **लाँखइ** (३३, १०५, १३६, १४६ इत्यादि) मिलता है। प्राकृत में इसी प्रकार के उदाहरण के लिए देखिए पिशेल § २६०।

§ ३३. मध्यवर्ती **व ब** में बदल जाता है विशेषत: वहाँ जहाँ पूर्ववर्ती स्वर के लोप से वह आद्य हो जाता है, जैसे—

बइसइ (दशदृ० २) <अप० **उवइसइ** <सं० **उपविशति**, **बाचउँ** (प० ३७४) <अप० **अवच्चयउँ** <सं० **अपत्यकम्**।

इसका नियमित संबंध गुजराती **बच्चुं** (हिंदी बच्चा) से हैं जिसकी व्युत्पत्ति अब तक भ्रम से संस्कृत **'वत्स'** से की जाती थी।

§ ३४. **अ** के बाद कोई अन्य स्वर आए तो उसके पूर्व Euphonic **व** का आगम हो जाता है, ठीक **य** की तरह (§ २८); लेकिन उससे कहीं अधिक; जैसे—

जाँवइ (एफ़ ७२२, २५४) <**जाअइ**(आदिच०) (दे० § ११६)<अप० **जाइ** <सं० **याति**,

जोवण (आदिच०)<अप० **जोअण**<सं० **योजना**,

पीवइ (एफ़० ५३५, ४,३)<**पीअइ** (दे० § ११६)<**पीइ** (दश० ६) <अप० **पिअइ**<सं० **पिबति**।

§ ३५. मध्यवर्ती **व्** दो स्वरों के बीच आने पर लुप्त हो जाता है; जैसे

सुइणउ(षष्टि० १५६)<प्रा० **सुविणओ**<सं० **स्वप्नक:**

जब **व** के बाद **अ** आता है तो पूरा अक्षर **व** ही लुप्त हो जाता है—

कान्हदे (कान्ह०)<अप० **कान्हदेव** <सं० **कृष्णदेव**-,

जयसिंघदे (वि० ५६)<सं० **जयसिंहदेव**

देहरउँ (प० ३३४)<अप० **देवघरउँ**<सं० **देवगृहकम्**

प्राकृत में ऐसे परिवर्तन के लिए देखिए पिशेल १४६.

§ ३६. मध्यवर्ती **व** के बाद जब अनुनासिक आता है तो वह **म** हो जाता है और अनुनासिक लुप्त हो जाता है। जैसे—

इम (दे० § ६८. (३)) <अप० **एवँ**<सं० **एवम्**,

किमाड (आदिच०) <अप० **कवाँड-**<सं० **कपाट-**,

निम्नलिखित उदाहरण में **व** सुरक्षित है, केवल अनुनासिक लुप्त है—

कादव (दश० ५.४) <अप० **कद्दवँ-**<सं० कर्दम-।

§ ३७. (१) **ह** यदि अन्त्य अक्षर के दो स्वरों के बीच आए और किसी पदान्त का एक भाग हो तो प्रायः उसका लोप हो जाता है और दोनों स्वर या तो संयुक्त हो जाते हैं या असंयुक्त ही रहते हैं—जैसे—

करहाँ (प० ५८२) <अप० **करहहँ**<सं० **करभसाम्** (=**कर-भाणाम्**)

काँ (रत्न० १८) <अप० **कहाँ** <प्रा० **कम्हा** <सं० **कस्मात्** **जाणइ** (भ० ४४) <अप० **जाणहि** <सं०* **जानसि** (=**जानासि**) **जीवो** (षष्टि० ९३) <***जीवउ** <अप० **जीवहो**, संबोधन बहुवचन; **नयणे** (एफ़० ७८३, ७१) <अप० **णअणहिँ** <सं० * **नयनभिः** (=**नयनैः**) **मूँ** (दे० § ८३)< अप० **मह्नु** <सं० **मह्यम्**।

परंतु प्राचीन कविता में पदान्त **ह** कभी-कभी सुरक्षित रखा जाता है; जैसे—

गयांह (वि० ४५) <अप० **गआहँ** <सं० ***गतासाम्** (=**गतानाम्**) **गुणिहिँ** (वि० ७०) <अप० **गुणिहिँ** <सं० ***गुणेभिः** (=**गुणैः**) **बापह** (वि० १४०) <अप० **बप्पह** (दे० देशी०, १८८) **मनहिँ** (ऋष० २९) <अप० **मणहिँ** < सं० ***मनस्मिन्**

बहुवचन के विकारी रूप बिहुँ, त्रिहुँ, चिहुँ (दे० § ८१) और सविहुँ (दे०§ ९६) में पदान्त **ह** सदैव सुरक्षित रहता है। अपभ्रंश कहाँ, जहाँ, त..। में **ह** विकल्प से सुरक्षित या लुप्त हो सकता है, जैसे ऊपर उद्धृत काँ में।

(२) जब **ह** अंत्य अक्षर के दो स्वरों के बीच आता है और पदमात्र अथवा पदान्त का कोई अंग नहीं होता तो सामान्यतः सुरक्षित रखा जाता है; जैसे—

नहीं(दे० §§ ४८, १०३) <अप० **णहिँ** <सं० **न-हि**, **पाहिँ** (दे० § ७२, (८)<**पक्खे** <सं० **पक्षे**,

भमुहि (प० ५६४)<प्रा० **भमुहा**<सं०***भ्रुवुका** (पिशेल §§ १२४, २०६); इसके दो अपवाद हैं—

सिउँ (दे० § ७०, (५))<अप० **सहुँ** <सं० **साकम्** (पिशेल § २०६)

चऊद (दे० § ८०)<अप० **चउद्दह**<सं० **चतुर्दश**—,

द्वितीय उदाहरण में **ह** का लोप अनुवर्ती **अ** के साथ हुआ है। यही स्थिति **११** से **१९** तक के संख्या वाचक शब्दों की है।

(३) **ह** जब किसी शब्द के मध्य में दो स्वरों के बीच आता है तो सामान्यतः सुरक्षित रहता है, इसका अपवाद इस भाषा की परवर्ती अवस्था में दिखाई पड़ता है जब वह लुप्त हो जाता है। अपवाद का उदाहरण केवल एक ही मिल

सका है—

पइलउ (आदि च०) <**पहिलउ** (दे० § ८२)।

यह प्रक्रिया, जो प्राचीन पश्चिमी राजस्थानी की परवर्ती अवस्था में आरम्भ हो गई थी, अब आधुनिक गुजराती और उसमें भी विशेषतः उत्तरी बोली तथा मारवाड़ी में बहुतायत से प्रचलित दिखाई पड़ती है, जहाँ मध्यवर्ती **ह** का लोप सामान्य नियम बन गया है।

§ ३८. दो स्वरों के उद्‌वृत्त रूप को दूर करने के लिए बीच में Euphonic **ह** का समावेश हो जाता है; जैसे—

कुणहइँ (दश० ४) <***कुणअइँ** <***कउणअइँ** <अप०***कवणअएँ**

छेहडउँ (दश०) <अप० **छेअडउँ** <सं० ***छेदटकम्**

प्राहिइँ (योग० ३।१३०) <* **प्राहइँ** <अप० **प्राअएँ** (तुल० प्राउ, हेम० ४।४१४, (१) <सं०***प्रायकेण** (=**प्रायेण**)

सुहणउँ (योग० २।७०, आदि च०, कल) <* **सुअणउँ** <सं० **स्वप्नकम्**।

निम्नलिखित उदाहरण में **प** के बाद सम्पूर्ण अक्षर **ह** का समावेश प्रतीत होता है—

आपहणी (दश० १) (दे० §§ २६, ६२) <अप० **अप्पण**–<सं० **आत्मन**—

निम्नलिखित उदाहरण में **ह** का उपसर्गवत् आद्यागम हुआ है—

हेव (प० १८४) <अप०, सं० **एव**।

(उ) संयुक्त व्यंजन

§ ३९. अपभ्रंश व्यंजन-संयोग दो प्रकार के होते हैं—

(क) एक ही व्यंजन के द्वित्व-द्वारा निर्मित व्यंजन-संयोग,

(ख) अनुनासिक व्यंजन (वर्ग का पंचम वर्ण) के अनुगामी व्यंजन द्वारा निर्मित व्यंजन-संयोग;

इन्हीं के साथ एक तीसरे प्रकार को भी जोड़ा जा सकता है—

(ग) **र** के अनुगामी व्यंजन द्वारा निर्मित व्यंजन-संयोग।

परन्तु चूँकि प्राचीन पश्चिमी राजस्थानी में इनमें से किसी में परिवर्तन नहीं हुआ, इसलिए, ये यहाँ विचारणीय नहीं हैं।

§ ४०. अपभ्रंश के द्वित्त व्यंजन नियमतः प्राचीन पश्चिमी राजस्थानी में आकर सरलीकृत हो गए और पूर्ववर्ती स्वर दीर्घ कर दिया गया।

व्यंजनों के प्रत्येक वर्ग के उदाहरण निम्नलिखित हैं—

(१) कण्ठ्य—

मांकुण (प० ४२२) <अप० **मक्कुण**–<सं० **मत्कुण**

लूखउ (प० २९२) <अप० ***लुक्खउ** (तुल० अर्धमागधी **लुक्खा-**)

<सं० रूक्षक:,

ऊगमइ (ऋष० २९)<अप० उग्गमइ<सं० *उद्गमति ।

(२) तालव्य—

साचवइ (प० २९७)<प्रा० सच्चवइ (हेम० ४।१८१)<सं० सत्यापयति (पिशेल § ५५९)

लाछी (ऋष० ५५)<अप० लच्छी<सं० लक्ष्मी,

आज (दशदृ० ६)<अप० अज्ज<सं० अद्य,

दूझइ (प० २१)<अप० दुज्झइ<सं० दुह्यते ।

Precative बहुवचन के पदान्त में ज्ज विकल्प से सरल होकर ज्य हो जाता है। देखिए §§ २८, १२० ।

(३) मूर्धन्य—

वाट (आ०)<अप० वट्टा (स्त्री०)<सं० वर्त्मा (प्रथमा, नपुं०),

दीठउ (दशदृ० ६)<अप० दिट्ठउ<सं० दृष्टक:,

पछाडइ (एफ० ७८३, ५५)<अप० *पच्छडइ <सं० *प्रच्छर्दति ।

काढइ (प० ३०३)<अप० कड्ढइ <सं० कर्षति ।

मूर्धन्य द्वित्त ण में कुछ विलक्षण विकार होता है, इसलिए उसका विचार अलग से § ४१ में होगा ।

(४) दन्त्य—

पूतली (दशदृ० ७)<अप० पुत्तली<सं० पुत्तली, पुत्तलिका,

उदेग (दश०, ५।९०)<अप० उद्वेग-<सं० उद्वेग-,

सीधउ (एफ़ ५३५)<अप० सिद्धउ<सं० सिद्धक: ।

(५) औष्ठ्य—

आपइ (दशदृ० २)<अप० अप्पइ, अप्पेइ<सं० अर्पयति,

राफडउ (प० ६३)<अप० रप्फडउ (तुल० प्रा० रप्फो=बल्मीक: देशी० ७।१),

चीभड (प० २५२)<अप० चिब्भडि<सं० चिर्भटि ।

(६) अर्धस्वर—

घालइ (दशदृ० १०)<अप० घल्लइ (=क्षिपति हेम० ४।३३४, ४२२) ।

डावउ (दशदृ०)<अप० डव्वउ (तुल० देशी० ४।६)

ल्ल<ल्ह के लिए देखिए § ४२

(७) ऊष्म—

वीसास (प० २८४)<अप० विस्सास-<सं० विश्वास

§ ४१. अपभ्रंश का मूर्धन्य द्वित्त ण सरलीकृत होकर प्राचीन पश्चिमी राजस्थानी में दन्त्य न हो जाता है, जैसे—

ऊनयु (दश०) <अप० **उण्णउ**<सं० **उन्नतः**,

छांनउ (प० ३५२)<अप० **छण्णउ**<सं० **छन्नकः**,

सान (स्त्री०) (प० १४६, १७२)<अप० **सण्णा**<सं० **संज्ञा**।

इस परिवर्तन से यह धारणा बनाई जा सकती है कि अपभ्रंश **ण्ण** पहले **न्न** में परिवर्तित हुआ और फिर सरलीकृत होकर **न** बन गया; इसके वज़न पर जैन प्राकृत के वे उदाहरण उद्धृत किए जा सकते हैं जिनमें आद्य **ण** और मध्यवर्ती **ण्ण** सदैव दन्त्य हो जाते हैं। परन्तु ऐसा भी प्रमाण है जिससे पता चलता है कि कम से कम कुछ स्थानों में **ण्ण** से **न** का परिवर्तन **ण्ह**<**न्ह** के माध्यम से हुआ। **ण्ह** से **ण्ण** का अन्तर पिंगल-अपभ्रंश से ही शुरू हो गया था जहाँ नियमित **दिण्णउ**, ***लिण्णउ**(दे० § १२६ (३)) के लिए **दिण्हउ**, **लिण्हउ** (१।१२८) जैसे रूप मिलते हैं। यह परिवर्तन **ल्ल** से **ल्ह** के अन्तर से मिलता-जुलता है, जिसकी व्याख्या नीचे की जा रही है। इसके आगे प्राचीन पश्चिमी राजस्थानी ने **ण्ह** को **न्ह** में बदल दिया और **न्ह** को एक अकेले व्यंजन के रूप में व्यवहृत किया। ऐसा ही प्राचीन पूर्वी राजस्थानी तथा प्राचीन पश्चिमी हिन्दी ने भी किया और **दिण्हउ**, **लिण्हउ** से **दीन्हउ**, और **लीन्हउ** बना लिया। प्राचीन पश्चिमी राजस्थानी की **ण्ह** से **न्ह** परिवर्तन की प्रवृत्ति के लिए **अन्हार** संज्ञा का तृतीयान्त रूप प्रमाण है जो—**अण्हार** के जरिए—**अणहार** से बना है (दे० § १३५)। **न्ह** सम्बन्ध इसके बाद भी परसर्ग **कन्हइँ** में अवशिष्ट रह गया है जिसके लिए देखिए § ७१, (१), और

बन्हि (शालि० १५)<अप० **बिण्णि**<सं०* **द्वेनि**।

§ ४२. जिस प्रक्रिया से **ण्ण** गुज़रा उसी से अपभ्रंश **ल्ल** भी गुज़रता हुआ प्रतीत होता है। **ल्ह** से **ल्ल** का अन्तर तो पहले से जैन महाराष्ट्री के इन उदाहरणों में दृष्टिगोचर होता है—

मेल्हियाइँ<**मेल्लियाइँ** और **मेल्हेवि**<**मेल्लेवि** (भववैराग्यशतक, ४७, ५६)[१८]। इन दोनों का सम्बन्ध प्राकृत की **मेल्लइ** क्रिया से है (देखिए **हेम०** ४।९१)। इसी तरह प्राचीन पश्चिमी राजस्थानी में **मेल्हइ** (प० ३४३) तथा **ह** के विपर्यय (दे० § ५१) से **मेहलइ** (भ० ४७, प० ५०४) भी होता है। प्राचीन पश्चिमी राजस्थानी का दूसरा उदाहरण—

उल्हसइ (प० ४४९)<अप० **उल्लसइ**<सं० **उल्लसति**।

§ ४३. व्यंजन-द्वित्व पूर्ववर्ती स्वर के क्षतिपूरक दीर्घीकरण के बिना भी सरलीकृत हो जाता है। ऐसा तब होता है जब पूर्ववर्ती स्वर आगे या पीछे

---

१८. Giornale della Societa Asiatica Italiana, Vol. XXII (1909), pp. 179-211 and Vol. XXIV (1911), pp. 405-416 में सम्पादित।

कोई दीर्घ अथवा स्वराघात युक्त अक्षर होता है या फिर वह किसी अन्य स्वर के ठीक बाद आता है; जैसे—

अच्छइ (दे० § ११४) < अप० **अच्छइ** < सं०* **ऋच्छति** (पिशेल §§ ५७, ४८०),

अनइँ (दे० § १०६) < अप० **अण्णइँ** < सं० **अन्यानि**,

अनेरउ (आदि० २७) < अप० **अण्णएरउ** < सं० **अन्यकारकः**,

ऊपणउ (एफ़० ७२४) < अप० **उप्पण्णउ** < सं० **उत्पन्नकः**,

ओलगु (प० १०५) < प्रा० **ओलुग्गो** (दे० देशी० १।१६४),

चउँथउ (दशदृ०) < अप० **चउत्थउ** < सं० **चतुर्थकः**,

नीपजइ (एफ़० ५३५) < अप० **णिप्पज्जइ** < सं० **निष्पद्यते**,

पइठउ (आदि० १७) < अप० **पइट्ठउ** < सं० **प्रविष्टकः**,

मथालइँ (दे० §§ १०१, (१), १४५) < अप० * **मत्थअल्लहिं** < सं० ***मस्तकल-स्मिन्**,

वखानइ (श्र) < अप० **वक्खाणइ** < सं० **व्याख्यानयति**,

होइजे (दे० § १२०) < अप०* **होएज्जहि** ।

लेकिन कुछ स्थानों पर स्वर के ह्रस्व रह जाने का कोई स्पष्ट कारण समझ में नहीं आता; जैसे—

मुझ मझ (दे० § ८३) < अप० **मज्झु** < सं० **मह्यम्** ।

§ ४४. व्यंजन द्वित्व निम्नलिखित पूर्ण संख्या वाचक शब्दों में ज्यों का त्यों सुरक्षित है—

३, **त्रिण्णि** (योग० १।१५, ३४, ५०) < अप० **तिण्णि** < सं० **त्रीणि**,

२७, **सत्तावीस** (एफ़० ६६३, २२) < अप० **सत्तावीस** < सं० **सप्तविंश**

२८, **अट्ठावीस** (प्र० २६) < अप० **अट्ठावीस** < सं०, **अष्टविंश**,

३८, **अट्ठत्रीस** (वही) < अप० **अट्ठत्तीस** < सं० **अष्टत्रिंश-**,

५६, **छप्पन** (ऋष० ६३) < अप० **छप्पण्ण** < सं०* **षट्पञ्चत्** (पिशेल, § ४४५),

६४, **चउसट्ठि** (एफ़० ७५८) < अप० **चउसट्ठि** < सं० **चतुःषष्टि**,

७२, **बहत्तरि** (आदिच०) < अप० **बाहत्तरि** < सं० **द्वासप्तति**,

९८, **अट्ठाणु** (वही) < अप० **अट्ठाणउइ** < सं० **अष्टानवति**,

क्रम-संख्या वाचक में—

छट्ठउ (ऋष० १७, १६, ५६, एफ़० ६०२) < अप० **छट्ठउ** < सं० **षष्टकः**,

और संज्ञा में—

आधु० गुज० **बच्चुं** (बेलसरे का गुजराती कोश, पृ० ८२५) < अप०

अवच्चउँ<सं० **अपत्यकम्**[१६]।

परंतु प० ३७४ में नियमित रूप **बाचउँ** मिलता है।

§ ४५. अपभ्रंश में जो व्यंजन-संयोग वर्गों के पंचम वर्ण के द्वारा बनता है वह प्राचीन पश्चिमी राजस्थानी में आकर वर्गीय पंचम वर्ण को अनुनासिक तथा पूर्ववर्ती स्वर को दीर्घ कर देता है; जैसे—

रांक (प० १५१)<अप०, सं० **रङ्क**–,

सींग (प० ६३)<अप० **सिङ्ग**<सं० **शृङ्ग**–

पांच (दे० § ८०) अप०, सं० **पञ्च**–,

आंतरउँ (आदि० ७३, एफ० ५३५, २।४) <अप० **अन्तरउँ**<सं० **अन्तरकम्**।

कांपइ (प० ३१०)<अप० **कम्पइ**<सं० **कम्पते**।

वर्तमानकालिक कृदन्त का–न्त पदान्त इसका अपवाद है जिसमें अनुनासिक व्यंजन एकदम लुप्त हो जाता है और पूर्ववर्ती स्वर का दीर्घीकरण भी नहीं होता (दे० § १२२)।

§ ४६. तत्सम शब्दों में संस्कृत के संयुक्त व्यंजन सामान्यत: अपरिवर्तित रहते हैं। इसका अपवाद केवल क्ष है जो कभी-कभी **क्ष्य** द्वारा सूचित किया जाता है (दे० § २८) और फिर ज्ञ, न्य जिनमें कभी-कभी परस्पर-विनिमय हो जाता है, जैसे—

ज्ञासीकृत (योग० २।६६)<सं० **न्यासीकृत**,

न्यांन (एफ० ७२९, २)<सं० **ज्ञान**–।

(ऊ) वर्ण-विपर्यय

§ ४७. वर्ण-विपर्यय की प्रवृत्ति प्राचीन पश्चिमी राजस्थानी में आधुनिक गुजराती तथा मारवाड़ी की ही तरह काफी मिलती है। इसके उदाहरणों को मैंने चार वर्गों में विभाजित किया है—

(क) मात्रा-विपर्यय, (ख) अनुनासिक-विपर्यय, (ग) स्वर-विपर्यय, और (ङ) व्यञ्जन-विपर्यय।

§ ४८. मात्रा-संबंधी विपर्यय निम्नलिखित उदाहरणों में होता है—

अहीँ (प० ५५३) दे० § ८९)<अप० **आअहीँ** <सं० * **अवकस्मिन्**,

कूँअरि, कूंइरि (वि०)<अप० **कुवाँरि**<सं० **कुमारी**,

नथी (दे० § ११५)<* **नाथि**<प्रा० **णत्थि**<सं० **नास्ति**,

नहीँ (दे० § १०३)<अप० **णाहिँ** <सं० **ना-हि**,

माहरउ (दे० § ८३) <अप० **महारउ**<सं० * **महकारकः**

---

[१६]. तुलनीय, आधु० गुज० 'वच्चे' प्रा० प० रा० 'विचइ' से (§ ७५)

(पिशेल § ४३४)

सहू (दे० ६६) <अप० साहु <सं० शश्वत् (पिशेल § ६४),

सोहामणुँ <अप० सोहमाणुं <शोभमानम् ।

उपर्युक्त उदाहरणों से पता चलेगा कि दो अक्षरों वाले शब्दों में दीर्घ मात्रा अन्त्य स्वर में स्थानान्तरित हो जाती है और तीन अथवा चार अक्षरों वाले शब्दों में प्राग्-उपान्त्य स्वर में । यहाँ स्वराघात का महत्त्व विशेष नहीं प्रतीत होता । इसके बाद यह भी लक्षित किया जायगा कि ऊपर उद्धृत दो-अक्षर वाले चार उदाहरणों में से तीन ऐसे शब्दों द्वारा निर्मित हुए हैं जिनका अन्त्य अक्षर मूलतः ह है और उस ह के बाद ह्रस्व स्वर आता है । यह ऐसा तथ्य है जो कुछ अंशों में निश्चय ही मात्रा-संबंधी विपर्यय का कारण है क्योंकि शब्द के अंत में जब ह किसी ह्रस्व स्वर के पहले आता है तो वह सामान्यतः लुप्त हो जाता है । परन्तु यहाँ भी एक निम्नलिखित अपवाद है—

कीहँ (आदि० १३,४७) <किहाँ (दे० §§ ९१,९८, (१) <अप० कहाँ <प्रा० कम्हा <सं० कस्मात् ।

§ ४९. अनुनासिक-विपर्यय निम्नलिखित स्थानों पर होता है—

कांइ, काँई (दे० § ९१) <अप० काइं <सं० कानि,

गयाँह (वि० ४५) <अप० गआहँ <सं०* गतासम्) =गतानाम्),

माँहइ (प० २१२) <* माझइँ <अप० मज्झहिँ <सं०* मध्यस्मिन्,

इन सभी उदाहरणों में अनुनासिक ह्रस्व से दीर्घ स्वर में स्थानान्तरित हुआ है ।

§ ५०. स्वर-विपर्यय निम्नलिखित स्थानों पर होता है—

तुहइ (दे० § ११०) <अप०* तउ-हि <सं० ततो हि,

थिकउ (दे० § ७२, (४) <*थकिउ <अप० थक्किउ <सं० * स्थकियतः (पिशेल § ४८८),

पिण (आदि० च०) <पणि (दे० § ११०) <अप० पुणु <सं० पुनर्,

विणज (प० ४६) <सं० वणिज, वणिज्य—,

हईडउँ (प० ८) <हइयडउँ (एफ ७१५) <अप० हिअअडउँ < *हृदयटकम्,

हऊउ (उप० १९६) <अप० हुअउ <सं० भूतकः,

हिव (षष्टि०) <हवि <एहवि (दे० § ९४, (३)) ।

§ ५१. व्यंजनों का विपर्यय अधिकांशतः ह द्वारा प्रभावित होता है जो विगत पूर्ववर्ती अक्षर के सम्मुख पश्चगामी प्रवृत्ति का होता है । ह की यह प्रवृत्ति प्राकृत से ही दिखायी पड़ती है और इसके अनेक उदाहरण प्रोफेसर पिशेल ने अपने प्राकृत व्याकरण § ३५४ में एकत्र किए हैं । परन्तु प्राचीन पश्चिमी राजस्थानी में ह की यह विलक्षणता कहीं अधिक स्पष्ट है और यह ऐसा तथ्य है जो

आधुनिक गुजराती में अब तक मध्यग ह् के उच्चारण के बिलकुल मेल में है।[२०] उदाहरण ये हैं—

ऊफारउ (आदि० ५५) <*ऊपहरउ <* ऊपरहउ (दे० § १४७),

दिहाडउ (प०, योग०) <* दिहअडउ <अप० दिअहडउ <सं०* दिवसटक:,

दोहिल (दशदृ०)* दूलह <अप० दुल्लह– <सं० दुर्लभ–,

पहिरावइ (दशदृ० ६) <अप० पहिरावइ, °वेइ <सं० परिधापयति,

मेहलइ (भ० ४७) <जैन माहा० मेल्हइ (दे० § ४२) <अप० मेल्लइ,

वाहिलु (योग० ११५५) <अप० वल्लहु <सं० वल्लभ,

साथमउ (एफ़० ६०२) <सामहउ (श्रा०) <सामुहउ (उप० १०८) <अप० सम्मुहउ <सं० सम्मुखक:,

ह्रइं (श्रा०) <रहइं (दे० § ७१, (६))

विपरीत प्रवृत्ति वहाँ प्रतीत होती है जहाँ ह मूलत: शब्द के आदि में होता है यह प्रवृत्ति प्राकृत से दिखाई पड़ती है, जैसा कि द्रह <सं० ह्रद, रहस्स <सं० ह्रस्व और लुहइ <हुलइ आदि पिशेल द्वारा उद्धृत, § ३५४ उदाहरणों से दृष्टिगोचर होता है। प्राचीन पश्चिमी राजस्थानी के लिए मैं ये उद्धरण दे सकता हूँ—

द्रह (दशदृ० ८) <सं० ह्रद—,

थउ (प० ७०) <हतउ (दे० § ११३)।

मारवाड़ी में व्हइ <हुवै।[२१]

इसके अपवाद षष्टि० में मिलने वाले एवहउ, केवहउ आदि रूप हैं जो एहवउ, केहवउ के लिए आते हैं (§ ९४, (३))।

ह से भिन्न व्यंजनों का स्थानान्तरण निम्नलिखित स्थलों पर होता है—

गमा (गमाँ ? के लिए) (मु०) <*माग (*मागाँ ?) <अप० मग्ग (मग्गहिँ ?) <सं० मार्ग—,

भायग (प० ६३५) <*भागय <सं० भाग्य—,

दुहरे प्रेरणार्थक में र के विपर्यय के लिए देखिए § १४१, (४)।

(ए) सम्प्रसारण

§५२. सम्प्रसारण प्राचीन पश्चिमी राजस्थानी के तद्भव और तत्सम दोनों प्रकार के शब्दों में अत्यधिक प्रचलित है। कुछ उदाहरण नीचे दिए जा रहे हैं—

---

२०. देखिए लि० स० इं०, जिल्द ९, खण्ड २, पृ० ३३०

२१. तुलनीय, प्राचीन बैसवाड़ी 'रहसन' <'हरसन' (रामचरित मानस, २।१७)

अभिन्तर (प० ३२०)सं०<अभ्यन्तर—(तुल० अर्धमागधी अभिन्तर-)
गउख (प० ३५२, आदिच०)<*गवख<अप० गवक्ख-<सं० गवाक्ष-
देसाउर (प० १४२)<अप० देसावर-<सं० देशापर-,
धउलउ (उप० ९५)<अप० धवलउ<सं० धवलिकः,
नउमउ (ऋष० ३२)<अप० णवमउ<सं० नवमकः,
भवि (एफ़ ५३५, २।२१)<सं० भव्य—,
विवहारी (प० ४१, ४४)<सं० व्यवहारिन्,
सुपन (एफ़० ७१५, १।१६)<सं० स्वप्न—,

अध्याय ३

संज्ञा शब्दों के रूप

§ ५३. **लिग**—प्राचीन पश्चिमी राजस्थानी में संस्कृत और अपभ्रंश के सभी तीनों लिंग होते हैं और इसी तरह आधुनिक गुजराती और मारवाड़ी में भी होते हैं। नियमतः सभी तत्सम और तद्भव शब्दों में संस्कृत लिंग सुरक्षित रखे जाते हैं; फिर भी अपवादों की कमी नहीं है जैसा कि सजातीय आधुनिक भाषाओं में दिखाई पड़ता है। इन अपवादों में से बहुतों में लिंग-परिवर्तन, राचमुच, प्राकृत से ही आरंभ हो गया था और दूसरों में भी उसके बाद हो गया और यह परिवर्तन या तो किसी भिन्न लिंग के पर्याय के प्रभाव से हुआ अथवा सप्तमी या तृतीया में लगातार प्रयुक्त होने वाली कुछ पुल्लिग संज्ञाओं में पद रचना करने वाले पदान्त परसर्ग—ई (<-अइ) को भूल से स्त्रीलिंग समझने के कारण ऐसा हुआ। विभिन्न प्रकार के उदाहरण निम्नलिखित हैं—

कलत्र (स्त्री०)) (योग० २।७६; दे० § १३३) <सं० **कलत्र**-(नपुं०)

काय (स्त्री०) (प० १६७, ४८८) <तुल० जैन-महाराष्ट्री **काया** (स्त्री०) (भववैराग्य शतक, ७) <सं० **काय**–(पुं०),

देह (स्त्री०) (प० ३४४) <स० **देह**–(पुं० नपुं०),

नाक (नपुं०) (प० ३११) <प्रा० **णक्को** (पुं०),

वाट (स्त्री०) (प० ५८२) <अप० **वट्टा** (स्त्री०) <सं० **वर्त्मा, वर्त्मन्**) (नपुं०) प्रथमा-विभक्ति का रूप,

वार (स्त्री०) <सं० **वार**–(पुं०),

वेलु, वेलउ (पुं०) (प० ५४८) <प्रा० **वेल्लि, वेल्ला** (स्त्री०)

-नी परि (स्त्री०) <अप०··· **पआरें** <सं० **प्रकारेण** (पुं०) (दे० §§ ३, ७५)

वार में लिंग परिवर्तन संभवतः निम्नलिखित प्रकार के सप्तमी प्रयोगों के

ज़रिए हुआ है—

आणी (**आणइ** के लिए, दे० § १०, (३)) **वारि** (प० ३१५), **बीजी** (बीजइ के लिए) **वार** (दशदृ०)

आगि संज्ञा, जो अब कुछ आधुनिक भाषाओं में स्त्रीलिंग हो गई है, प्राचीन पश्चिमी राजस्थानी में मूल पुल्लिग में बनी रही (दे० इन्द्रि० ८३)।

§ ५४ **वचन**—प्रा० प० रा० में दो वचन हैं—एक वचन और बहुवचन। अविकारी कारकों (कर्त्ता, कर्म, सम्बोधन) में दोनों वचनों के लिए संज्ञा का प्राय: एक ही रूप होता है और एक विकारी कारक (करण) में बहुवचन का रूप एकवचन के लिए भी प्रयुक्त होता है।

§ ५५. **प्रातिपदिक**—शब्द-रूप अंशत: विभक्ति-प्रत्यय-परक है और अंशत: अनुप्रयोग-परक (Periphrastic) है। इनमें से प्रथम प्रकार के रूपों का अध्ययन करने के लिए संज्ञा शब्दों अथवा प्रतिपादकों को दो वर्गों में विभाजित कर लेने से सुविधा होगी। ये दो वर्ग हैं—व्यंजनान्त प्रातिपादिक और स्वरान्त प्रतिपादिक।

व्यंजनान्त प्रातिपादिकों का अन्त किसी व्यंजन (अथवा संयुक्त व्यंजन) से होता है जिसके बाद **अ** भी रहता है जो सभी प्रत्ययों के पूर्व लुप्त हो जाता है। इस वर्ग में तथाकथित सभी "दुर्बल" तद्भव तथा अकारान्त तत्सम शब्द आते हैं। **स्वरान्त प्रतिपादकों** के दो उपवर्ग हो सकते हैं—(क) अकारान्त से इतर स्वरान्त वाले प्रातिपादिक; जैसे °**आ**, °**इ** °**ई**, °उ, °**ऊ** कारान्त और (ख) °**अअ** (<अप० °**अअ**<सं० °**अक**) से अन्त होने वाले प्रातिपदिक। इनमें से प्रथम प्रकार के प्रातिपदिकों के अन्त्य स्वर सभी विभक्ति-प्रत्ययों से पूर्व सुरक्षित रहते हैं और दूसरे प्रकार के प्रातिपदिकों का अन्त्य स्वर व्यंजनान्त प्रातिपदिकों की तरह लुप्त हो जाता है और विभक्ति-प्रत्यय उपान्त्य **अ** के साथ जुड़ जाते हैं। सामान्य व्याकरणों में ये दूसरे प्रकार के प्रातिपदिक "सबल" कहलाते हैं। वे सभी तद्भव होते हैं किन्तु तत्समों का भी एक वर्ग है और वह है °**अय** वाले तत्सम जिनका प्रयोग उन्हीं की तरह होता है।

§ ५६. **विभक्ति-रूप**—ये रूप कर्त्ता, कर्म, करण, अपादान, संबंध, अधिकरण और संबोधन कारकों तक सीमित हैं। इनमें से कर्ता और कर्म की एक ही विभक्ति-प्रत्यय होती है और इसी तरह करण और अधिकरण की भी। यह मिश्रण अपभ्रंश से ही शुरू हो गया था। इनके अतिरिक्त अपादान अपना मूल कारक अर्थ खो बैठा और अधिकरण में मिल गया। इस परिवर्तन के भी चिह्न अपभ्रंश में मिल जाते हैं। आधुनिक भारतीय आर्यभाषाओं के व्याकरणों में सामान्यत: करण और सम्बन्ध कारक को कर्तृवाचक (Agentive) और विकारी कहने की प्रथा है परन्तु मैं उनके पुराने नामों को ही तरजीह देता हूँ क्योंकि ऐतिहासिक व्याकरण की दृष्टि से वे पुराने नाम अधिक सही हैं। सभी

संज्ञाओं का रूपान्तर समान मात्रा में नहीं होता। नियमतः सभी संज्ञाओं के रूपान्तर केवल करण, अपादान, अधिकरण और सम्बोधन में ही होते हैं। अन्य कारकों में केवल स्वरान्त प्रातिपदिक ही होते हैं, व्यंजनान्त प्रातिपदिक अपरिवर्तित रहते हैं। परन्तु इसके कुछ अपवाद भी हैं और वे मुख्यतः व्यंजनान्त विशेषण हैं जिनके रूपान्तर सभी कारकों में हो सकते हैं, व्यंजनान्त संज्ञाएँ भी कभी-कभी कर्त्ता-कर्म एकवचन में रूपान्तर हो जाती हैं और °इ, °उ अन्त वाली स्वरांत संज्ञायें भी, जो कर्त्ता-कर्म तथा सम्बन्ध कारक में रूपान्तरित नहीं होतीं। इनमें से अन्तिम तीन कारकों में °ई, °ऊ अन्त वाले प्रातिपदिक विकल्प से अपरिवर्तित रह सकते हैं और अकारान्त प्रातिपदिक नियमतः अपरिवर्तित रहते हैं। °आ, °ई से अन्त होने वाले स्त्रीलिंग प्रातिपदिक केवल करण और अधिकरण में रूपान्तरित होते हैं और °ईकारान्त स्त्रीलिंग विशेषण सामान्यतः सभी कारकों में समान रूप से अपरिवर्तित रहते हैं। अब हम अलग-अलग प्रत्येक कारक पर विचार करें।

§५७. **कर्त्ता-कर्म एक वचन**—(१) पुल्लिग स्वरान्त प्रातिपदिकों में–उ प्रत्यय लगती है जिसका सम्बन्ध अपभ्रंश–उ<सं०–अः, अम् से है–जैसे—

प्राहुणउ (आदि० ५१), **वेलउ** (प० ५४८)
कुशलीउ (आदि० ७७), **विवेकरूपीउ हाथीउ** (शील० १)
पाउ (शालि० २६), **राउ** (शालि०, १०६, ६।५६, रत्न, १५०)

व्यंजनान्त और आकारान्त प्रातिपदिक निर्विभक्तिक होते हैं और इसी तरह विकल्प से ईकारान्त प्रातिपदिक भी; जैसे—

विद्वांस (आदि० ७५), **बालक** (कल०)
सारथी (आ०), **राजा** (आदि० ८१)

कभी-कभी व्यंजनान्त प्रातिपदिक भी ऊ विभक्ति-प्रत्यय धारण कर लेते हैं; जैसे—

जिनवरु (ऋष० १९६), **मुरतिवन्तु** (शालि० २८),
बोकडु (इन्द्रि० ७७)

कर्म कारक एकवचन में °अअ अन्त वाले पुल्लिग प्रातिपदिक अपवाद होते हैं क्योंकि वे विकल्प से °अउ के स्थान पर °अउँ अन्त वाले भी हो जाते हैं।

इसे अनियमितता नहीं समझना चाहिए, बल्कि अपभ्रंश की उस आदत का अवशेष मानना चाहिए जिसके अनुसार संस्कृत °कम् को °उ के स्थान पर °उँ के रूप में व्यक्त किया जाता था (पिशेल § ३५२)। ऐसे सानुनासिक कर्म-कारक-रूप मुख्यतः सर्वनामों और विशेषणों में मिलते हैं।

§ ११, (३) के अनुसार °अउँ का संकोचन °ऊँ में शायद ही कभी होता हो। आधुनिक गुजराती और मारवाड़ी °अउ को °ओ में संधि कर देते हैं।

(२) स्त्रीलिंग शब्द के कर्त्ता-कर्म वाले रूप प्रातिपदिक सदृश ही होते हैं।

संज्ञा के (Substantival) स्त्रीलिंग प्रतिपादकों का अन्त मुख्यत: °**आ**, °**ई** में और कभी कभी °**अ**, °**इ** में होता है। विशेषणात्मक स्त्रीलिंग शब्दों का अंत हमेशा °**ई** में होता है। इस तरह °**ई** प्राचीन पश्चिमी राजस्थानी में स्त्रीलिंग शब्द की विशेष विभक्ति-प्रत्यय प्रतीत होती है। अपभ्रंश से ही स्त्रीलिंग विभक्ति-प्रत्यय °**आ** से बाजी मार चुकी थी और वह भी केवल विशेषणों में नहीं, बल्कि संज्ञाओं (Substantives) में भी (तुल० **बाली** पिशेल, माटेरिआलिएन त्सुर केन्टनिस डेस अपभ्रंश, २६) चार वर्गों के स्त्रीलिंग प्रातिपदिकों के उदाहरण निम्नलिखित हैं--

माला (दशद° ५) **कन्या** (वि० १२५)

घडी (आदि० २०), **पूतली** (दशद० ३),

पीड (शालि० ३३), **तरस** (प० ५४१), **आण** (श्रा०)

सापिणि (कल० ३५) **ताणि** (प० ३६६), **कोटि** (प० ३६१)

भमुहि (प० ५६४), **सेजि** (प० ३४४) **वखारि** (शालि० ११०)

ध्यान दीजिए कि अंतिम वर्ग में **भमुहि** और **सेजि**, मूल संज्ञा °**आकारान्त** अर्थात् <सं० ***भ्रुवुका, शय्या** से बनी हैं (पिशेल §§ २०५, १२४)। ये °**इकारान्त** स्त्रीलिंग प्रातिपदिक आधुनिक गुजराती में अपना अन्त्य स्वर खो बैठे, जैसे—**सापिण, ताण, कोट, सेज, वखार** आदि। यही स्थिति अन्य आधुनिक भाषाओं में भी हुई है, उदाहरण के लिए हिंदी में, जैसा कि प्राचीन बैंसवाड़ी से विदित होता है, आधुनिक हिंदी की अकारान्त स्त्रीलिंग संज्ञाओं ने अपनी °**इ** प्रत्यय सुरक्षित रखी।

(३) नपुंसक शब्द भी एक दिन पुल्लिग की ही तरह रूप-रचना करते हैं; अपवाद वहीं होता है जहाँ वे सानुनासिक होते हैं। इस प्रकार उनकी विभक्ति प्रत्यय है—उँ। अपभ्रंश में व्यंजनान्त प्रातिपदिकों के लिए **उ** या **अम्** का प्रयोग किया गया और °**अअ** अंत वाले स्वरान्त प्रातिपदिकों के लिए °उँ। प्राचीन पश्चिमी राजस्थानी के उदाहरण निम्नलिखित हैं—

आऊखुँ (दश० ८।३४) **आरोगपणउँ** (शील० ३) **माथउँ** (श्रा०)

करण्डीउँ (इन्द्रि० ५१), **युक्तउँ** (इन्द्रि० ११)

§११, (३) के अनुसार °**अउँ** की संधि °**ऊँ** हो सकती है, जैसे—

पहिलूँ (दश० ८।३४), **ताहरूँ** (कल० ७), कुडूँ (दश० ४)। कुछ पांडुलिपियों में प्राचीन नपुंसक विभक्ति-**अँ**<अप०—**अँ, अम्** के अवशेष मिल जाते हैं। मुझे निम्नलिखित उदाहरण मिले हैं—

जँ (कल०)<अप० **जँ**<सं० **यत्**,

हूयँ (दश०)<अप० **हूअँ**<सं० **भूतम्**।

आधुनिक गुजराती में °**अउँ** अंत वाले मूल प्रातिपदिक। (°**अअ** अंतवाले प्रातिपदिक) °**उँ** में सरलीकृत हो गए। यह ऐसी प्रक्रिया है जिसके लक्षण उप०

की पांडुलिपि से ही मिलने लग जाते हैं जिस पर सोलहवीं शताब्दी के आरंभ की तिथि अंकित है।

§५८. **कर्त्ता-कर्म बहुवचन**—(१) पुल्लिग स्वरान्त प्रातिपदिकों के अंत में–**आ** विभक्ति जुड़ जाती है जो अपभ्रंश–आ < सं० **आः** से मेल खाती है। इस विभक्ति के पूर्व °**अ** अन्त वाले प्रातिपदिकों में से उनके उपान्त्य स्वर का लोप हो जाता है (§ ९ के अनुसार) और °ई (°**इ**), °ऊ (°**उ**) अंत वाले प्रातिपदिक विकल्प से *य* श्रुति का समावेश कर लेते हैं, जैसे—

घोडा (इन्द्रिय, २) **सगा** (आदि० १३),

पंखीआ (एफ़ ७२२, २८, **पउलीआ** (प० १००), **विवहारीआ** (एफ़ ७२८, ४) **वाणिआ** (आदिच०)

कुन्थुया (दश० ४), **विन्दूआ** (दश० ४।८)।

व्यंजनान्त प्रातिपदिक और विकल्प से °**इ**, °**ई**, °**उ**, °**ऊ** अंत वाले स्वरान्त प्रातिपदिक निर्विभक्तिक होते हैं, जैसे—

चोर (कल० १३), **वेरी** (इन्द्रि० ८), **परवाडी** (कल० १८)

(२) स्त्रीलिंग प्रातिपदिकों में कोई परिवर्तन नहीं होता; जैसे—

कीडी (दश० ४), **नदी** (एफ़ ६६३) **माला** (कल० २८), **रिद्धि** (भ० २५)

(३) नपुंसक प्रातिपदिकों में जब रूपान्तर होता है तो वे–**आँ** विभक्ति युक्त होते हैं, जो अपभ्रंश–**आइँ** (–**अइँ**) दे० § १४) < सं० **आनि** का एक रूप होती है; जैसे—

मोलकाँ कूडाँ (योग० २।५४) **इँडाँ विणास्याँ** (प० ५३६),

अम्हाराँ कर्म (षष्टि० ५५)।

§५९. **करण कारक एकवचन**—इस कारक के लिए दो विभक्ति-प्रत्यय हैं–**इँ** (**इ**) और **इइँ** (–**इहिँ**)। इनमें से पहला अपभ्रंश की तृतीया एकवचन प्रत्यय –**एँ** से उत्पन्न हुआ है और दूसरा अपभ्रंश—**इहिँ** < प्रा०–एहिँ < वैदिक **एभिः** से और इसलिए बहुवचन प्रत्यय है। दोनों का प्रयोग समानान्तर होता रहता है, परंतु दूसरे का प्रयोग बहुत कम है—यह सामान्यतः व्यंजनान्त प्रातिपदिकों के साथ ही प्रयुक्त होता है, जब कि पहला प्रत्यय नियमतः स्वरान्त प्रतिपदिकों के साथ प्रयुक्त होता है और केवल विकल्प से व्यंजनान्त प्रातिपदिकों के साथ जुड़ता है। व्यंजनान्त प्रातिपादकों के साथ–**इँ** की अपेक्षा—**इइँ** प्रत्यय अधिक प्रचलित है। कभी-कभी व्यंजनान्त प्रातिपदिक—**इइँ** के स्थान पर—**अइँ** (< अप० अहिं)[२२] प्रत्यय से भी युक्त होते हैं और ऐसा °**आ**, °**ई**, °**ऊ** अंत वाले पुल्लिग प्रातिपदिक भी विकल्प से करते हैं। उकारान्त प्रातिपदिक सामान्यतः

---

२२. 'अहिँ' प्रत्यय का उदाहरण 'एकहिँ' है जो 'उप० १८' में मिलता है।

अपने अन्त्य स्वर का त्याग करके विकल्प से या तो—इँ अथवा—इइँ को ग्रहण कर लेते हैं।

उदाहरण—

(क)—इँ (–इ) वाले : पुल्लिग और नपुंसक लिंग—

पसाइँ (शालि०) **वाइँ** (दश० १।१४), **राइँ** (उप० २०), **निश्चइँ** (आदि०),

लोभिँ (इन्द्रि० २४), **सुखिँ** (इन्द्रि० ७१), **विधाताइँ** (इन्द्रि० ६०)

पापीइँ (प० २४८,) **आहेडीइँ** (प०६६४), **पाणीइँ** (दश० ४), **गुरिँ** (ऋष० ६)

(ख) स्त्रीलिंग—

मालाइँ (प्र० २), **महिमाइँ** (शील० ८४), **गाइँ** (२१), **सरिखाइइँ** (आदि० ७५)

स्त्रीइँ (प०, ३२७), **बुधिइँ** (पा० ६६४, कल० १७)।

(ख)—**इइँ के रूप :**

अनलिइँ (कल० ११), **मिथ्यात्विइँ** (आदि० १), **मोहिइँ** (भ० ६८), **कामिइँ** (इन्द्रि० ७३) **संयमिइँ** (दश० ३।१३), **हाथिइँ** (दश० ४) **पगिइँ** (दश० ४), **हेतइँ** (एफ़० ५८३)।

ग—अइँ के रूप :

देहइँ (भ० ६४), **शोकइँ** (आदि० ६६); **मरणइँ** (इन्द्रि० २४), **वस्त्रइँ** (दश० ४), **पुण्यइँ** (एफ० ६५६,३,४) **तापसइँ** (प० ६६४), **राजाअइँ** (आदिच०), **मन्त्रीयइँ** (दशदृ० २)।

आकारान्त तत्सम प्रातिपदिक पुल्लिग हों चाहे स्त्रीलिंग, विकल्प से उनमें °**आ** के साथ—इँ की संधि हो जाती है और इस तरह °**आँ** हो जाता है (§ १४)। इसके उदाहरण उप० में बहुत मिलते हैं—

महात्माँ (उप० १००), **राजाँ** (उप० ११३), **नगरनयकाँ** (उप० १६४), **सुज्येष्टाँ** (वही)।

प्राचीन प्रत्यय—इहिँ वि० (सं० १४८५) की पांडुलिपि में सुरक्षित है जिससे दो वाक्य नीचे उद्धृत किए जा रहे हैं और उनके अतिरिक्त एक और वाक्य है जहाँ इसका प्रयोग मूल बहुवचन में हुआ है, इसलिए उसे दूसरे शीर्षक के अंतर्गत उद्धृत किया जायगा।

रूपिहिँ रम्भा समाणी (वि० १६),=रूप से रम्भा के समान।

दैविहिँ कीधाँ छइ जे काँम (वि० ६३) दैव से किए गए हैं जो काम। ध्यान देने की बात है कि दोनों ही स्थानों पर—इहिँ प्रत्यय व्यंजनान्त संज्ञाओं के अंत में जोड़ा गया है।—इहिँ के नौ रूप 'वसन्त विलास' में भी मिलते हैं (दे० एच० एच० ध्रुव की चौदहवीं-पन्द्रहवीं शताब्दी की गुजराती भाषा,

पृ० ३२६-३२७)। कभी-कभी—**अइँ** का समीकरण—इइँ में हो जाता है (दे० § १०, (२)) और इससे मूल प्रत्यय—**इइँ** के समान रूप बन जाता है ।—**अइँ** की संधि—**ई** में होने के लिए देखिए §§ १०, (३), ५३, १३१।

प्राचीन पश्चिमी राजस्थानी °**अइँ**, जो °**अअ** अन्त वाले प्रातिपदिकों का तृतीय एकवचन में नियमित रूप है, आधुनिक गुजराती में °**ए** और मारवाड़ी में —**अइ** हो जाता है। गुजराती में—ए का प्रयोग सभी प्रकार के प्रातिपदिकों में सामान्य प्रत्यय की तरह होता है (तुलनीय उपर्युक्त प्राचीन पश्चिमी राजस्थानी रूप **राजाअइँ** और **मन्त्रीअइँ**) ।

§ ६०. **करण कारक बहुवचन**— साधारणतः यह कारक सभी प्रातिपदिकों में समान रूप से-ए प्रत्यय जोड़ने से बनता है, जो अपभ्रंश—**अहिँ** के मध्यग ह के लोप (दे० § ३७, १) तथा दो स्वरों की संधि (दे० § १०, (४) से बना है। अपभ्रंश में—**इहिँ** और—**अहिँ** दोनों थे जिनमें से प्राचीन पश्चिमी राजस्थानी में एक-इइँ हो गया और दूसरा-**ए**। हमने देखा है कि इनमें से पहले अर्थात्-**इइँ** का प्रयोग प्राचीन पश्चिमी राजस्थानी में एकवचन में हुआ है। तृतीया बहुवचन -**अहिँ** के संधि-निर्मित रूप -**ए** के उदाहरण 'पिंगल' से ही मिलने लगते हैं। इस प्रकार 'पिंगल' १।६३ में **पुत्तहिँ** (सं० **पुत्रैः**) के लिये **पुत्ते** मिलता है। इसी संधिनिर्मित प्रत्यय का प्रयोग आकारान्त स्वरान्त प्रातिपदिकों में भी होता जो ह्रस्वीकृत होकर °अकारान्त हो जाते हैं। इस प्रकार **मत्तहिँ** (सं० **मात्राभिः**) के लिए **मत्ते** मिलता है (पिंगल १।१६६) । -हिँ (सं० भिः) प्रत्यय से, जिसका प्रयोग अपभ्रंश ने स्वरान्त प्रातिपदिकों के लिए किया था, प्राचीन पश्चिमी राजस्थानी ने—**इँ** प्रत्यय बनाया जो स्पष्टतः एकवचन प्रत्यय से मिलता-जुलता है। इस प्रकार प्राचीन पश्चिमी राजस्थानी में तृतीया बहुवचन के लिए दो प्रत्यय हैं:—**ए** और—**इँ**। इनमें से पहला अधिक प्रचलित है और यहां तक कि °**ई**, °**इ**, °**ऊ**, °**उ** अंत वाले स्वरान्त प्रातिपदिकों में भी दूसरे के स्थान पर प्रयुक्त हो जाता है क्योंकि नियमतः उन्हें—**इँ** प्रत्यय से युक्त होना चाहिए। स्पष्ट है कि प्राचीन पश्चिमी राजस्थानी में —**ए** सामान्य विभक्ति-प्रत्यय हो गया था।—**इँ** वाले जो थोड़े से अवशेष दिखाई पड़ते हैं वे भी स्वभावतः °**ई**, °**इ**, °**ऊ** °**उ** अंत वाले प्रातिपादिकों तक ही सीमित हैं। § १२ के अनुसार—**अ** अंतवाले स्वरान्त प्रातिपदिक—**ए** प्रत्यय से पूर्व अपना उपान्त्य स्वर खो बैठते हैं।

उदाहरण—

(क)—**ए** वाले : पुल्लिग और नपुंसक लिंग—

हाथे (प० ३१८), दिणे (प० ६८५),—**नयणे** (एफ़ ७८३, ७१),

विद्वांसे (योग० १।१६ कुल० १७), **देवे** (षष्टि० १३६)

हथिआरे (आदिच०) **त्रीसे मुहूर्ते** (श्रा०) **बेटे** (दश० १०)

पाणीए (इन्द्रि० ६, भ० ८२), **महात्माए** (उप० ४०) **गुरे** (उप० ६६),

भाईए (उप० २५), **वायुए** (उप० १८२)।

स्त्रीलिंग :—

ज्वालाए (आदि० ३८), **नारीए** (इन्द्रि० ६८), **अस्त्रीए** (इन्द्रि० २४)

कविता में–ए विकल्प से ह्रस्व होकर–एँ,–इँ हो जाता है; जैसे—**थोडे दिनि** (प० १६६, २६४)।

(ख) इँ वाले : पुल्लिग और नपुंसकलिंग—

व्याधिइँ (भ० ८६), **विवेकीइँ** (योग० ३।६४), **पाणीइँ** (इन्द्रि० ६२), **साधुइ** (एफ़० ६६३, ४१), **हेतुइ** (एफ़० ५८५, १)।

स्त्रीलिंग—

दोरीइँ (इन्द्रि० २) **शकिनीइँ** (इन्द्रि० ४१), **स्त्रीइँ** (इन्द्रि० २४)।

प्राचीन–इहिँ प्रत्यय के दो उदाहरण प्राप्त हुए हैं—

गुणिहिँ, करी-नइ एह समाणि (वि० ७०) = गुणों में उसके समान

घर-नी रिद्धिइहिँ न वाहिया (उप० १५३) = (वह) घर की ऋद्धि से बाधित नहीं किया गया।

कभी-कभी, परंतु बहुत कम, व्यंजनान्त प्रातिपदिकों में एक वचन में **अइँ** प्रत्यय लगता है; जैसे—**काष्टइँ** (इन्द्रि० २२), **अठीलइँ** (भ० ७८), **कमकइँ** (ऋष० ५८)। 'आदिच०' में स्वरान्त प्रातिपदिक के साथ–**अइँ** के जुड़ने का एक उदाहरण मिलता है—**आँसूइँ**। यह–**अइँ** ही है जिससे आधुनिक गुजराती –**ए** को संबद्ध किया जा सकता है। ध्यान देने की बात है कि –**अ** अंत वाले स्वरान्त प्रातिपदिकों में आधुनिक गुजराती –**ए** प्रत्यय के पूर्व **आ** कर लेती है।

प्राचीन पश्चिमी राजस्थानी में तृतीया विभक्ति का प्रयोग प्रायः करण कारक की अपेक्षा कर्तरि (Agentive) अर्थ में होता है; इसलिए स्वभावतः दोनों कार्यों के बीच अंतर स्थापित करने की आवश्यकता अनुभव की गई। इसके लिए करण कारक का अर्थ देने वाली तृतीया विभक्ति के साथ स्वार्थिक परसर्ग **करी** जोड़ने की प्रथा चल पड़ी जो कि भूत कृदन्त **करिउ** का तृतीया-सप्तमी रूप है और रूप तथा व्युत्पत्ति की दृष्टि से तथाकथित पूर्वकालिक कृदन्त (Conjunctive Participle) **करवउँ** से मिलता-जुलता है। इसके उदाहरण § ७०, (१) में मिलेंगे। कभी-कभी **करी** के साथ –**नइ** परसर्ग भी स्वार्थिक रूप में जुड़ जाता था जैसे कि वि० ७० के ऊपर उद्धृत उदाहरण से स्पष्ट है। यही स्थिति आधुनिक गुजराती की भी है।

§ ६१. **अपादान कारक**—इस कारक के लिए प्राचीन पश्चिमी राजस्थानी में–**आँ** और–**ओ** दो प्रत्यय होते हैं। इनमें से पहला बहुत कम मिलता है और यदि मिलता भी है तो सार्वनामिक रूपों में जहाँ स्थान वाचक क्रिया-विशेषण बनाने के लिए यह सार्वनामिक प्रातिपदिकों में जोड़ा जाता है, जैसे **तिहाँ, ताँ, जिहाँ, जाँ** इत्यादि (दे० §§ ८९-९१)। जब-**आँ** सर्व-

नामों के साथ इस तरह जोड़ा जाता है तो वह निसन्देह अपभ्रंश के अपादान के लिए प्रयुक्त होने वाले नियमित सर्वनाम प्रत्यय —**हाँ**<प्रा०—**म्हा**<सं० **स्मात्** से संबद्ध है। इस प्रकार प्राचीन पश्चिमी राजस्थानी के **तिहाँ**<**ताँ** अप० **तहाँ** (हेम० ४।३५५)<प्रा० **तम्हा** <सं० **तस्मात्** से उत्पन्न हुए हैं। संभव है कि अपादान बनाने के लिए (Substantival) संज्ञा-प्रातिपदिकों में जो—**आँ** प्रत्यय जोड़ा जाता है वह संस्कृत—**स्मात्** से निकला हो। परंतु इस तादात्म्य के विरुद्ध, संभवतः, यह तथ्य है कि—**आँ** वाले ऐसे अपादान रूप, जो प्राचीन पश्चिमी राजस्थानी में बहुत कम मिलते हैं और गुजराती के लिए अपरिचित हैं, मारवाड़ी में बहुत मिलते हैं (और जैपुरी में भी)। इससे स्पष्ट है कि ये रूप मारवाड़ी की अपनी विशेषता हैं। इससे हम इस निष्कर्ष पर पहुँचते हैं कि—**आँ** अपभ्रंश के अपादान बहुवचन प्रत्यय—**अहुँ** से निकला है और इसलिए सर्वनाम—रूप—**आँ** से इसका सादृश्य केवल ऊपरी है।—**आँ** में —**अ** (ह) ँ का संकोचन मारवाड़ी की विशेषताओं में से एक है।—**आँ** में निहित अपादान ने अपना मूल अपादान अर्थ खोकर अधिकरण अर्थ ग्रहण कर लिया है, इसलिए अब तक इसे वास्तविक अधिकरण समझने के धोखे में विद्वज्जन इसकी कोई संतोषप्रद व्युत्पत्ति नहीं खोज सके हैं। अपादान से अधिकरण में अर्थान्तर बड़ी पुरानी प्रवृत्ति है; सार्वनामि अपादान रूप 'पिंगल' (दे० २।५१, १८२, १८३) में स्थान-वाचक क्रिया विशेषण अव्यय के लिए धड़ल्ले से प्रयुक्त हुए हैं और संभवतः 'सिद्धहेमचन्द्र' ४।३५५ में भी ऐसा प्रयोग हुआ है; यद्यपि उक्त स्थान पर वे अपादान के रूप में उद्धृत किए गए हैं किन्तु उन्हें अधिकरण के अर्थ में स्वीकार किया जा सकता है।

प्राचीन पश्चिमी राजस्थानी में मुझे—**आँ** वाले अपादान के जो उदाहरण मिले हैं, वे ये हैं—

हिवडाँ (श्रा०) <**हवडाँ** <**एहवडाँ**=अब (दे० §§ ७ (३), ९४ (४),

सुणी सिंह कोपाँ जलि थयउँ=(यह) सुनकर सिंह कोप से जल गया। (प० ४८४),

ते दुख तोडी सी वेलाँ[२३] **सहियाँ पछी विलइँ जाइँ**=वे दुख थोड़ी देर तक सहने पर पीछे विलीन हो जाते हैं। (षष्टि० १५५)

भगवन्त-कन्हाँ दीक्षा दिवरावी=दीक्षा देने के लिए भगवंत को प्रेरित किया (आदिच०)

सुख-केडाँ दुख आवइ=सुख करने से दुख आता है (उप० ३०)

ध्यान देने की बात है कि उपर्युक्त अंतिम दो उदाहरण उन पांडुलिपियों के

---

२३ इस विशेष उदाहरण में 'वेलाँ' नियमित अधिकरण रूप 'वेलाइँ' का § १४ के अनुसार संकोचन गत रूप माना जा सकता है।

हैं जो प्राचीन पश्चिमी राजस्थानी की प्रवृत्तियाँ दिखलाती हैं और जो गुजराती की अपेक्षा मारवाड़ी से अधिक संबद्ध है।

अन्य अपादान विभक्ति-प्रत्यय—**ओ** स्पष्टतः अपभ्रंश –**अहु** से उत्पन्न हुआ है। प्राचीन पश्चिमी राजस्थानी में इसके प्रयोग केवल उन संयुक्त क्रिया-विशेषणों में ही अवशिष्ट रह गए हैं, जो स्पष्टतः अपादान संज्ञा रूप के बाद अधिकरण के दूसरे संज्ञा शब्द के योग से बनते हैं; जैसे—

हाथो हाथइँ (एफ़ ७८३, ६४) <अप० ***हत्थहु-हत्थहिँ**=हाथों हाथ, **खण्डो खण्डि** (प० ४५१), **दिसो-दिसि**[२४] (प० ४४५), **माहो माहइँ** (एफ़० ७८३, २८, एफ़ ५३५, २।११) **वारोवार** (प० २८८)। तुलना के लिए संस्कृत के **हस्ता-हस्ति** जैसे °**आ**–°**इ** अंत वाले तथा प्राकृत के **खण्डा-खण्डि**° (दे० उवासगदसाओ, §§ ६५, ६६) जैसे—°**आ**– °**इ**° वाले संयुक्त क्रिया-विशेषण लिए जा सकते हैं। अपभ्रंश-**अहु** (–**अँहु**) से उत्पन्न अपादान सिन्धी, पंजाबी और पश्चिमी हिंदी में अवशिष्ट हैं। इनमें से अंतिम दोनों भाषाओं में ऐसे अपादान रूप सामान्यतः अधिकरण में इस्तेमाल किए जाते हैं। सिन्धी में अपादान रूप –**आँ** के साथ-साथ -**ओँ** वाले भी होते हैं।

सार्वजनिक प्रातिपदिक **पोत**—के लिए, जिस प्रथम अक्षर को मैंने अपादान रूप (**अप्पहु**) से उत्पन्न माना है, §६२ देखिए।

§ ६२. **सम्बन्ध-कारक एक-वचन**—प्राचीन पश्चिमी राजस्थानी में अपभ्रंश की ही तरह इस कारक के लिए मूलतः—**ह** प्रत्यय प्रचलित था और ऐसा प्रतीत होता है कि यह सभी प्रकार के प्रातिपदिकों के साथ समान रूप से जुड़ता था। लेकिन शीघ्र ही यह-**ह** प्रत्यय इस तरह लुप्त होता दिखाई पड़ता है कि जिस शब्द के अंत में जोड़ा गया था उसमें अपना कोई अवशेष भी नहीं छोड़ता। इसलिए यह कारक स्पष्टतः प्रत्यय-रहित और व्यवहारतः प्रातिपदिक के सदृश रह गया। केवल एक जगह -**ह** संभवतः संकुचित रूप में अवशिष्ट रह गया अर्थात् °**अ** अन्त वाले प्रातिपदिकों में, जिनका (विकारी) रूप संबंध कारक में °**आ** <* °**अह** अन्त वाला होता है।

षष्ठी विभक्ति के प्राचीन रूप—**ह** का कोई भी अवशेष प्राचीन पश्चिमी राजस्थानी के गद्य में नहीं मिलता, किन्तु पद्य में मिलता है। पद्य में जहाँ प्राचीन रूप सहज ही सुरक्षित रहते हैं और कभी-कभी छंद की आवश्यकता के अनुसार मात्रा-पूर्ति के लिए अतिरिक्त अक्षर खोजे जाते हैं, —**ह** बिल्कुल ही नहीं मर गया। जो पांडुलिपियाँ मैंने देखी हैं, उनमें से इस तरह के अनेक उदाहरण मैंने नोट कर रखे हैं जिनमें से कुछ नीचे दिए जा रहे हैं—

वनह-माहि =वन (के मध्य) में, (एफ़ ७२८, १६)

---

२४. तुलनीय प्राकृत '**दिसो दिसि**°'

सुपनह-तणी=सपनों की, (एफ़० ५३५, २।१६)

बापह-आगलि=बाप के आगे, (वि० १४०)

कटकह पूठि=कटक की पीठ में (कान्ह० ४३)

भरतारह सरिस=भरतार के सदृश (वि० ६६)

अम्ह मनह मनोरथ=मेरे मन का मनोरथ (ऋष० १२१)

ध्यान देने की बात है कि ये सभी संबंध कारक रूप व्यंजनान्त प्रातिपदिकों के हैं। यह सर्वथा युक्ति-संगत है कि—ह केवल व्यंजनान्त प्रातिपदिकों के ही साथ अवशिष्ट रह सका, क्योंकि स्वरान्त प्रातिपदिकों के साथ संयुक्त होने पर इतनी सरलता से वह संधि से नहीं बच सकता था। इस प्रकार अपभ्रंश **बिट्टअह** से उत्पन्न * **बेटाह** जैसे रूप संकुचित होकर शीघ्र ही **बेटा** हो गए। यह केवल °**ई** °**ऊ** अंत वाले ही प्रातिपदिक हैं जिनमें—ह ने अपना अवशिष्ट चिह्न छोड़ा है। °**इ** °**उ** अंत वाले पुंल्लिग और नपुंसक प्रातिपदिकों का रूप, जैसा कि पहले § ५७ दिखलाया जा चुका है, कर्ता कारक एकवचन में विकल्प से—**उ** परक हो जाता है और फिर इस तरह वह व्यवहारतः °**ईअ**, °**ऊअ** अंत वाले प्रातिपदिकों के समान हो जाता है, संबंध-कारक में °**ईआ**,° **ईया** (<* °**ईअ-ह**) और °**ऊआ** (<* °**ऊअह**) प्रत्यय वाला होता है। इस प्रकार—

बाँधीया हाथीया-नीँ परिइँ=बँधे हाथी की तरह (दश० १०)

सोसइ तालूआ-नु रस आपण-नु=अपने तालु का रस सूखता है (इन्द्रि०[२५], ३४)

°**ई** °**ऊ** अंत वाले स्त्रीलिंग प्रातिपदिकों ने, जो संबंधकारक में—ह प्रत्यय का प्रयोग करते प्रतीत होते हैं, इस—ह प्रत्यय को बिल्कुल छोड़ दिया। पद्य में इसके अपवाद अवश्य हैं लेकिन वहाँ वे प्राचीन संबंधकारक के निर्वाह के रूप में समझे जा सकते हैं। जैसे—

देवीअ पाय=देवी के पाँव (ऋष० १),

राणीअ-साथि=रानी के साथ (ऋष० २६)-

वहुअ-सहित=वधू के सहित (ऋष० १३२)

मृगाङ्कलेखा सतीअ चरित्र—मृगाङ्कलेखा सती का चरित्र (एफ ७२८,१)

°**ईअ** वाले ऐसे षष्ठी रूपों के विषय में संदेह है कि इनका—**अ**—ह से निकला है अथवा श्रुति की तरह संयुक्त हो गया है जैसे पद्य में अन्त्य °**ई** के साथ जोड़ दिया जाता है (दे० § २, (६)। इस प्रकार ऊपर उद्धृत उसी 'ऋष०' में **राणी** (कर्ता, ३०) के लिए **राणीअ** और **मिली-नइ** (६३) के लिए **मिलीअ-नइ** इत्यादि रूप मिलते हैं।

§ **६३. सम्बन्धकारक बहुवचन**—इस कारक के बहुवचन का रूप भी

---

२५. तुलनीय, 'वत्थुआ' (‖ सं० 'वस्तुनः') 'पिंगल' १।११४ में।

एकवचन की ही तरह होता है, अंतर केवल इतना है कि बहुवचन का रूप सानुनासिक होता है। संबंधकारक बहुवचन के लिए अपभ्रंश में–**हँ** प्रत्यय होता था जिसके पहले प्रातिपदिक का अन्त्य °**अ** विकल्प से दीर्घ हो जाता था। इसलिए अपभ्रंश के अकारान्त प्रातिपदिकों के संबंधकारक बहुवचन में °**अहँ** और °**आहँ** दो प्रकार के अंत वाले रूप होते थे। प्राचीन पश्चिमी राजस्थानी में व्यंजनान्त प्रातिपदिक सामान्यतः—**हँ** को छोड़ देते हैं और स्वरान्त प्रातिपदिक ° **अहँ** या °**आहँ** को संकुचित करके–**आँ** कर लेते हैं। इन दोनों में अंतिम के उदाहरण निम्नलिखित हैं—

करहां·कण्ठि=करहों (ऊँटों) के कण्ठ पर (प० ५८२),

वाहलाँ-ना वियोग=वल्लभों (प्रियजनों) का वियोग (आदि० २२)

पगलाँ-ऊपरि=पग-चिह्नों के ऊपर (आदिच०)

चारित्रीयाँ नाँ मन=चरित्रवानों का मन (इन्द्रि० ४२)

स्त्रीलिंग प्रातिपदिक अपरिवर्तित रहते हैं। संबंधकारक बहुवचन में स्त्री लिंग के रूप का मुझे एक ही उदाहरण मिल सका है—

नार्यां सहितपणइँ=नारियों के साहचर्य में (आदि० ४७)

वि० (४५) की पांडुलिपि के दो उदाहरणों में संभवतः अपभ्रंश ° **आहँ** के प्राचीन रूप अवशिष्ट रह गए हैं—**गयाँह** और **नयणाँह** (दे० § ४६)। यदि पाठ ठीक है तो अन्य उदाहरण **स्याँह–नइ** अर्थि हो सकता है जो एफ़ ५८८ पांडुलिपि में आया है। वि० ६३ में **कुणहाँ** भी प्राप्त होता है जो सार्वनामिक प्रातिपदिक **कुण**– (दे० § ९१) से निकला है।

§ ६४. **अधिकरण एकवचन**—अपभ्रंश में इस कारक रचना के दो ढंग थे—या तो प्रातिपदिक में–**हिँ** (**हि**) <प्रा० –**म्हि** <सं० –**स्मिन्** प्रत्यय जोड़कर, या अकारान्त प्रातिपदिक-विशेष में अन्त्य स्वर के °**ए, एँ,** °**इ** रूपान्तर द्वारा। ये दोनों प्रत्यय प्राचीन पश्चिमी राजस्थानी में भी प्रचलित रहे, परन्तु उनमें प्रायः भेद नहीं रह गया था क्योंकि दोनों ही–**इ** (–**इँ**) के रूप में व्यवहृत होते थे। फिर भी यह स्पष्ट है कि अब भी वे अपभ्रंश की ही तरह प्रयुक्त होते थे अर्थात् पहला मुख्यतः °**आ,** °**ई** (°**इ**) °**ऊ** (°**उ**) अंत वाले स्वरान्त प्रातिपदिकों के साथ और दूसरा केवल अकारान्त प्रातिपदिकों के साथ। उदाहरण ये हैं—

(क) — **हिं** (–**हि**) वाले अपभ्रंश अधिकरण से उत्पन्न—

विद्याइ (प्र० १८), **शिविकाइँ** (आदिच०), **रूपाइ** (विशेषण) (कल० ३५)

रात्रइ (आदिच०), **बाहिइँ** (<**बाहु**–) (दश० ४)।

(ख) °**ए,** °**एँ,** °**इ** वाले अपभ्रंश अधिकरण से उत्पन्न—

घरि (प० २९५), **सूरि** (ऋष० १८२), **गोअलि** (कल० ९)

पेटि मझारि (शालि० ३३), **सूर्यि उगिइ** (कल० १६), **समइ**

(आदि० ३३ प० ६६), विखइ (भ०, इन्द्रि०, योग०, कल० इत्यादि), हूइ (योग० ४।४८) राइ (प० १३६), होइ (कल० १०)।

करण एकवचन की तरह °आ, °ई, °ऊ अंत वाले पुंल्लिग प्रातिपदिक विकल्प से –इ, –इँ के स्थान पर –अइ,–अइँ प्रत्यय ग्रहण करते हैं; जैसे—

नगरीअइ (आदिच०), **नगरीयइँ** (दशदृ० ६), **गोचरीयइँ** (दश० ५)।

प्राचीन रूप–हिँ का मुझे एक अवशेष **मनहिँ** (=मन में) ऋष० ११, २९ में प्राप्त हुआ है। दश० में °**इइँ** वाले, अधिकरण के अनेक उदाहरण हैं (जैसे, **रहिइँ**, ३ **पहिलिइ पुहरिइँ** ११, इत्यादि), परंतु हम इस निष्कर्ष पर किसी तरह नहीं पहुँच सकते कि *°इहिँ की तरह का कोई प्रत्यय था क्योंकि बहुत संभव है कि वे **अइ** के **इइ** में समीकरण की प्रवृत्ति द्वारा उत्पन्न हुए हैं (दे० § १०, (२)) और संभवत: करण एकवचन के रूप से प्रभावित भी हुए हैं।

§ ६५. **अधिकरण बहुवचन**-- इस कारक की विभक्ति करण बहुवचन से एकदम मिलती है, इसलिए उसकी पुनरावृत्ति अनावश्यक है। इन दोनों कारकों के सादृश्य के विषय में मुझे इतना और जोड़ना है कि अपभ्रंश में एक प्रत्यय –हिँ का उपयोग करण बहुवचन तथा अधिकरण एकवचन और बहुवचन दोनों के लिए होता था। यदि मैंने प्राचीन पश्चिमी राजस्थानी के करण बहुवचन के प्रत्यय–ए का सम्बन्ध अपभ्रंश–अहिँ से अच्छी तरह दिखला दिया है तो वही व्याख्या अधिकरण बहुवचन–ए के लिए भी लागू होनी चाहिए। यह तथ्य मेरे द्वारा प्रस्तुत व्युत्पत्ति के विरुद्ध तर्क के रूप में इस्तेमाल नहीं किया जा सकता कि जिस अधिकरण एकवचन में–हिँ प्रत्यय भी होता है, उसमें–ए न होकर—इँ,–इ होता है, क्योंकि इस बात के अनेक प्रमाण हैं कि प्राचीन पश्चिमी राजस्थानी में अकारान्त प्रातिपदिक सामान्यत: अधिकरण एकवचन में अपने अन्त्य स्वर को ° इ में रूपान्तर कर देते हैं,–हिँ तो वे अपवाद स्वरूप जोड़ते हैं। –हिँ प्रत्यय तो केवल °आ, °ई, °ऊ अंत वाले प्रातिपदिकों तक ही सीमित था। अधिकरण बहुवचन के उदाहरण ये हैं—

श्रवणे (शालि० ६५), **काँने** (प० ५४०), **तरुवर ने फूलडें** (एफ़ ५६२, १।३) **पाए** (ऋष०) **सवे दिवसि** (**दिवसे** का ह्रस्व) (कान्ह० ६), **घणि देसे** (कान्ह० १९), **सगले-हि युद्धे** (आदिच०)।

इस विषय को समाप्त करने से पूर्व यह कह देना महत्त्वपूर्ण है कि प्राचीन पश्चिमी राजस्थानी में अधिकरण-विभक्ति का प्रयोग सम्प्रदान कारक के अर्थ में भी होता है। जब हम सम्प्रदान के तथाकथित परसर्गों पर विचार करेंगे तो यह कथन उपयोगी सिद्ध होगा, क्योंकि वे सभी परसर्ग ऐसी संज्ञाएँ हैं जो अधिकरण विभक्ति में हैं। अधिकरण से सम्प्रदान में अर्थान्तर की व्याख्या

करते हुए कहा जा सकता है कि यह अर्थान्तर **दिशा-निर्देश** (direction) वाले अधिकरण की माध्यमिक अवस्था से होता है। अधिकरण-सम्प्रदान के उदाहरण निम्नलिखित हैं—

आँपणपइँ सरस अहार लिइ=अपने लिए सरस अहार होता है (आ०) **ते मनु य-रहइं ते नाग अहित-नइ कारणइँ हुइँ**=तस्य स नागो हिताय स्यात् (दश० ८)।

ध्यान देने की बात है कि अधिकरण-सम्प्रदान सामान्यतः सानुनासिक होते हैं।

§ ६६. **सम्बोधन एकवचन**—यह जानी हुई बात है कि अधिकांश आधुनिक भारतीय भाषाओं में यह कारक तथाकथित विकारी एकवचन तथा कर्त्ता बहुवचन के सदृश ही होता है (दे० हार्नले का गौडियन ग्रैमर §३६६,६)। यही बात आधुनिक गुजराती और मारवाड़ी और संभवतः प्राचीन पश्चिमी राजस्थानी में भी प्रतीत होती है। परिणामतः सम्बोधन और संबंध एकवचन के आभासित होने वाले सादृश्य की व्याख्या करने के लिए हमें यह निर्धारित करना पड़ेगा कि परवर्ती अपभ्रंश में सम्बोधन एकवचन की रचना संबंध कारक की विभक्ति जोड़ने से होती थी। परिनिष्ठित अपभ्रंश में यह स्थिति थी कि स्त्रीलिंग के–**हे** प्रत्यय और–**हो** प्रत्यय सभी संज्ञाओं में संबंधकारक एकवचन तथा सम्बोधन बहुवचन दोनों के लिए प्रयुक्त होते थे। प्राचीन पश्चिमी राजस्थानी में संबंध कारक (विकारी) अधिकांशतः प्रातिपदिक और संज्ञा के कर्त्ता-कारक वाले रूप के सदृश होता था, इसलिए सम्बोधन भी व्यवहारतः इस तरह का हो गया। मुख्य अपवाद °**अअ** अंत वाले प्रातिपदिकों के रूप में दिखाई पड़ता है जिनके कर्त्ता कारक में–**अउ** प्रत्यय होता है जो कि सम्बोधन के रूप से काफ़ी भिन्न है और जो सम्बन्ध कारक में–**आ** कारान्त होते हैं। संबंध और संबोधन कारकों का सादृश्य °**ई** °**ऊ** अन्त वाले प्रातिपदिकों में दिखाई पड़ता है जिनमें से संबंध कारक विकल्प से °**ईआ**, °**ऊआ**, प्रत्यय ग्रहण करता है और ऐसा ही संबोधन में भी होना चाहिए। लेकिन हमें संबोधन के ऐसे रूप नहीं मिल सके। ब्रज में °**ई** अंत वाले प्रातिपादिकों का संबोधन एकवचन में °**इआ** वाले रूप काफ़ी प्रचलित हैं (दे० केलॉग का हिन्दी ग्रैमर § १६८)।

इस कारक के लिये प्राचीन पश्चिमी राजस्थानी उदाहरण ये हैं—

रे गोरम्भा (प० २५३), **मांमा** (प० ३७६, ३८०, ३८३ इत्यादि)

बापडा (प० ३६०), **करहा** (प० ५७६,) **रे जीव पापीआ** (उप० १६४)

§ ६७. **सम्बोधन बहुवचन**—इस कारक के लिए–**ओ** प्रत्यय है जो °**अ कारान्त** प्रातिपदिक के अन्त्य स्वर के साथ अपभ्रंश प्रत्यय–**हो** के संकोचन से उत्पन्न हुआ है। माध्यमिक अवस्था °**अ-हु** थी जिसमें °**अउ**>**ओ** हुआ। –**हु** प्रत्यय प्राचीन बैसवाड़ी में अवशिष्ट रह गया जैसे निम्नलिखित उदाहरण में—

दिसि-कुञ्जरहु=हे दिशाओं के कुंजरो (रामचरित मानस, १।२६०)

प्राचीन पश्चिमी राजस्थानी में हमें ये उदाहरण मिले हैं—

लोको (प० २६१), **अहो जीवो** (षष्टि० ९३), हे **साधो** (दश० ५)। अंतिम उदाहरण से स्पष्ट है कि प्राचीन पश्चिमी राजस्थानी में संबोधन बहुवचन की रचना के लिए सभी प्रातिपदिकों में समान रूप से -**ओ** प्रत्यय का प्रयोग होता था। निम्नलिखित उदाहरण में अपवाद-स्वरूप-°ए कारान्त सम्बोधन बहुवचन रूप दिखाई पड़ता है—

साँभलज्यो नरे नार=सँभलो हे नरो, हे नारियो ! (एफ़ ५९१, ८)

§ ६८. **परसर्ग**—आनुप्रयोगिक (Periphrastic) शब्द-रूप संज्ञाओं के सप्रत्यय रूपों तथा परसर्गों के संयोग से बनते हैं। ये परसर्ग अधिकरण, करण या अपादान कारक की संज्ञाएँ हैं अथवा विशेषण और कृदन्त। जिस संज्ञा के साथ इनका प्रयोग होने वाला होता है, ये उसके बाद आते हैं और इनके लिए उस संज्ञा को सम्बन्धकारक का रूप धारण करना पड़ता है अथवा कभी-कभी अधिकरण या करण कारक का भी। उनमें से **प्रति** और **सिउं** केवल दो व्युत्पत्ति की दृष्टि से अव्यय हैं।

प्राचीन पश्चिमी राजस्थानी में परसर्ग बहुत हैं। उनमें से कुछ एक से अधिक कारकों में प्रयुक्त होते हैं और दूसरे हैं जिनका कोई अर्थ निश्चित नहीं है और वे बिल्कुल भिन्न रचना कर सकते हैं। इसलिए उनमें से प्रत्येक को कारक-विशेष के साथ संबद्ध करके विभाजित करना सम्भव नहीं है। नीचे कारकों के अनुसार उनका वर्गीकरण करने का प्रयत्न किया जा रहा है—

कर्म—**नइँ, प्रति, रहइं,**

करण—**करि, नइँ, पाहिँ, साथि, सिउँ,**

सम्प्रदान—**कन्हइँ, नइँ, प्रति, भणी, माटइ, रहइँ, रइँ,**

अपादान—**कन्हइँ, तउ, थउ, थकउ, थाकी, थी, पासइ, पाहि, लगइ, लगी, हुँतउ, हुँती,**

संबंध—(**कउ**), **केरउ**, (**चउ**), **तणउ, नउ, रउ, रहइँ,**

अधिकरण—**कन्हइँ, ताँई, पासइ, मझारि, माझि, माँ, माँहि।**

यह ध्यान देने योग्य है कि जो परसर्ग विशेषण या कृदन्त हैं वे सम्प्रदान और संबंध कारकों तक ही सीमित हैं। निश्चय ही वे अन्य विशेषणों की तरह रूप-रचना करते हैं (दे० § ७६)।

अब हम प्रत्येक परसर्ग पर अलग-अलग विचार करेंगे। जब कहीं कोई विशेष बात न कही जाय तो समझना चाहिए कि विचाराधीन परसर्ग संबंध (विकारी) कारक में है।

§ ६९. **कर्म-परसर्ग**—कर्म-परसर्ग केवल सम्प्रदान के परसर्ग हैं और इनका प्रयोग क्रिया के मुख्य कर्म की ओर संकेत करने के लिए होता है। कर्म

और सम्प्रदान दोनों में एक ही परसर्ग के प्रयोग की प्रवृत्ति अधिकांश आधुनिक भारतीय भाषाओं में है। प्राचीन पश्चिमी राजस्थानी में जो सम्प्रदान-परसर्ग कर्मकारक में व्यवहृत होते हैं वे **नइँ**, **प्रति** और **रहइँ** हैं। इनकी व्युत्पत्ति सम्प्रदान के प्रसंग में बतलाई जायगी। यहाँ कुछ ऐसे उदाहरण देना ही काफ़ी होगा जहाँ ये कर्मकारक का अर्थ देने के लिए प्रयुक्त हुए हैं—

(१) **नइँ** इन तीनों में कर्म के अर्थ में सबसे अधिक प्रचलित है; उदा०—

बालक-नइँ ते लेई चाल्यउ=बालक को लेकर वह चला (एफ़० ७८३, ६०)

राजा-नइँ मारवा नी प्रतिज्ञा कीधी=राजा को मारने की प्रतिज्ञा की (दशद्० २)

लोक-नइँ संसार-अटवी-माँहि पाडइ—लोगों को संसार-अटवी में डालता है (इन्द्रि० ६३)।

आधुनिक गुजराती में **ने** और मारवाड़ी में **नइ, नइँ** होता है।

(२) **प्रति** का अधिक प्रयोग नहीं मिलता; मिलता भी है तो केवल 'बालावबोधों' या टीकाओं में जहाँ संस्कृत अथवा प्राकृत कर्मकारक का अर्थ करने के लिए इसकी सहायता ली गई है; जैसे—

परस्त्री-प्रतइँ किम सेवइ=परदारान् कथं व्रजेत् (योग० २।६८)

पुहतु नरग-प्रति=प्राप नरकम् (योग० २।६६)

(३) **रहइँ** कर्मकारक के अर्थ में निम्नलिखित उदाहरणों में प्रयुक्त है—

पथिक-जन-रहइँ प्रीणइ=पथिक-जनों को प्रसन्न करता है (कल० ७),

मूर्ख रहइँ राखउँ छउँ=मूर्खों को बचाते (रक्षा करते) हो (कल० ३०)

मझ-रहइँ राखि=मुझको बचाओ (राखो) (कल० ४१),

मझ-रहइँ सीखवइँ=मुझको सिखाते हैं (दश० ६),

मझ-रहइँ कोइ न जाणइ=मुझको कोई नहीं जानता है (दश० ५)

यह **रहइँ** ही है जिससे आधुनिक मारवाड़ी **रैं** की व्युत्पत्ति मालूम होती है (दे० § ७१, (७))

* निम्नलिखित गद्यांश में **लेवउँ** के पूर्वकालिक कृदन्त **लेँई** का प्रयोग कर्मकारक के अर्थ में हुआ है—

कोटर-लेई तेणइँ तृणि भरिउ=उसने तृण से कोटर को भरा (प० ६२६)।

§ ७०. **करण-परसर्ग**—इसके अंतर्गत हम केवल करण अथवा साधन-सूचक परसर्गों को ही नहीं लेंगे बल्कि कर्तृत्व और साहित्य (साहचर्य) सूचक परसर्गों को भी ग्रहण करेंगे। याद रखना चाहिए कि संस्कृत में साहचर्य का सामान्य अर्थ देने वाले सभी उपसर्ग करण कारक के लिए प्रयुक्त होते हैं। प्रस्तुत शीर्षक के अंतर्गत निम्नलिखित चार परसर्ग आते हैं—

(१) **करी**—यह ठीक-ठीक परसर्ग नहीं है, बल्कि कुछ और अधिक जोर देने के लिए करण कारक की संज्ञाओं में यौगिक appendage की तरह जोड़

दिया जाता है। यह स्वयं ही करण कारक का रूप है क्योंकि भूत कृदन्त **करिउ** के तृतीयान्त रूप * **करिइँ** का संकुचित रूप है। करण कारक की संज्ञाओं में यह स्वार्थिक की तरह कैसे जुड़ गया, यह दश० के निम्नलिखित उदाहरण से भली भाँति स्पष्ट है—

किसइ कर्मिँ करी मझ-रहइ ए फल हूय=किस कर्म के करने-से (<किससे कर्म से करने से) मुझको यह फल हुआ।

अन्य उदाहरण—

कुहणीइ करी जाँघ अणफरसतउ=कुहनी से जाँघ को स्पर्श किए बिना (श्रा०)

अढार गुणे करी सहित=अठारह गुणों से युक्त (एफ़ ६४४)

तिणि करी रहित=तिन से (उस से) रहित (षष्टि० ४६)

मन्त्र-प्रभावइँ करी=मन्त्र-प्रभाव से (प० १३८)

ध्यान देने की बात है कि **करी** का प्रयोग उन तृतीयान्त पदों के साथ नहीं होता जो कर्तृत्व का (कर्तरि) अर्थ देते हैं (दे० § ६०)। **करी** के साथ **नइ** का स्वार्थिक-प्रयोग बहुत नहीं होता। हिन्दी में **कर-के**(<**करिकइ**) का प्रयोग तुलनीय है (दे० केलॉग का हिंदी ग्रैमर § १७३, ए)। कभी-कभी **करताँ** का व्यवहार **करी** का ही कार्य करने के लिए होता है जैसा कि श्रा० के निम्नलिखित उदाहरण से स्पष्ट है।

ए पञ्च-परमेष्टि-नइ नमस्कार करताँ सर्व पाप-नउ नाश हुइ=इन पाँचो परमेष्टियों को नमस्कार करने से सर्व पाप को (का) नाश होगा।

करी और **करताँ** में यही अन्तर है कि एक कर्मवाच्य में है और दूसरा कर्तृवाच्य में। वस्तुतः **करताँ** केवल वर्तमान-कृदन्त का क्रिया-विशेषण है अथवा जैसा कि आगे बताया जायगा (§ १२४) बहुवचन षष्ठी **भावलक्षण** (absolute) कृदन्त है।

(१) **नइँ**—यह परसर्ग सम्प्रदान के लिए प्रयुक्त परसर्ग के सदृश है और इसके लिए देखिए § ७१ (२)। प्राचीन पश्चिमी राजस्थानी में करण कारक में कर्तृ का अर्थ देने के लिए इसका प्रयोग अपवाद-स्वरूप ही होता है। मुझे इसके केवल दो उदाहरण मिले हैं—

आदीश्वर-नइ दीक्षा लीधी जाणी=आदीश्वर ने दीक्षा ली, [यह] जानकर (आदिच०)

देवताए भगवन्त-नइ कीधउ ते देखी=देवताओं ने वह देखा।

[जो] भगवन्त ने किया (आदिच०)।

कर्तरि अर्थ में **नइ** का परसर्गवत् प्रयोग इस भाषा के परवर्ती युग में अधिक बढ़ता हुआ दिखाई पड़ता है। आजकल यह केवल गुजराती तथा राजस्थानी की मेवाती और मालवी जैसी कुछ बोलियों में ही प्रचलित नहीं है

बल्कि पश्चिमी हिंदी, नैपाली, पंजाबी और मराठी में भी है।

(३) **पाहिँ**—यह वस्तुतः अपादान का परसर्ग है और इसलिए इसकी व्याख्या § ७२ में की गई है। करण के अर्थ में तृतीयान्त पदों के साथ इसका प्रयोग कभी-कभी ही होता है, जहाँ प्रेरणार्थक में इसका संबंध उस व्यक्ति के साथ होता है जिससे कार्य किया हुआ समझा जाता है जैसे—

अनेराँ-पाहिँ कूडुँ बोलावुँ नहीँ=अन्यों से झूठ बोलवाया नहीं (दश० ४),

अनेराँ-पाहिं हिंसा आरम्भावइँ नहीँ=अन्यों से हिंसा करवाई नहीं (वही)।

तुलना के लिए देखिए हिंदी में विधि-कृदन्त (Potential Passive) कर्मवाच्य में कर्तृ का अर्थ देने के लिए **पाहिँ, पहिँ, पै** का प्रयोग; जैसा कि तुलसीदास की इस पंक्ति में है—

कहि न जाइ मोहि-पाहीँ=कहा नहीं जाता है मुझसे (रामचरित-मानस, १।२३३)

देखिए केलॉग का हिंदी ग्रैमर, § ७२६ भी।

दशदृ० के निम्नलिखित उद्धरण में **पाहिँ** के स्थान पर **पासिँ** का प्रयोग किया गया है—

समस्त-लोक-पासि आज्ञा मनावी=समस्त लोक से आज्ञा मनवाई (दशदृ० ५)

(४) **साथि, (साथिँ, साथइँ)**—यह परसर्ग या तो अधिकरण अर्थ में अपभ्रंश **सत्थे** <सं० **सार्थे** (=साथ में) से उत्पन्न कहा जा सकता है या, बहुत संभव है करण अर्थ में अपभ्रंश **सत्थेँ** <सं० **सार्थेन** से उत्पन्न। देखिए वेबर के 'चम्पकश्रेष्ठि कथानकम्, २१९' में '**तस्याः सार्थेन**' प्रयोग।

प्राचीन पश्चिमी राजस्थानी में **साथि** के उदाहरण निम्नलिखित हैं।

भरत-राय जिन-साथिँ बोलइ=भरत राज जिन से बोलते हैं (एफ़० ७२२, ५९)

अम्ह-साथइँ=हमारे साथ से (प० ६४९)

मूँ-साथि= मेरे साथ से (आदिच०)

जब इस तरह सर्वनामों के साथ **साथि** का प्रयोग होता है तो वह विकल्प से संबंध कारक की जगह संबंधवाचक सार्वनामिक विशेषणों के साथ आता है; जैसे—

माहरइ साथि=मेरे साथ (प० ६५०),

माँहाँरइ साथइ= ,, (कान्ह० २६)।

(५) **सिउँ (स्युँ, सउँ, सूँ, सुँ)**—यह परसर्ग अप० **सहुँ** (हेम० ४।४१९, ५) <सं० **साकम्** (पिशेल § २०६), § २, (१) के अनुसार **अ** के स्थान

पर इ होने से बना है। सामान्यतः यह षष्ठी विभक्ति के साथ आता है, पर कभी-कभी अपभ्रंश और संस्कृत की तरह तृतीया के साथ अब भी मिल जाता है। जैसे—

मोटा-नइ मोटा-सिउँ दोस। मुझ-सिउँ किसिउँ करइ ते दोस°=बड़ा बड़े से दोष [करता है], मुझ से वह कैसे दोष कर सकता है (प० २१५);

तुम्ह-सिउँ मित्रपणा-नइ काजि=तुमसे मित्रता करने के लिए (प० ६७५)

छोडइ हाथे-सिउँ बाँधणाँ=हाथ से बन्धनों को छोड़ता है (प० ३१८),

कवि-सउँ न करउँ वाद=कवियों से वाद नहीं करूँगा (प० ६)

कुमार-सूँ=कुमारों से (के साथ) (प० ३५)

किरात-सुँ युद्ध करइ=किरातों से युद्ध करता है (आदिच०)

आधुनिक मारवाड़ी में सूँ, ऊँ (<सउँ) और आधुनिक गुजराती में **शुँ** (<स्युँ) सुँ होता है।

§ ७१. **सम्प्रदान-परसर्ग**—जैसा कि पहले ही बताया जा चुका है (दे० § ६५) सम्प्रदान के अधिकांश परसर्ग मूलतः अधिकरण के हैं। उनमें से कुछ अब भी अपने मूल अधिकरण अर्थ में प्रयुक्त होने की क्षमता रखते हैं और भाषा के परवर्ती विकास-क्रम में वे कर्मकारक के अर्थ में प्रयुक्त होने लगे, जैसा कि हम पहले देख चुके हैं।

(१) **कन्हइँ** (**कन्हइ, कन्हि, कन्हलि, कँ**) अपभ्रंश **कण्णहिँ**<सं० ***कर्णस्मिन्** (=**कर्णे**) से निकला है जैसा कि मि० ट्रम्प ने अपने 'सिन्धी-ग्रैमर' पृ० ४०१ में सन्देह प्रकट किया है। सामान्यतः इसका अर्थ होता है 'निकट' लेकिन विशेष स्थानों पर यह या तो अधिकरण में 'निकट में' अर्थ वाला समझा जाता है या फिर कर्म-सम्प्रदान 'की ओर' अर्थ वाला अथवा अपादान 'से निकट> से'। सम्प्रदान के लिए प्रयुक्त होने पर **कन्हइँ** अधिकांशतः किसी ओर गति का संकेत करता है और 'जाना' अर्थ वाली गत्यर्थक क्रियाओं के साथ जुड़ता है, जैसे—**आवबउँ, जावउ** इत्यादि।

उदाहरण—

आव्या रा-कन्हि=राजा के लिए गए (शालि० १२०)

आवइ तिहाँ-कणि=वहाँ के लिए जाता है (ऋष० १५८)

हिमवन्त-कन्हइ जइ=हिमवंत के लिए जाकर (आदिच०)

स्त्री-पुत्रादिक कन्हइ जई=स्त्री पुत्र आदि के लिए जाते हुए (षष्टि० २२)

ध्यान देने की बात है कि उपर्युक्त सभी उदाहरणों में **कन्हइँ** का प्रयोग सम्प्रदान की अपेक्षा दिशाबोधक कर्मकारक (accusative of direction) के अर्थ में हुआ है। वस्तुतः आनुप्रयोगिक सम्प्रदान और कर्मकारक अधिकांश आधुनिक भारतीय भाषाओं में आपस में विलीन हो गए हैं और व्यवहारतः एक अद्भुत कारक बन गए हैं। इतना होते हुए भी मैंने कर्मकारक (मुख्य कर्म)

और सम्प्रदान (गौण कर्म) के परसर्गों में अंतर करना सुविधाजनक सोचा और तदनुसार सम्प्रदान में मैंने **कन्हइँ** परसर्ग को सम्मिलित कर लिया जो कि मुख्य कर्म के लिए कभी व्यवहृत ही नहीं हुआ।

यह परसर्ग आधुनिक भारतीय आर्य भाषाओं में अत्यधिक प्रचलित है और सर्वत्र इसका सामान्य अर्थ कर्म-सम्प्रदान होता है। प्राचीन पश्चिमी राजस्थानी **कन्हइं** से गुजराती **कने** और मारवाड़ी **कनैं** निकला है और इसके अन्य रूपों ***कणइ, कणि** से गुजराती **कणे, –कण** निकला है। जो क्रियाविशेषणों के केवल यौगिक (appendage) की तरह आता है; जैसे—**अहिँ-कणे,-कण** (देखिए बलसरे का 'गुजराती कोश', पृ० ८६) और कुमायूनी **कणि** जो अब तक कर्म-सम्प्रदान के परसर्ग के रूप में व्यापक रूप से प्रचलित है।

(२) **नइं (नइ, निं, नि) कन्हइं** का ही घिसा हुआ अथवा कटा हुआ रूप है जो आद्य अक्षर के लोप से बना है। इसलिए संबंध-परसर्ग **नउ** के अधिकरण रूप से इसका कुछ भी संबंध नहीं है। संभवतः यह संबंध-परसर्ग **नउ** का सजातीय है अर्थात् दोनों का उद्‌गम-स्रोत एक ही है, फिर भी यह उससे निकला नहीं है। अपने निबंध **'ऑन दि ओरिजिन आफ़ दि डेटिव एंड जेनिटिव पोस्ट-पोज़ीशन्स इन गुजराती एंड मारवाड़ी'** अर्थात् 'गुजराती और मारवाड़ी में सम्प्रदान तथा संबंध के परसर्गों की उत्पत्ति पर' (रायल एशियाटिक सोसायटी जर्नल, १९१३, पृ० ५५३-५६७) में मैंने **नइं** की उपर्युक्त उत्पत्ति के पक्ष में अनेक युक्तियाँ एकत्र की हैं और मुझे विश्वास है, मैंने दिखलाया है कि **नइं** और **कन्हइं** व्यवहारतः अपने अधिकांश रूपों और अर्थों के सदृश है।[२६] **नइं** के प्रयोग के उदाहरण निम्नलिखित हैं—

जिम वाँट भूला-नइ कोई-एक वाँट, देखाडइ=जैसे बाट (राह)–भूले को कोई बाट दिखलाए (श्रा०)

स्वयंबुध मन्त्री तेह-नइ=उसके स्वयंबुध [नामक] मंत्री था (ऋष०७)

दमनक पिंगल-नइ कहइ=दमनक पिंगल से कहता है (प० २६०)

ते सविहुँ-नइ करउं परणाम=उन सबको प्रणाम करता हूँ (एफ० ७२८, ४०६)

नइ से नियमित रूप से आधुनिक गुजराती **ने** और मारवाड़ी **नइ, नइं** उत्पन्न होते हैं।

(३) **प्रति (प्रतिं, प्रतइं, प्रतिइं) प्रति** उपसर्ग का तत्सम तद्रूप है, जो संस्कृत में भी परसर्गवत् प्रयुक्त होता है, अर्थात् संज्ञा के बाद आता है। प्राचीन पश्चिमी राजस्थानी में **प्रति** मुख्यतः 'किसी से कहने' और 'किसी को

---

२६ माध्यमिक रूप 'न्हइँ' का अवशेष **'तेह-न्हइँ भाई'** (=उसका भाई) (उप० ३३) में मिलता है।

प्रणाम करने, प्रणत होने' के सामान्य अर्थ वाली क्रिया के गौण कर्म की ओर संकेत करने के लिए आता है। संस्कृत में भी ये क्रियाएँ **प्रति** के साथ सम्प्रदान या कर्म में ही आती हैं। प्राचीन पश्चिमी राजस्थानी उदाहरण ये हैं—

राय रांणी-प्रति कहइ=राजा रानी से कहते है (प० ३५३)

मुझ-प्रति ते कहइ छइ इसिउँ=मुझसे वह यह कहता हैं (प० २२६)

राय-प्रतइं ते नर बीनवइ=राजा से वे नर विनय करते हैं (प० ३४८)

आचार्य-प्रतइं माहरु नमस्कार हु=आचार्य को मेरा नमस्कार हो (आ०)

सर्व साधु-प्रतइ-वांदी-नइ=सभी साधुओं की वंदना करने पर (एफ़० ६४४)

नीचे **प्रति** का प्रयोग क्रिया-विशेषण बनाने के लिए हुआ है—

भव-प्रतिइँ=प्रतिभवम् (कल० ३३)

दिन-प्रतिइँ=प्रतिदिनम् (योग० २।६८)

(४) **भणि** 'कहा' अर्थ वाली **भणिउ** क्रिया से उत्पन्न अधिकरण एकवचन का संकुचित रूप है, इसलिए उत्पत्ति की दृष्टि से तथाकथित पूर्वकालिक कृदन्त (Conjunctive participle) के सदृश है (दे० § १३१)। प० २३ में संकोचन-रहित **भणिइ** रूप सुरक्षित है। पहले इसका प्रयोग भावलक्षण सप्तमी (absolute Construction) में अधिकरण की पूर्ववर्ती संज्ञा के अनुसार वास्तविक भूत कृदन्त के ही रूप में होता था; लेकिन पीछे यह परसर्ग समझा जाने लगा और जिस संज्ञा के साथ जुड़ता वह संबंध कारक में हो जाती। प्राचीन पश्चिमी राजस्थानी रचनाओं में मूल अधिकरण संज्ञाओं के साथ **भणी** के प्रयोग कहीं-कहीं मिल जाते हैं। इस परसर्ग का सामान्य अर्थ 'इस दृष्टि से, विषय में, के लिए' ("with a view, or with regard to, for") होता है, लेकिन विशेष प्रसंग में इसमें अनेक अर्थच्छायाएँ होती है, जैसा कि निम्नलिखित उदाहरणों से पता चलेगा—

तेह-भणी=इसलिए (योग०, इन्द्रि०, श्रा०, आदिच० इत्यादि),

स्या-भणी=किस लिए (प० ५३५, आदिच०)

देवदत्त-नइ मिलवा-भणी=देवदत्त से मिलने के लिए (प० २६८),

राजा-ना प्रतिबोध-ना-भणी मुँहतइँ गाथा कही=राजा के प्रतिबोध के लिए मेहता ने गाथा कही (आदि च०),

शास्त्र-समुद्र तरवा-भणी। नीति-बुद्धि छइ नाव=शास्त्र-समुद्र तरने (पार होने) के लिए [राज] नीति-बुद्धि नाव है, (प० ५)

चालिउ वन-भणी=वन के लिए चला (प० १३४)

आविउ सिंह-भणी=सिंह के पास गया (प० ६७)

ते तेडी आवउँ तुझ-भणी=उसके पास जाकर तुम्हारे आऊँगा (प० ५३८)

चउद विद्या-भणी विद्वांश हुउ=चौदह विद्याओं में विद्वान हुआ

(दशदृ० २)

अधिकरण के साथ **भणी** के प्रयोग के उदाहरण—

तिणि भणी=इसलिए (आदिच०)

मथुरा नयरि भणी सांचर्या=मथुरा नगर के लिए संचार किया (प० ५२)

देसाउरि भणी··**चालिउ**=देशान्तर (के लिए) चला (प० १४२)

भविअण-जण-नइ हित भणी=भद्रजनों के हित के लिए (एफ ६१६,१)

(५) **माटइ** (**माटइँ, माटि**), यदि मैं ठीक हूँ तो, **निमित्तइँ**<अप० **णिमित्तइँ**<सं०* **निमित्तकेन** से आद्य अक्षर के लोप और **ट** में **त** के परिवर्तन द्वारा बना है। यह आधुनिक गुजराती **एटलो**<प्रा० प० राजस्थानी **एतलउ**<अप० **एत्तुलउ** (दे० § ६४) के परिवर्तन जैसा है। इस व्युत्पत्ति के समर्थन में सबसे प्रबल तर्क यह है कि **निमित्तइँ** और अधिकांशतः इसका **निमत्तइँ** रूप परसर्ग की तरह प्राचीन पश्चिमी राजस्थानी रचनाओं में अत्यधिक प्रयुक्त हुआ है। इसके उदाहरण विशेषतः दशदृ०, एफ़० ५८५, और एफ़ ७६० की पांडुलिपियों में अधिक मिलते हैं जो कि कुछ-कुछ जैपुरी के प्राचीन रूप में लिखी गई हैं। प्राचीन पश्चिमी राजस्थानी में **माटइ** और **निमित्तइँ** एकदम एक ही अर्थ अर्थात् प्रयोजन और परिणाम बतलाने के लिए प्रयुक्त हुए हैं।

माटइ के उदाहरण—

एटला-माटि=इसके लिए (एफ़ ५५५)

रोइ स्याँ माटि=किस (के) लिए रोते हो ? (शालि० १३१)

वटागरा-माटइ नवि हणउँ=सेवक जानकर [तुम्हें] नहीं हनता (मारता) (प० २५३)

आधुनिक गुजराती में **माटे** होता है।

(६) **रहइँ** (**रहइ, रहिँ**) **अरहइँ** (दे० § २(४))से निकला है, जो कि **अरहउ**<**उरहउ** विशेषण का अधिकरण है। इसे मैं संस्कृत **अपार**—से उत्पन्न मानता हूँ; संस्कृत के बाद इसका अपभ्रंश रूप* **अवर**—रहा होगा और उससे फिर * **ओरल** हुआ होगा (दे० § १४७)। इसका मूल अर्थ 'निकट' या 'पास' है (Whence 'to')। कुछ प्राचीन पश्चिमी राजस्थानी रचनाओं में इस परसर्ग का अत्यधिक प्रयोग है और यह केवल सम्प्रदान तथा कर्म कारक के लिए ही नहीं बल्कि संबंधकारक तक का अर्थ देने के लिए प्रयुक्त हुआ है। परंतु **रहइँ** का अधिक प्रचलित प्रयोग सम्प्रदान में ही होता है और उसी के ये उदाहरण हैं—

तेह-रहइँ अनुमति न दिउँ=उन्हें अनुमति दूँगा (दश० ४)

कह-रहिँ=किसलिए (आ०)

नमस्कार ते सुभट-रहिँ हु=उन सुभटों के लिए नमस्कार हो (शील० ३६)

अपकीरति-रहीँ=अपकीर्ति के लिए (कान्ह० १७)

मझ-रहइँ ए फल हूयँ=मेरे लिए यह फल हुआ (दश० ५)

(७) रइँ (ह्लइँ) पूर्ववर्ती परसर्ग का ही एक रूप है और उसी से उत्पन्न हुआ है,—ह पहले पश्चगामी हुआ और फिर लुप्त हो गया, § ५१ के अनुसार। माध्यमिक रूप ह्लइँ आ०, उप०, षष्टि, एफ़ ५८० की पांडुलिपियों में अवशिष्ट है; जैसे—

जिम आँधला पुरुष-ह्लइँ कोई आखि दिइँ=जैसे अंधे पुरुष को (के लिए) कोई आँख दे (आ०)

ते-हू मुझ ह्लइँ न गमइ=वे भी मुझे नहीं भाते (उप० ६३)

ते धन्य जेह रइँ सूधउ गुरु मिलइ=वे धन्य [हैं] जिन्हें सीधा गुरु मिले (षष्टि० १३६)

यह परसर्ग गुजराती में लुप्त हो गया, लेकिन मारवाड़ी में रैं के रूप में अवशिष्ट है।

§ ७२. **अपादान-परसर्ग**—ये परसर्ग अंशतः अधिकरण संज्ञा हैं और अंशतः कृदन्त हैं। कृदन्त या तो वाक्य में उद्देश्य के अनुसार रूपान्तरित होते हैं या स्वतंत्र रूप से नपुंसक लिंग में रहते हैं अथवा अधिकरण एकवचन में।

(१) कन्हइँ सम्प्रदान-परसर्ग जैसा ही है और इसकी व्युत्पत्ति § ७१, (१) दी जा चुकी है। परन्तु इसका अपादान-अर्थ सम्प्रदान से उत्पन्न हुआ नहीं कहा जा सकता; बल्कि इसकी व्युत्पत्ति भिन्न है और यह सीधे अधिकरण से उत्पन्न हुआ है जो कि कन्हइँ का मूल अर्थ है। अधिकरण से अपादान में अर्थान्तर बिल्कुल स्वाभाविक है, यह सजातीय अधिकरण **अपिकरणे** से अच्छी तरह स्पष्ट है जो ऋग्वेद में मूल अर्थ 'पीछे' और फिर 'पीछे से' दोनों अर्थों में प्रयुक्त हुआ है। प्राचीन पश्चिमी राजस्थानी में कन्हइँ का प्रयोग अपादान में उन क्रियाओं के साथ हुआ है जिनका अर्थ है पूछना, माँगना, सुनना और प्राप्त करना।

उदाहरण—

चतुरक-कन्हि पूछइ वन-धणी=वन-धनी (वन का राजा) चतुरक से पूछता है (प० ५८५)

इन्द्र मागइ जिन-कन्हइ दक्षिणा ए=इन्द्र जिन से यह दक्षिणा माँगता है (ऋष० १३१)

मइँ श्री महावीर-कन्हइँ साँभलिउँ=मैंने श्री महावीर से सुना (दश०४)

वज्रसेन-तीर्थंकर-कन्हइँ सगले दीक्षा लीधी=वज्रसेन तीर्थंकर से सकल ने (सभी ने) दीक्षा ली (आदिच०)

आदिच० की पांडुलिपि में कन्हाँ का भी एक उदाहरण मिलता है, जो उसी

मूल शब्द का अपादान है जिसका अधिकरण रूप **कन्हइँ** है:—

भगवन्त-कन्हाँ दीक्षा दिवरावी=भगवन्त से दीक्षा दिलवाई।

एफ़ ७६० पांडुलिपि की प्राचीन जैपुरी में **कन्हाँ** के अनेक उदाहरण मिलते हैं। यह **कन्हाँ** ही है जिससे मैं कर्म-सम्प्रदान परसर्ग **ना** (संभवतः **नाँ** के लिए) का संबंध स्थापित करता हूँ, जब कि केलॉग उसे पश्चिमी हिन्दी से सम्बद्ध करते है (हिंदी ग्रैमर § १७३) परंतु वस्तुतः वह परसर्ग 'नासकेत-री कथा' की मारवाड़ी में प्रायः प्रयुक्त हुआ है।

(२) **तउ** (**तु**) मेरे विचार से **हतउ** का संक्षिप्त रूप है जो कि **हुँतउ** <अप °**होन्तउ**<सं० **भवन्तकः** के समान है। मेरे इस एकीकरण अथवा सादृश्य-निरूपण के पक्ष में एक अच्छा प्रमाण प० ६८१ है, जहाँ **तउ** का एक ऐसा उदाहरण है जो क्रिया के मूल अर्थ **हतउ** (होते हुए>था) के लिए प्रयुक्त है (दे० § ११३)। इसलिए यह अस्तिवाचक सहायक क्रिया का वर्तमान-कृदन्त रूप है, जो पुल्लिग एकवचन में अपादान के परसर्ग की तरह इस्तेमाल किया जाता है। वर्तमान-कृदन्त **होन्तउ** का प्रयोग अपादान बनाने के लिए अपभ्रंश में काफ़ी प्रचलित था। जैसा कि हेमचन्द्र के निम्नलिखित दो उद्धरण से पता चलता है—

जहाँ होन्तओ आगदो=जहाँ से आया (सिद्ध० ४।३५५)

तुम्हहँ होन्तउ आगदो=तुम्हारे यहाँ से आया (सिद्ध० ४।३७३)

प्राकृत अपादान-विभक्ति-**हिंतो होन्तो** के लिए भी होती है, जैसा कि डा० होर्नले (गौडियन ग्रैमर, § ३७६) का सुझाव है, कहना कठिन है। जो हो यह निश्चित है कि प्राचीन पश्चिमी राजस्थानी ने अपभ्रंश से अस्तिवाचक सहायक क्रियाओं के वर्तमान कृदन्त को अपादान के लिए प्रयोग करने की प्रवृत्ति उत्तराधिकार में प्राप्त की है और उसका खूब प्रयोग किया—मूल रूप **हूँतउ** और उनसे उत्पन्न रूप **थउ** और **तउ** दोनों रूपों में। **तउ** के साथ अपादान के उदाहरण निम्नलिखित हैं—

देवाला-तु पाछउ वलिउ हुँत=देवालय से पीछे लौटते हुए (योग० ३।१२७)

तेह कारण-तउ=उस कारण से (कल० ६)

पँखीया दिशि दिशि-तउ आव्या=दिशि दिशि से आए पक्षी (आदि० १२)

मार्ग-तु बाहिरि नीकालइँ=मार्ग से बाहर निकलता है (दश० १।१०)

संसार-तउ आपणउ जीव मूँकाविउ छइँ=संसार से आपने जीव मुक्त किए हैं (दश० ३।१)

तेह-तउ जीव तीव्र दुक्ख पामइँ=उस (वहाँ) से जीव तीव्र दुःख पाते हैं (षष्टि० १०)

तउ के अधिकरण रूपान्तर का कोई भी उदाहरण प्राचीन पश्चिमी राजस्थानी में नहीं मिलता है, जैसा कि **हूँतउ** और **थइ** का मिलता है लेकिन वे कुछ सजातीय भाषाओं, जैसे पश्चिमी हिंदी में मिलते हैं जहाँ अपादान-परसर्ग के लिए **ते, तें** <***तहिँ** <अप० **होन्तहिँ** का प्रयोग होता है।

(३) **थउ** को अस्तिवाचक सहायक क्रिया के वर्तमान कृदन्त **हतउ** का संक्षिप्त रूप कहा जा सकता है।

जब कोई तीन अक्षरों वाला शब्द सिमटकर एकाक्षरिक हो जाता है तो उसमें का **ह** अनुगामी व्यंजन के बाद जा पड़ता है—यह प्रवृत्ति मारवाड़ी **व्है** <**हुवँ** से प्रमाणित है। मेरे मन में **थउ** के लिए पहले एक और व्याख्या यह आई थी कि यह **थयउ** का संक्षिप्त रूप हो सकता है, जो कि अस्ति-वाचक **थावउँ** क्रिया का भूत कृदंत है। इस दूसरी व्युत्पत्ति के पक्ष में अपादान परसर्ग **थी** का सादृश्य दिया जा सकता है जो उसी तरह क्रियार्थक कृदन्त **थावउँ** से उत्पन्न **थई** का संक्षिप्त रूप माना जा सकता है और ऐसा इसलिये भी कि ऋष० ५१ में **थी** के लिए **थई** का प्रयोग हुआ है। लेकिन पहली व्युत्पत्ति के समर्थन में अस्तिवाचक क्रिया के अपूर्ण काल का सादृश्य है जिसकी व्युत्पत्ति प्राचीन पश्चिमी राजस्थानी में उसी मूलस्रोत से हुई है जिससे अपादान के तथाकथित परसर्गों की हुई है। दोनों ही वर्तमान कृदन्त से निर्मित होते हैं। प० ७० में **थउ** के प्रयोग का एक उदाहरण नियमित रूप **हतउ** के स्थान पर अस्तिवाचक क्रिया के अपूर्ण काल के लिए मिलता है और अब भी थो (**हतो** के लिए) राजस्थानी की अनेक बोलियों तथा कन्नौजी में भी **हतो** (तुल० § ११३) के समानान्तर मिलता है।

प्राचीन पश्चिमी राजस्थानी में जिस प्रकार **थउ** के साथ प्रकारान्तर से प्रयोग होने वाले आनुप्रयोगिक अपूर्ण रूप नहीं मिलते, उसी प्रकार **थउ** के साथ अपादान भी कम मिलते हैं। मुझे निम्नलिखित दो उदाहरण मिल सके हैं—

ते किहाँ-थउ आविउ=वह कहाँ से आया (प० ४०९),

हाँ-थउ जाउ=यहाँ से जाओ (प० ४२७)

ध्यान देने की बात है कि उपर्युक्त दोनों उदाहरणों में **थउ** का प्रयोग सार्वनामिक अपादानों के बाद हुआ है और इस तरह हेमचन्द्र ने प्राकृत व्याकरण, सूत्र ४।३५५ में जो तीन अपभ्रंश उद्धरण **होन्तउ** के प्रयोग के दिए हैं उनसे ये पूर्णतः मिलते-जुलते हैं। **थउ** के कृदन्त रूप होने का दूसरा प्रमाण उप० पांडुलिपि के निम्नलिखित गद्यांश से मिलता है जिसमें **थउ** कर्त्ता कारक बहुवचन के साथ रूप-रचना करता है—

तिहाँ-थ्या चयवी वज्रनाभ गुरु-ना जीव श्री-आदिनाथ हूआ=वहाँ से चूकर गुरु वज्रनाभ का जीव श्री-आदिनाथ हुआ।—(उप० ६८)

(४) **थकउ, (थकु, थाकउ, थिकउ, थिकु)** थाकिउ, थकिउ से बना है जो **थाकइ, थकइ** <अप० * **थक्कइ, थक्केइ** (हेम० ४।१६, ३७०, ३) <सं० * ***स्थक्यति** (पिशेल § ४८८) का भूत कृदन्त रूप है। **थिकउ** रूप ***थकिउ और थकउ** के बीच की कड़ी है और पहले वाले रूप से इ के वर्णविपर्यय (दे० § ५०) के द्वारा बना है।

निःसन्देह—जैसा कि संस्कृत **स्थितः** के सादृश्य से निष्कर्ष निकाला जा सकता है—अपभ्रंश **थक्किउ** का सामान्य अर्थ, जब कि वह पूर्वकालिक की तरह प्रयुक्त होता है, वस्तुतः वर्तमान कृदन्त (रहते हुए) का ही होता था; इसलिए प्राचीन पश्चिमी राजस्थानी में **हाँतउ** के समकक्ष अपादान बनाने के लिए इसका प्रयोग अनियमित नहीं कहा जा सकता। प्राचीन पश्चिमी राजस्थानी का **थकउ हाँतउ** का समकक्ष है यह इस बात से मालूम होता है कि दोनों ही विशेषण की तरह प्रयुक्त होने वाले कृदन्तों के बाद विकल्प से जोड़े जाते हैं (दे० §§ १२२, १२६)। जो उदाहरण हमने देखे हैं उनमें **थकउ** या तो पुल्लिंग या नपुंसक लिंग एक-वचन में आता है और जिस संज्ञा के साथ आता है वह अधिकरण कारक में कम नहीं आती है। उदा०—

पाछलि थकउ=पीछे से (आ०)

बार वरस-थाकउ=बारह वर्ष से (उप० ३१)

न वीसरइ ते मुझ मनि-थिकउँ=नहीं विसरता है वह मेरे मन से (प० ३३८)

हुँ सही युद्ध करउँ बल-थिकउँ=मैं निश्चय ही युद्ध करूँगा बल से (प० ५०१)

जा आहाँ-थिकउ=यहाँ से जा (प० ६४१)।

(५) **थकी*थक्किइ** का संक्षिप्त रूप है जो कि ***थकिउ (थकउ)** का भाव-लक्षण अधिकरण (सप्तमी) रूप है और इसलिए वस्तुतः पूर्वकालिक कृदन्त **थाकवुं** (दे० § १३१) का समकक्ष है। **थकउ** की तरह यह भी अधिकरण और संबंध कारक की संज्ञाओं के बाद इस्तेमाल किया जाता है और यह **थकउ** से कहीं अधिक प्रचलित है साथ ही भाषा का जैसे जैसे विकास होता गया इसका प्रचलन भी बढ़ता गया। उदा०—

नभ-थकी नीचउ ऊतर्यउ=नभ से नीचे उतरा (एफ़० ७८३, ५२)

ते नगर-माँ थकी ··· आविउ=वह नगर में से आया (प० २९३)

ए दुख-थकी मुझ मरण आवइ=इस दुख से मेरा मरण आता है (ऋष० १९२)

थकी जहाँ तुलनात्मक अर्थ के लिए प्रयुक्त होता है, उन उदाहरणों के लिए देखिए § ७९।

(६) **थी** का **थउ** से वही संबंध है जो **थकी** का **थकउ** से है अर्थात् यह अस्तिवाचक क्रिया के वर्तमान कृदन्त के भावलक्षण सप्तमी ***हतिइ (हतइ)**

का संक्षिप्त रूप है। इस व्युत्पत्ति के पक्ष में एफ़० ७७८ पांडुलिपि में प्राप्त एक उदाहरण है जहाँ अंत से कुछ पंक्तियाँ पहले **थी** के लिए **थइँ** (<**हतइँ**) का प्रयोग किया गया है। परंतु **थी** के लिए एक दूसरी व्याख्या भी संभव है जिसका आभास पहले भी दिया जा चुका है। वह व्याख्या यह है कि **था थावउँ** के पूर्व-कालिक (Conjunctive) कृदन्त रूप **थई** से निकला है। इस दूसरी व्याख्या को जो स्वीकार करते हैं उन्हें अपने पक्ष में ऋष० ५१ से एक तर्क मिल सकता है जहाँ **थी** की जगह **थई** का प्रयोग अपादान-परसर्ग के लिए किया गया प्रतीत होता है। वह पद्यांश इस प्रकार है—

उत्तराषाढि नक्षत्रि थई=उत्तराषाढ़ नक्षत्र से।

मेरे विचार से अपादान का अर्थ देने के लिए अधिकरण के बाद **थई** जैसे पूर्वकालिक कृदन्त का प्रयोग इतना स्वाभाविक है कि इसे सामान्य अपादान परसर्ग **थी** से एकाकार माने बिना भी अच्छी तरह समझ सकते हैं। बनारसी-दास के **'परमजोतिस्तोत्र'**, ७ के निम्नलिखित पद्यांश।

आवइ पवन पदम-सरि होय=आता है पवन पद्म-सर से होकर

प्राचीन ब्रज के अपादान की रचना उसी प्रकार हुई है जिस प्रकार प्राचीन पश्चिमी राजस्थानी के **नक्षत्र-थई** की है। यहाँ नेपाली का अपना विशिष्ट अपा-दान **देखि** तुलनीय है जो उसी तरह अधिकरण संज्ञाओं से बनता है (दे० होर्नले का गौडियन ग्रैमर § ३७६)।

प्राचीन पश्चिमी राजस्थानी में **थी** भी **थउ** की ही तरह प्रयुक्त होता है अर्थात् अधिकरण (अपादान अधिकरण सहित) और संबंध कारक दोनों के साथ। उदाहरण—

किहाँ थी=कहाँ से? (प० १३६)

तुझ कन्हइ थी=तेरे पास से (प० ३०३)

हुड-सिरि विचि थी मूउ सिआल=[दो] बकरियों के सिर के बीच से सियार मरा (प० २६०)

तुझ-थी दुख पाँमउँ पणि हूँअ=तुझसे दुख पाता हूँ (प० ६४१)

बादल-थी ... रवि नीकल्यउ=बादल से रवि निकला (एफ़० ५३५, २२)

बन-माहि थी=बन में से (आदिच०)

(७) **पासइँ** अधिकरण परसर्ग के सदृश है जिसके लिए देखिए § ७४, (३)। अपादान में यह पूछना, माँगना इत्यादि क्रियाओं के साथ इस्तेमाल किया जाता है, ठीक उसी तरह जैसे **कन्हइँ**, जिस पर पहले विचार हो चुका है। उदाहरण—

रुकमणी रानी अंगज मागइँ। अपणा प्रिय-नइँ पासइँ रे।=रुक्मिणी रानी पुत्र माँगती है अपने प्रिय के पास से (एफ़० ७८३, ६४)

पूछि एक-पासि=पूछते हैं एक से (शालि० ८७)

(८) **पाहिँ** (**पाहि**) बहुत पहले से अपभ्रंश **पक्खे** या **पक्खि**<सं० **पक्षे** से निकले हुए अधिकरण के रूप में स्वीकृत है। प्राचीन पश्चिमी राजस्थानी में तुलनात्मक रचना में यह अपादान का अर्थ देने लगता है। षष्टि० पांडुलिपि में **पाहन्ति** के दो उदाहरण मिलते हैं जो संभवत: अपभ्रंश **पक्खन्ते**<सं० **पक्षन्ते** से निकला है और प्रयोग तथा अर्थ दोनों में **पाहिँ** का पर्याय है। अपादान परसर्ग के रूप में **पाहिँ** के प्रयोग का एक उदाहरण यह है—

इन्द्रजाल-पाहिँ चपल=इन्द्रजाल से चपल [तर] (इन्द्रि० ८६)

अन्य उदाहरणों के लिए देखिए § ७९।

(९) **लगइ** और **लगी** दोनों अपभ्रंश कृदन्त-अधिकरण लग्गहिँ<सं०* **लग्नस्मिन्** (=**लग्ने**) से निकले हैं, जिनमें से पहला संक्षेपण-रहित ही रह गया और दूसरा पहले °**अइ** से °**इइ** हुआ और फिर °**ई** (दे० § १०, (३))। आद्य अक्षर में स्वर के ह्रस्वीकरण का उल्लेख देखिए § ४३ में। जब परसर्ग का कार्य करने के लिए प्रयुक्त नहीं होता तो कृदन्त **लागउ** अपने दीर्घ स्वर को सुरक्षित रखता है जैसा कि §१२६, (४) में उद्धृत उदाहरण से स्पष्ट है। ये दोनों परसर्ग (क) तक, (ख) से, (ग) के कारण अथवा परिणाम-स्वरूप अर्थ देने के लिए प्रयुक्त होते हैं। पहले दोनों अर्थ देने के लिए इन्हें अपने साथ अधिकरण संज्ञा की आवश्यकता पड़ती है।

उदाहरण—

एक जोअण-लगइ चाली रह्यउ=एक योजन तक चलकर रह गया (आदिच०),

एक-[सहस] वरस-लगइ=एक सहस्र वर्ष तक (वही),

धुरि लगइ=शुरू से (वि० १३२),

ताँहिँ लगइ विग्रह-आरम्भ=तब से विग्रह का आरम्भ (कान्ह० १३)

ते पाप-लगी जिन-धर्म गाढउँ दुक्कर हुइ=उस पाप के फलस्वरूप जिन धर्म अधिक दुष्कर होता है (षष्टि० ११)

कर्म-क्षय-लगी मोक्ष हुइ=कर्मक्षय के फलस्वरूप मोक्ष होता है (योग० ४।११३)

(१०) **हूँतउ** (**हुँतउ**) के लिए अब और अधिक व्याख्या की आवश्यकता नहीं है क्योंकि ऊपर **तउ** और **थउ** तथा इनके विकारों के सिलसिले में इस पर काफ़ी कहा जा चुका है। यह स्पष्ट है कि यह वर्तमान कृदन्त **होन्तउ** का ही एक रूप है जो कि अपभ्रंश में पहले ही अपादान बनाने के लिए प्रयुक्त हो चुका है जैसा कि हेम० ४।३५५, ३७३ के उदाहरणों से प्रमाणित है। **हूँतउ** के प्रयोग के उदाहरण केवल षष्टि० की पांडुलिपि में ही सुरक्षित हैं।

मरण-हूँतउ राखिउ=मरण से रक्षा हुई (षष्टि० ४)

धर्म हूँता न वालइँ=धर्म से न मुड़े (षष्टि० ३०)

जे-संसार हूँता बीहता नथी=जो संसार से भीत नहीं हैं (षष्टि० ६०)

(११) **हूँती** (**हुँति**) **हूँतउ** के अधिकरण रूप **हूँतइ** (<**हूँतिइ**) का सिमटा हुआ रूप है। यह **हूँतउ** से अधिक प्रचलित है जैसा कि अपादान परसर्गों के सभी भावलक्षण सप्तमी (Absolute) रूपों के साथ है क्योंकि ये सीधे (Direct) रूपों से अधिक प्रचलित होते हैं। आधुनिक गुजराती और मारवाड़ी में इसके केवल अधिकरण रूप ही अवशिष्ट रहे। **हूँती** के उदाहरण ये हैं—

कर्म-क्षय आत्म-ज्ञान-हुँती हुइ=कर्म-क्षय आत्मज्ञान से होता है (योग० ४।११३)

दोष-हुँती विरमइ=दोष से विराम लेता है (इन्द्रि० ६७)

अम्हाँ-ही हूँती भूखी=हमसे भी भूखी (आदिच०)

§ ७३. **सम्बन्ध-परसर्ग**—ये सामान्यतः पुराने विशेषण हैं और जिस संज्ञा पर आधारित होते हैं उन्हीं के लिंग और वचन के अनुसार होते हैं।

(१) **कउ** (**कु**) प्राचीन पश्चिमी राजस्थानी में बहुत कम मिलता है और यदि मिलता भी है तो केवल कविता में और संभवतः पूरब की प्राचीन ब्रजभाषा से उधार लिया हुआ मालूम होता है। यह अपभ्रंश **कउ**<सं० **कृतः** से निकला है, जैसा कि बहुत पहले से माना जाता रहा है। उदाहरण–

देव-कइ पाटणी=देव का पाटण (नगर) अर्थात् सोमनाथ पट्टन (कान्ह० ७८, ८६),

मोह कइ निद्रा (ज० १६),

(२) **केरउ** अपभ्रंश **केरउ** (हेम० ४।४२२,२०) <सं० ***कार्यकः** (पिशेल § १७६) ही है। कविता में यह कुछ अधिक प्रचलित है—

जाणे गिरिवर-केरउ शृंग=गिरिवर के शृंग जितना [ऊँचा] (एफ़ ५६१, २।३),

तँ कवियण-जण-केरी माया=तू कवियों की माता है (एफ़० ७, १५,१।३)

कहिसु चरित नेमीसर-केडूँ=नेमीश्वर का चरित कहूँगा (एफ० ७१५,१४) [केडूँ के लिए देखिए § २६]

नही पर-केरी रे आस=दूसरे की आशा नहीं है (एफ़० ७२२, ४)

त्रिभुवन-केरा नाथ=त्रिभुवन के नाथ (ऋष० १५८)

(३) **चउ** मेरी देखी हुई पांडुलिपियों में केवल अपवाद-स्वरूप ही दिखाई पड़ता है। एकमात्र उदाहरण मुझे यही मिला है—

हूँ सेवूँ सही तुम-चा पाय=मैं सेवन करता हूँ निश्चय ही तुम्हारा पावँ (एफ़० ७२२, ४)।

श्री० एच० एच० ध्रुव ने 'Transactions of the Ninth International Congress of Orientalists' (प्राच्यविद्या-विशारदों की नवीं अन्तर-

राष्ट्रीय कांग्रेस का विवरण), जिल्द १, पृ० ३२७ में जो वर्णन किया है उसके अनुसार 'वसंतविलास' (संवत् १५०८) में इसके बिखरे हुए उदाहरण मिलते हैं। इससे स्पष्ट है कि **चउ** परसर्ग का प्रयोग राजपूताना के केवल उस क्षेत्र तक सीमित था जो प्राचीन मराठी क्षेत्र की सीमा से मिला हुआ था। मेरा विश्वास है कि इस परसर्ग की उत्पत्ति अपभ्रंश * **किच्चउ**<सं० **कृत्यकः** से हुई है, जैसा कि डा० कोनो और सर जार्ज ग्रियर्सन नें पहले ही सुझाया है (on certain Suffixes in the Modern Indo-Aryan Vernaculars, Zeitschrift für Vergleichende Sprachforschung auf dem Gebiete der Indogermanischen Sprachen, 1903, p. 490)

(४) **तणउ** अपभ्रंश का **तणउ** (हेम० ४।४२२, २०) ही है, और मि० बीम्स के समय से क्रिया-विशेषण-परक विशेषण बनाने के लिए प्रयुक्त होने वाले संस्कृत-प्रत्यय--**तन** से ही उत्पन्न हुआ माना जाता है। परंतु मेरे विचार से उपर्युक्त व्याख्या ठीक नहीं है। इस पर मुख्य आपत्ति वही है जो पहले ही रेवरेंड एस० एच० केलॉग को खटकी थी। आपत्ति यह है कि परसर्ग सामान्यतः स्वतंत्र संज्ञा या विशेषण होते हैं और ऐसी हालत में एक परसर्ग को किसी प्रत्यय से उत्पन्न कहना सामान्य नियम में अभूतपूर्व अपवाद होगा। सर जार्ज ग्रियर्सन ने बड़े ही सपाट ढंग से इस कठिनाई को दूर करने के लिए कहा है कि संस्कृत में भी **तन** किसी विकारी कारक के साथ जुड़ सकता है, जैसे **अग्रे-तन, ऐषमस्तन, पूर्वाह्णेतन** (आधुनिक भारतीय आर्यभाषाओं के कुछ प्रत्यय, पृ० ४८६)। लेकिन इससे केवल ऊपर-ऊपर से कठिनाई दूर होती है क्योंकि यदि कोई अधिक अंदर से इस सवाल को देखे तो उसे दिखाई पड़ेगा कि उपर्युक्त उदाहरणों में–**तन** प्रत्यय **अग्रे** इत्यादि में उनके विकारी कारक में होने के कारण नहीं जुड़ा है बल्कि इसलिए जुड़ा है कि उन्होंने क्रिया-विशेषण का अर्थ ग्रहण कर लिया है। यह स्पष्ट है कि जब –**तन अग्रे** में जोड़ा गया तो **अग्रे** अधिकरण में नहीं समझा गया, बल्कि कालवाचक क्रियाविशेषण समझा गया और यह निश्चित है कि संस्कृत में –**तन** जोड़ते समय यह बिलकुल अनावश्यक है कि क्रियाविशेषण मौलिक हैं अथवा विकारी कारक की संज्ञाओं से उत्पन्न हुए हैं। यही वे कारण हैं जिनसे मुझे अपभ्रंश **तणउ** की भिन्न व्याख्या का पता लगाने की इच्छा हुई है और मेरा विश्वास है कि मैंने ठीक जगह चोट की है। मेरी जाँच-पड़ताल के अनुसार **तणउ अप्पणउ** (<सं० * **आत्मनकः**) से § २, (४) के अनुसार आद्य स्वराक्षर के लोप और § २५ के अनुसार **प** से **त** के सामान्य परिवर्तन द्वारा बना है। निजवाचक सर्वनाम **आत्मन्** से **प्प** और **त्त** वाले दोनों रूप प्राकृत से ही बन गए थे (दे० पिशेल §४०१) हेमचन्द्र ने **तणउ** का 'सम्बन्धिन्' ही अर्थ किया है (सिद्ध० ८।४२२,२०) और ऐसा अर्थ **अप्पणउ** के एकदम मेल में है जिसे हेमचन्द्र ने **आत्मीय** का 'आदेश' बतलाया

है (सिद्ध० ४।४२२,४)।

हेमचन्द्र द्वारा उद्धृत **तणउ** के दो उदाहरणों—

इमु कुलु तुह-तणउँ=यह कुल तुम्हारा है (सिद्ध० ४।३६१)।

भग्गा अम्हहँ तणा=हमारे भागे (सिद्ध० ४।३८१, २)।

में स्पष्ट है कि 'अपने निजी' के अर्थ में **तणउ** का प्रयोग हुआ है, और यदि हम उपर्युक्त दोनों उदाहरणों का संस्कृत रूपान्तर करें तो **तणउ** के लिए ***आत्मनक** या **आत्मीय** शब्द रखेंगे। ध्यान देने की बात है कि द्वितीय उदाहरण में **तणा** संज्ञा की तरह प्रयुक्त हुआ है और यह प्रयोग संस्कृत **आत्मीय** तथा उसके समकक्ष **स्व, स्वक** इत्यादि के लिए भी समान रूप से लागू है।

तणउ परसर्ग अधिकांशतः कविता में तथा कुछ प्राचीन ग्रंथों के गद्य में भी व्यवहृत हुआ है। उदाहरण—

चरित्र सुण्याँ तसु-तणाँ=उसके चरित्र सुने (प० ३६४)

देव-तणाँ कुसुम-तणी वृष्टि=देवों के कुसमों की वृष्टि (कल० २०)

घूयड-तणउ शिशु=घुग्घू (उल्लू) का शिशु (कल० ३)

माइ-तणइ मनि=माई के मन में (रत्न० १०९)

घोडा-तणीअ फोज=घोड़ों की फ़ौज (कान्ह० ४६)

देव-तणइ प्रासादि=देव के प्रासाद में (कान्ह० ८७)

हूँ एह तणउ नहीं=मैं इसका नहीं [हूँ] (दश० १।१०)

(५) **नउ (नु) तणउ** का संक्षेपण नहीं कहा जा सकता क्योंकि अपभ्रंश का मध्यग **ण** प्राचीन पश्चिमी राजस्थानी में **न** कभी नहीं होता, इसलिए यह सम्प्रदाय परसर्ग **नइँ** का सजातीय है, जो ऊपर **कन्हइँ** का संक्षिप्त रूप बताया गया है। कभी संबंध-परसर्ग ***कन्हउ** प्रयोग में था जिससे **नउ** नियमित संक्षेपण हुआ हो अथवा **नउ** सीधे **नइँ** से ही बना यह आज निश्चित नहीं किया जा सकता। लेकिन इस अंतिम विचार के पक्ष में मेरा दृढ़ झुकाव है और इस झुकाव के निम्नलिखित कारण हैं—

(क) यह संभव नहीं दीखता कि **नइँ** के सामान्य प्रचलन के काफ़ी दिनों बाद तक **कन्हइँ** के अवशिष्ट रहने के बाद भी * **कन्हउ** प्राचीन पश्चिमी राजस्थानी की प्राप्य सामग्री में अपना कोई चिह्न छोड़े बिना ही मिट गया हो।

(ख) मारवाड़ी में जहाँ **कन्हइँ** और **नइँ** आज तक जीवित हैं, संबंध परसर्ग **नउ** की अनुपस्थिति इस बात का द्योतक है कि इसका (**नउ** का) प्रयोग इतना पुराना नहीं है जितना उन दोनों—**कन्हइँ** और **नइँ** का; इसलिए **नउ** **नइँ** से निकला है।

(ग) आदिच० की पांडुलिपि में **नउ** के अर्थ में संबंध के रूपान्तर-रहित परसर्ग की तरह **नइँ** के प्रयोग कहीं-कहीं मिल जाते हैं:—जैसे—

ए भगवन्त-नइ तेरमउ भव=इस भगवन्त का तेरहवाँ जन्म है।

इसलिए यह बहुत संभव है कि **नइँ** का ऐसा प्रयोग सम्प्रदान-परसर्ग द्वारा संबंध कारक बनाने की किसी प्राचीन प्रवृत्ति का अवशेष हो (तुलना के लिए देखिए संबंध-परसर्ग के लिए **रहइँ** का प्रयोग)। और इस तरह यह स्पष्ट है कि अपनी आधारभूत संज्ञा के अनुसार होने की प्रक्रिया द्वारा **नइँ** से **नउ** बन गया।

प्राचीन पश्चिमी राजस्थानी की जितनी पांडुलिपियाँ हमने देखी हैं उनमें से अधिकांश में **नउ** कहीं अधिक प्रचलित संबंध परसर्ग है। कविता में अवश्य ही **तणउ** का प्रयोग अधिक धड़ल्ले से हुआ है और **नउ** के बराबर खुलकर इस्तेमाल किया गया है और वह भी सामान्यतः बिना विचार के; यद्यपि अनेक स्थानों पर ऐसा प्रतीत होता है कि **तणउ** अभी तक अपने 'संबंध' सूचक मूल अर्थ को सुरक्षित रखे है और इसी तरह **नउ** का भी 'निकट स्थित होने' अथवा 'कहीं से आगे बढ़ने' का मूल अर्थ सुरक्षित है। केवल दश० और उप० ही ऐसी दो गद्य रचनाएँ हैं जिनमें **तणउ** और **नउ** बराबर-बराबर आए हैं, पर इन दोनों में से अंतिम में **तणउ** बहुत कम है। कल० की पांडुलिपि में **नउ** का चिह्न नहीं है, लेकिन आद्योपान्त **तणउ** प्रयुक्त हुआ है; उदाहरण—

ऊन्हाला-नउ चउथउ मसवाडु=ऊष्णता (ग्रीष्म) का चौथा मास (आदिच०)
तेह-नी पुत्री=उसकी पुत्री (दशद० ६)
ऊजेणी-नउ मारीय राजा=उज्जयिनी के राजा के मारे जाने पर (वि० ८)
वड-ना कोटर माँहि=वट [वृक्ष] के कोटर में (प० ६३३)
दिहाडा-नइँ बिषइँ=दिन के विषय में (योग० २।७०)
म्लेच्छ-ना लाख=म्लेच्छों की लाख-लाख [संख्या] (कान्ह० ४३)

(६) **रउ**, जैसा कि आधुनिक भारतीय भाषाओं के अध्येताओं द्वारा बहुत पहले ही स्वीकार किया गया है, **केरउ** का संक्षेपण है। यह परसर्ग आधुनिक मारवाड़ी की अपनी विशेषता के रूप में विकसित हो गया है और प्राचीन पश्चिमी राजस्थानी में, आदिच० को छोड़कर अन्यत्र अपवाद की तरह ही मिलता है और आदिच० ऐसा है कि आधुनिक मारवाड़ी से मिलती-जुलती अनेक विशेषताएँ प्रदर्शित करता है। कुछ उदाहरण ये हैं—

सोना-री वृष्टि=सोना की वृष्टि (आदिच०)
प्रतिज्ञा-रउ विशेष को नहीं=प्रतिज्ञा की विशेषता कोई नहीं (वही)
तक्खशिला पुरी-रइ परिसरइ=तक्षशिला पुरी के परिसर में (वही)

(७) **रहइँ** संबंध-परसर्ग की तरह निम्नलिखित उदाहरणों, मुख्यतः कल० और दश० की पांडुलिपियों के उदाहरणों में मिलता है—

दुःख-रहइँ पात्र=दुःख का पात्र (कल० ३८)
मांगलिक-रहइँ घर=मांगलिक का घर (कल० १)
दुःख-रहइँ कारण=दुःख का कारण (कल० ३३)

व्रत-रहइँ पीडा=व्रतानां पीडा (दश० ५।६)

पूजा-ह्लइँ योग्य छइँ=पूजा के योग्य हैं (एफ़० ५८०)

संबंध के रूपान्तर-रहित परसर्ग के रूप में **रहइँ** का प्रयोग आधुनिक मारवाड़ी में समाप्त नहीं हुआ है। उसमें, नियमित विकारी रूप **रा** की जगह **रैं** का प्रयोग अभी तक होता है, मुख्यतः उस स्थान पर जहाँ संबंध कारक संबंध या अपनापन द्योति करता है।

§ ७४. **अधिकरण परसर्ग**—ये निम्नलिखित हैं—

(१) **कन्हइँ**—संप्रदान और अपादान के परसर्गों पर विचार करते हुए इस परसर्ग की व्युत्पत्ति पहले ही बताई जा चुकी है। मूल अधिकरण अर्थ में इसका प्रयोग निम्नलिखित उदाहरणों में होता है—

न जाणु किहाँ-कणि अछइ=न जाने [वह] कहाँ है (ऋष० १६२)

मिथ्यादृष्टी लोक-कन्हइँ श्रावक वसिवउँ नही=मिथ्यादृष्टि वाले लोगों में श्रावक को नहीं बसना चाहिए (षष्टि० ४६)

प० २८६ में एक जगह **नइँ** (जो **कन्हइँ** का संक्षिप्त रूप है, जैसा कि ऊपर दिखाया गया है) अधिकरण संज्ञा के बाद अधिकरण-परसर्ग की तरह व्यवहृत हुआ है—

वाटइँ नइँ एक निर्मल नीर=वाट में (के निकट) निर्मल नीर [का एक सरोवर है]

(२) **ताँई**—इस परसर्ग की अभी तक संतोषप्रद व्याख्या नहीं हो सकी है। यह अपभ्रंश **तामहिँ** या * **तावँहिँ** से निकला है, जो संस्कृत **तावति** के समकक्ष अधिकरण-रूप है। बीच की अवस्थाएँ संभवतः ***ताउँअहि**>***ताअइँ**>***ताई**>**ताँई** हैं। अनुनासिक-विपर्यय के लिए देखिए § ४६। प्राचीन पश्चिमी राजस्थानी में इस परसर्ग का अर्थ है—'तब तक' 'वहाँ तक' 'तक' और इसका यही अर्थ संस्कृत तथा अपभ्रंश में भी है। उदाहरण—

आज-ताँई=आज तक (आदिच०)

सहस-वरस ताँई=सहस्र वर्ष तक (वही)

ध्यान देने की बात है कि आधुनिक मारवाड़ी और हिंदी में **ताँई** जब सार्वनामिक संबंध-रूप के साथ प्रयुक्त होता है तो सम्प्रदान–कर्म अर्थ देने की भी क्षमता रखता है।

(दे० केलॉग का 'हिंदी ग्रेमर' § ३२०)

(३) **पासइँ (पासइ, पासि)**—यह अपभ्रंश **पासहिँ**<सं०* **पार्श्वस्मिन्** (=**पार्श्वे**) से निकला है। इसके प्रयोग के उदाहरण ये हैं—

वक्खारा गिरि-पासइँ=वक्खारा गिरि के पास (ऋष० ६)

तुरक-पासि दैव म पाडसि=हे दैव, तुर्क के पास (हाथ में) मत डालो (कान्ह० ७३)

रहिउ राय-पासि=रहा राजा के पास (प० १२८)

तूँ जा वेगि ते-पासि=तू वेग से उसके पास जा (प० १२७)

(४) **मझारि**—यह परसर्ग अपभ्रंश ***मज्झारे**<सं०* **मध्यकार्ये** से निकला है जो कि **मध्य** के साथ सार्वनामिक संबंधसूचक बनाने वाले **कार्य** प्रत्यय को जोड़कर बनाया हुआ विशेषण है। देशी नाममाला, ६।१२१ में हेमचन्द्र ने **मज्झआर** को **मज्झ** (<सं० **मध्य**) का पर्याय माना है। मूलतः विशेषण होने के कारण प्राचीन पश्चिमी राजस्थानी का **मझारि** विशेषण और संज्ञा दोनों तरह प्रयुक्त होने की क्षमता रखता है अर्थात् उसके पहले अधिकरण या (उससे अधिक) संबंध दोनों के शब्द हो सकते हैं। उदाहरण—

पेटि मझारि=पेट में (शालि० ३३)

अणहल-पुर मझारि=अनहल पुर में (कान्ह० ६७)

वनह मझारि=वन में (प० ५५, २६७, ४११, ५३३)

(५) **माझि**—यह अपभ्रंश **मज्झे**<सं० **मध्ये** से निकला है और इसलिए पूर्ववर्ती परसर्ग की तरह मूलतः विशेषण है। **माझि** का एक ही उदाहरण मुझे मिल सका है जिसमें वह अधिकरण शब्द के साथ प्रयुक्त हुआ है। उदाहरण निम्नलिखित है—

आवी घरि माझि=घर में गई (प० २६५)

संस्कृत **मध्य** और लैटिन medius के ऐसे ही प्रयोग से तुलनीय।

(६) **माँ** (**म्हाँ**)—यह संभवतः ***माझाँ**<अप० **मज्झहुँ** से निकला है जो **मज्झ** का अपादान रूप है और बीच की अवस्थाएँ **माहाँ**>**म्हाँ** हैं। अंतिम दोनों रूप एफ़० ७२२ पांडुलिपि में सुरक्षित हैं।

तेह-माँ नहीं सन्देह=इसमें सन्देह नहीं (एफ़० ६३६, ५)

आँखि बिहु-माँ अन्तर किसउँ=दोनों आँखों में कैसा अंतर ? (एफ़ ७८३, ३१)

अन्द्र वडो सुर-म्हाँ=सुरों में इन्द्र बड़ा है (एफ़ ७२२, ३१)

मुझ-माँ मति इसी=मुझमें ऐसी (यह) मति है (प० ८२)

(७) **माँहि** (**माहि, माँहइ, माहे, महिइ**)=यह परसर्ग **माझि** (<अप० **मज्झे**) से निकला है जिसमें झ का ह हो गया है। प्राचीन पश्चिमी राजस्थानी में यह सर्वाधिक प्रचलित परसर्ग है। उदाहरण—

हरषिउ हईआ-माँहइ=हृदय में हर्षित हुआ (प० २१२)

पेट-माँहि=पेट में (इन्द्रि० १५)

भव-समुद्र माँहि=भव-समुद्र में (आदि० ८०)

दिन-थोडिलाँ-माँहि=दिन थोड़े में (थोड़े दिनों में) (ऋष०)

वनह-माहि=वन में (एफ़० ७२८)

वन-माहे=वन में (आदिच०)

गढ़--महिइ=गढ़ में (प० ४१०)

§ ७५. **विशिष्ट परसर्ग**---जिन परसर्गों का वर्णन ऊपर किया जा चुका है और जो विभिन्न कारक-रूपों का सामान्य अर्थ देने के लिए प्रयुक्त होते हैं, उनके अतिरिक्त प्राचीन पश्चिमी राजस्थानी (और इसी तरह सभी सजातीय भाषाओं में) दूसरे प्रकार के अनेक परसर्ग आते हैं। इनका अर्थ कहीं अधिक जटिल होता है और ये विभक्ति-प्रत्यय के की अपेक्षा संबंध वाचक अव्यय (Preposition) का कार्य करते हैं, इसलिए इनका वर्गीकरण अलग होना चाहिए। आधुनिक भारतीय आर्य भाषाओं के कुछ व्याकरणों में इन्हें संबंध-वाचक (Preposition) कहा गया है। ये अधिकांशत: अधिकरण संज्ञाएँ हैं और कुछ स्थलों पर तो बिलकुल स्थानावाचक क्रिया-विशेषण के समान हैं (दे० § १०१)। जहां तक इनके उपयोग का संबंध है, ये संबंधी संज्ञा के सदैव बाद आते हैं और इस तरह ठेठ परसर्गों से मिलते-जुलते हैं किन्तु उनसे इस बात में भिन्न हैं कि ये सामान्य संबंध कारक की संज्ञा के बाद आने की जगह प्राय: **नउ** (परसर्ग से पूर्व अधिकरण की संज्ञा में इसका नियमित रूप **नइ, नइँ** होता है) वाले आनुप्रयोगिक संवंध कारक के बाद आते हैं। निम्नलिखित सूची में अनु-प्रयोगिक संबंधकारक के साथ सदैव प्रयुक्त होने वाले परसर्गों को मैंने तारकांकित (*) कर दिया है और जो सामान्य संबंध कारक के साथ व्यवहृत होते हैं उन्हें '†' चिह्न से सूचित किया है और जो दोनों प्रकार की रचना के लिए समर्थ हैं उन्हें चिह्न रहित छोड़ दिया है।

***अन्तइँ** (अप० **अन्तहिँ** <सं० **(अन्तस्मिन्)=में, भीतर (एफ़० ५८०)

***अरथइँ, अर्थइँ, अर्थि** (सं० **अर्थ**)=के लिए (प०, दश०)

आगइँ (अप० **अग्गहिँ** < सं० * **अग्रस्मिन्**)=पहले (दशद० ७)

आगलि (अप० **अग्गिले** <सं० **अग्रिले**)=पहले (प० ४१८)

आंतरइँ (अप० **अन्तरहिँ**, <सं० **अन्तरस्मिन्**)=में, अंदर (एफ़० ५३५; २।४)

ऊपरि (अप० **उप्परि** <सं० **उपरि**)=ऊपर (आदिच०)

काजि, काजइँ (अप० **कज्जे**<सं० **कार्ये**)=के लिए (इन्द्रि०, दश० प०)

***कारणि, °णइँ** (सं० **कारणे**)=के लिए (दश०)

केडइ (तुल० आधु० गुज० **केडे**)=पीछे, बाद (एफ़० ७०६, १।२)

***छेहि** (अप० **छी, छेअहिँ** <सं० **छेदे**)=अंत में (मु०)

† **टाली** (टालवउँ का पूर्वकालिक कृदन्त)=अतिरिक्त (योग० ४।६६, उप० ६७)

* **निमित्तइँ** (सं० * **निमित्तकेन**)=के लिए (दशद०)

* **परि, परिँ, परइँ, परिइँ, पइरि** (अप० **पआरेँ** <सं० **प्रकारेण**)=प्रकार (योग०, इन्द्रि०, आदि० भ० प०)

पाखइँ (अप० **पक्खहिँ** <सं० * **पक्षस्मिन्**)=बिना (आदि०, दश०, प०, मु०, एफ़० ७८३)

पाखलि (अप० ****पक्खिल्ले** <सं० * **पक्षिले**)=चारो ओर (मु० एफ़० ५९१, २।३)

पूठइँ, पूठि (अप० **पुट्ठहिँ** <सं० * **पृष्ठस्लिन्**)=बाद, पीछे (आदिच० कान्ह० ४३)

बाहिरि (अप० **बाहिरे**=सं० **बाह्ये**=बिना (प० १७५)

भीतरि (सं० **अभ्यन्तरे**)=भीतर (वि० ३, ज० २९)

विचि, विचइ (अप० **विच्चि**=सं० **वर्त्मनि**, हेम० ४।४२१, पिशेल § २०२)=बीच में (प० २५९, २७६)

विचालि (अप० **विच्चल्ले**)=बीच में (प० ६०२)

विण (अप० **विणु** <सं० **विना**)=विना (प० ३२८, ३२९, ३३८)

* **विषइ** (सं० **विषये**)=में, अंदर (कल०, आदि०, भ०, इत्यादि)

* **संघातइ** (सं० **संघातके**)=साथ में (दशदृ० ६)

* **संगिइँ** (अप० **संगहिँ** <सं० * **संगस्मिन्**)=संग में (षष्टि० ४८)

सनमुखइ (सं० **सन्मुखके**)=सामने (दशदृ० ७)

* **समीपि** (सं० **समीपे**)=समीप (इन्द्रि० ४२)

† **सहित** (तत्सम)=सहित (प० ३२६)

साखि, साखइ (अप० **सक्खे** <सं० **साक्षे**)=साक्षात् (आ० प०, एफ़ ६४७)

सीम (अप० **सीवँ** <सं० **सीम**–)=तक (षष्टि० १४०), से (कान्ह० १०५)

हेति, हेतइ (<सं० **हेतु**)=के लिए षष्टि० १०१, एफ़० ५३२, २।३)

—०—

अध्याय ४

विशेषण

§ ७६. विशेषणों पर विशेष विचार करने की आवश्यकता नहीं है। प्राचीन पश्चिमी राजस्थानी में उनका प्रयोग मुख्यतः वैसा ही है जैसा आधुनिक गुजराती और मारवाड़ी में है। इनकी रूप-रचना (दे० § ६५६) संज्ञा शब्दों की तरह ही होती है और ये अपने विशेष्य के लिंग, वचन, कारक के अनुसार होते हैं। परन्तु स्त्रीलिंग विशेषण इस नियम के अपवाद हैं। इनमें वचन और कारक संबंधी विशेषता नहीं होती और समस्त रूप-रचना में °—ई का रूप-रचना रहित रूप ही इनके लिये आता है। संबंध कारक के सभी विशेषण-परक परसर्ग, जैसे **तणउ, नउ, केरउ, रउ, कउ** आदि इसी नियम से परिचालित होते हैं और यही स्थिति पुरुष वाचक सर्वनामों के संबंध कारक वाले रूपों तथा भूत और वर्तमान कृदन्तों की भी होती है। प्रत्येक कारक के उदाहरण ये हैं:—

एक वचन

कर्त्ता : **विवेक-रूपीउ हाथीउ** (शील० १), **कष्ट रूपिणी सापिणी** (कल० ५)
विषय-रूपीउं पाणी (इन्द्रि० ४४), **घूयड-तणउ शिशु** (कल० ३)

कर्म : **तप-नु उपदेश** (उप० ३), **माहरी आण** (प० ५०६)

करण : **घणइ आडम्बरि** (आदिच०), **आपणी बुद्धिइं करी** (कल० ५)
स्नेह-नइं रागिइं (भ०) **नाम-नी सरिखाईइं** (आदि० ७५)

विकारी संबंध : **दैत्य-ना गर्व-रहइं** (कल० १), **ताहराप्रभाव–तउ** (कल० १६),
मारीता पुरुष-नइं (योग० २।६८), **दीक्षा लीधी-पूठिइं** (उप० ३६)

अधिकरण : **अनेरइ दिनि** (आदिच०), **पाछिली रातइ** (वही)

जमुना-नइ तीरि (प० २६३), **रानी-नी कुक्षइं** (ग्रादिच०)

बहुवचन

कर्ता : **सघली-इ रिद्धि** (भ० २५), **मोटकाँ कूडाँ** (योग० २।५४) **ग्रहंकार-ना धर्णा** (इन्द्रि० ६७), **कुसुम-तणी माला** (कल०२८) **सुगति-नाँ सुख** (ज० ३)

करण : **टाढे वायुए** (उप० १८२), **वचन-रूपिणी दोरीइं** (इन्द्रि० २), **चीकणे कर्मे** (भ० ७६), **नरक-नी ज्वालाए** (आदि० ३८), **महिष-ने माँसे करी** (योग० २।४५)

विकारी संबंध : **दिन थोडिलाँ-माँहि** (ऋष०), **सघलाँ प्राणी-नइ विषइ** (योग० २।२०), **देव-तणाँ कुसुम-तणी वृष्टि** (कल० २०)

ग्रधिकरण : **घणि देसे** (कान्ह० १६), **घणी दिशि-थी** (ग्रादि० १३), **सगले ही युद्धे** (ग्रादिच०), **तरुवर-ने फूलडे** (एफ़०, ५६२।१।३)।

§ ७७. विशेष्य-निघ्न विशेषणों के सामान्य नियम में एक ग्रपवाद ध्यान देने योग्य है। कभी-कभी, यद्यपि बहुत कम, करण कारक की संज्ञाग्रों के विशेषण विकारी-संबंध कारक में होते हैं; जैसे—

इन्द्रिय-रूपीया चोरे=इन्द्रिय-रूप के चोर से (इन्द्रि० १)

सेस थाकता तेवीस ती [र्] थंकरे=शेष बचे हुए के तेईस तर्थंकरों से (ग्रादिच०)

सगलाँ-ही दुक्खे रहित=सकल दुखों से रहित (ग्रादिच०)

ग्राधुनिक गुजराती में जब कोई संज्ञा कर्तरि ग्रर्थात् किसी सकर्मक क्रिया का कर्त्ता होती है तो इसी प्रकार का वाक्य-विन्यास होता है।

§ ७८. विशेषणों का प्रयोग जब क्रिया-विशेषण की तरह होता है तो उनकी वाक्य-रचना दो प्रकार की होती है—या तो वे नपुंसक एकवचन में रहते हुए सभी कारकों में ग्रपरिवर्तित रहते हैं ग्रथवा किसी समानाधिकरण (attributive) विशेषण की तरह लिंग, वचन ग्रौर कारक के ग्रनुसार रूप-रचना करते हैं। इनमें से पहले प्रकार के विशेषण को मैं 'विशेषणात्मक क्रिया विशेषण' कहूँगा ग्रौर दूसरे प्रकार के विशेषणों को 'क्रिया-विशेषणात्मक विशेषण'। विशेषणात्मक क्रिया-विशेषणों पर क्रिया-विशेषण के ग्रध्याय (दे० § १०२) में विचार होगा। क्रिया-विशेषणात्मक विशेषणों के कुछ उदाहरण ये हैं—

गाढउ ग्रभिमानी=ग्रत्यधिक ग्रभिमानी (उप० २७)

गाढी दोहिली छइ=(वह) ग्रति कठिन है (षष्टि० ८)

ते पुत्र एहवउ सुखी=(तुम्हारा) वह पुत्र इतना सुखी है (ग्रादिच०)

नभ थकी नीचउ ऊतर्यउ=(वह) नभ से नीचे उतरा (एफ़० ७८३, ५२)

वनि आवइ पाछउ वली=(वह) फिर वन में जाता है (प० २६३)

कां आव्या पाछा =(तुम) वापस क्यों आए ? (प० ३६१)

वहिली तूं वले=तुम शीघ्र लौटो (स्त्री०) (प० ३०८)

आघउ जई पाछउ वलइ=आगे जाने के बाद (वह) पीछे मुड़ा (प० ५८४)

पहिली केह-नी पूजा करूं=पहले (मैं) किसकी पूजा करूँ (आदिच०)

सर्प ग्रहिउ भलउ, पणि कुगुरु-नउं सेविवउं रुडउं नहीं=सर्प को ग्रहण करना भला, लेकिन कुगुरु की सेवा करना उचित नहीं (षष्टि० ३८)।

यह प्रवृत्ति गुजराती और मारवाड़ी में भी जीवित रह गई। मारवाड़ी में हमें, परो, वरो, रो विशेषणों का उपयोग करके एक प्रकार का Verbal intensives, बनाने के स्पष्ट उदाहरण मिलते हैं। इन विशेषणों की व्युत्पत्ति के लिए देखिए § १४७। प्राचीन पश्चिमी राजस्थानी में इसके उदाहरण निम्नलिखित हैं—

ते उरहउ ल्यउ=उसी यहाँ लाओ ! (आदिच०)

कन्या उरही आणउ=कन्या को यहाँ लाओ (आदिच०)

चन्दनबाला-नु हाथ परहउ कीधउ=(उसने) चन्दनबाला का हाथ अलग कर दिया (उप० ३४)

अशुचि परहउं करी=अशुचि हटाने के बाद (उप० ५४)

§ ७६. जैसा कि सभी आधुनिक भारतीय भाषाओं में होता है, प्राचीन पश्चिमी राजस्थानी में भी जब दो वस्तुओं के गुण का न्यूनाधिक भाव सूचित करने के लिए तुलना-वाचक विशेषण का प्रयोग होता है तो जिस वस्तु से तुलना की जाती है वह अपादान कारक में होती है। इस प्रक्रिया में विशेषण अपरिवर्तित रहते हैं। उप० की पांडुलिपियों में मुझे तुलना के अर्थ में विशेषण के मूल प्रातिपदिकों (Positive bases) के साथ दुहरा प्रत्यय—**एरड** के जोड़े जाने के कुछ उदाहरण मिले हैं। यही सामान्य नियम प्रतीत होता है क्योंकि सोमसुंदर ने प्राचीन पश्चिमी राजस्थानी में प्राकृत के तुलनात्मक रूपों को–त्तर,–यर लगाकर बनाया है। निम्नलिखित तीन उदाहरणों से यह बात दृष्टिगोचर होती है।

गाढेरडउं (प्रा० **सुट्ठयरम्**)=गाढतर, विशेषण-परक क्रियाविशेषण (उप० ११०),

तेह–इ–पाहिं गाढेरडउ (प्रा० **गुरुत्तरो**)=उससे भी गाढतर (उप० १४२),

दस अथवा अधिकेरडा (प्रा० **दस अहव अहियरे**)=दस (आदमी) या अधिक (उप० २४८),

सजातीय भाषाओं में इसके सदृश रूप के लिए बिहारी भाषाओं में तुलना का अर्थ देने के लिए विशेषण के दीर्घ रूप को देखिए (होर्नले का गौडियन ग्रैमर, § ३८८)।

प्राचीन पश्चिमी राजस्थानी में प्रायः तुलना के लिए प्रयुक्त होने वाले अपादान परसर्ग ये हैं—

पाहिँ, पाहन्ति, और **थकी, थी।**

उदाहरण—

(१) **तुझ-नइँ जीव्या पाहिँ मरण रूडुँ**=तुझे जीवन से अधिक अच्छा मरण है (दश० १।१२),

एक एक-पाहि अधिक दीपइ=एक एक से अधिक दीपित होता है (शालि० ७४)

अमी-रस-पाहि अधिकी=अमृत-रस से अधिक मधुर (शालि० १७५)

चारित्रीया-पाहन्ति अधिकउँ=चरित्रवानों से अधिक (षष्टि० १०१)

जे जीव नइँ साधम्मी-पाहन्ति आपणा बाँधव-पुत्र-कलत्र-मित्र-ऊपरि अधिकउ अनुराग हुइ=जिस जीव का सधर्मा से अधिक अनुराग अपने बधुओं, पुत्र, कलत्र, मित्र के ऊपर होता है। (षष्टि० १४८)

(२) **समुद्र-ना पाणी-थकउ-गाढउ घणउ**=समुद्र के पानी से भी घना गाढ़ा (भ० ४८),

एआ पाँ-थकी अधिकउ=यह (एक) हमसे अधिक है।

गुरु-थकी ऊँचइ आसनि बइसइ=(वह) गुरु से भी ऊँचे आसन पर बैठता है। (श्रा०)

अजण्या मूआ अपढ-थी भला=अजन्मा और मृत लोग अपढ़ से भला (प० २०)।

दिखाई पड़ेगा कि तुलनात्मक विन्यास का जो अंतिम उपाय अर्थात् **थी** परसर्ग की सहायता से रचना करने का है, वह आधुनिक गुजराती में भी समान रूप से चलता है। गुजराती तुलनावाचक **करताँ** और मारवाड़ी **सूँ** का कोई भी चिह्न इन पांडुलिपियों में हमारे देखने में नहीं आया।

निम्नलिखित दो उदाहरणों में अपादान परसर्ग की अपेक्षा तुलनावाचक विशेषण **उपह-रउ** (दे० § १४७) के द्वारा तुलनात्मक रूप बनाया गया है :—

अज्ञान ऊफरउँ काँई कष्ट नथी=अज्ञान से (अधिक) कष्ट नहीं है (आदि० ५५),

को लाकोडि उपहरुँ घणउ=सैकड़ों लाख से अधिक (उप० १७८)।

तम-वाचक विशेषण भी बहुत कुछ तर-वाचक विशेषणों की ही तरह बनाए जाते हैं; अन्तर केवल सामान्य सर्वनाम **साहु** या **सवि** में होता है जो कि तम-वाचक में ही नियमतः प्रयुक्त होता है। यहाँ हम **माहि** परसर्ग के साथ तम-

वाचक का निम्नलिखित उदाहरण दे रहे हैं, जिसका सादृश्य हिंदी में वाले तम-वाचक विशेषण में मिलता है (दे० केलॉग का हिंदी-व्याकरण, § २०८, बी०)।

ए–आपाँ माहि वडउ=यह अपनों में सबसे बड़ा है, (आदिच०)।

—०—

अध्याय ५

संख्या-वाचक विशेषण

§ ८०. गणनावाचक संख्याओं का प्रयोग प्रायः अविकारी रूप में ही होता है; केवल करण कारक में उनके अंत में °ए प्रत्यय लगता है। संभवतः यही प्रत्यय अधिकरण बहुवचन में भी उनके साथ लगता है, परंतु °एकारान्त अधिकरण के रूप मुझे कहीं नहीं मिले। २, ३, ४ इन तीन संख्याओं के एकारान्त रूप नहीं होते। परंतु क्षतिपूर्ति के लिए वे एक सामान्य विकारी रूप ग्रहण करते हैं जिसका उल्लेख यहीं होगा। जो गणनावाचक शब्द मुझे प्राप्त हुए हैं, वे निम्नलिखित हैं—

१ : एक (भ०, प०, उप० इत्यादि) (अप० एक्क, सं० एक, गु० एक)।

२ : बे, बि (इन्द्रि०, योग०, दश० इत्यादि) (अप० बे, सं० द्वे, गु० बे) बिन्हि बिन्ह, बन्हि (शालि० १४ इत्यादि) (अप० बिण्णि, सं०* द्वेनि, गु० बन्ने),

दो (ऋष० ३१, ७७, प० १४, शत० ८) (अप० दो, सं० द्वौ मा० दो)

दुइ (शत० १०) (प्रा० दुवे, सं० द्वे)।

३ : त्रिण्णि (प०, योग०, श्रा०), त्रिण्हि (आदिच०), त्रिणि (वि० ४८) (अप० तिण्णि, सं० त्रीणि, मु० त्रण),

तिण्ण (वि० ३५), तीन (आदिच०, शत० ६) (अप० तिण्णि, सं० त्रीणि, मा० तीन)।

४ : च्यारि (योग०, रत्न०, शत० इत्यादि) (अप० चारि, सं० चत्वारि, गु० चार)।

५ : पाँच (योग०, इन्द्रि०, प० इत्यादि) (अप०, सं० पंच, गु० पाँच)

६ : छ (योग०, शालि०, षष्टि० इत्यादि) (अप० छ, सं० षष्, गु० छ)।

७ : सात (योग०, शालि०, प० इत्यादि) (अप० सत्त, सं० सप्त, गु० सात)।

८ : आठ (आदि०, भ०, दश० इत्यादि) (अप० अट्ठ, सं० अष्ट, गु० आठ)।

९ : **नव** (शत० प० इत्यादि) (अप० **णव**, सं० **नव**, गु० **नव**)।

१० : **दस** (योग०, रत्न०, शालि० इत्यादि) (अप० **दस** सं० **दश**, गु० **दस**)।

११ : **इग्यारह** (शत० २६) **इग्यार** (योग० २।४५), **अग्यार** (उप० ६३) (अप० **एग्गारह**, सं० **एकादश**, गु० **अग्यार**)।

१२ : **बार** (योग०, आदिच०, प०, इत्यादि) (अप० **बारह**, सं० **द्वादश**, गु० **बार**)।

१३ : **तेर** (आदिच०) (अप० **तेरह**, सं०* **त्रयदश**, गु० **तेर**)।

१४ : **चऊदर** (योग० ४।६७, १०३), **चउद** (आदि०, इन्द्रि०, दशदृ०, आदिच० इत्यादि) (अप० **चउद्दह**, सं० **चतुर्दश**, गु० **चउद**)।

१५ : **पनरह** (शत० २२) **पनर** (श्रा०, योग० इत्यादि) (अप० **पण्णरह**, सं० **पञ्चदश**, गु० **पन्दर**)।

१६ : **सोल** (शालि०, दशदृ०, शत० इत्यादि) (अप० **सोलह**, सं० **षोडश**, गु० **सोल०**)।

१७ : **सतरह** (शत० २२) **सतर** (आदिच० इत्यादि) (अप० **सत्तरह**, सं० **सप्तदश**, गु० **सत्तर**)।

१८ : **अठार** (योग० १।२३), **अढार** (शालि०, पं०, आदिच० इत्यादि) (अप० **अट्ठारह**, सं० **अष्टादश**, गु० **अढार**)।

१९ : **नवर** (शालि० २१५) (अप०* **णवरह**, **णवदह** सं० **नवदश**)।

एगूणवीस (प्र० ६) (अप० **एगूणविंश**, सं० ***अपगुणविंशति** [दे० पिशेल का प्राकृत व्याकरण § ४४४], गु० **ओगणीस**)।

२० : **वीस** (प्र०, एफ़ ५८०, शत० इत्यादि) (अप* **बीस**, सं० **विंशति**, गु० **वीस**)।

२१ : **एकवीस** (एफ़ ७२२)।

२२ : **बावीस** (दश०, दशदृ०, आदिच० इत्यादि) **बवीस** (दशदृ० ७, २३)।

२३ : **त्रेवीस** (एफ़० ७२२, २५७), **तेवीस** (आदिच०)।

२४ : **चउवीस** (प०, दश०, आदिच०, शत० इत्यादि)।

२५ : **पाणवीस** (श्रा०), **पणवीस** (शत० २०, एफ़० ६०२)।

२७ : **सत्तावीस** (एफ़ ६६३, २२)।

२८ : **अट्ठावीस** (प्र० २९), **अट्ठवीस** (शत० २०)।

३० : **त्रीस** (एफ़ ५८०, एफ़ ६०२, शत० इत्यादि) (अप० **तीसा**, सं० **त्रिशत्**, गु० **त्रीस**)।

३१ : **एकत्रीस** (प्र०, एफ़ ६४६, २७२)।

३२ : **बत्रीस** (प्र० १०)।

३३ : **तेत्रीस** (शत० १९) ।

३४ : **चउत्रीस** (एफ़ ५८०), **चउतीस** (आदिच०) ।

३५ : **पणत्रीस** (शत० १८), **पइत्रीस** (आदिच०), **पाँत्रीस** (प्र० ११) ।

३६ : **छत्रीस** (प्र० ११, एफ़ ७२२, ६८), **षटत्रीस** (शत० १७) ।

३८ : **अट्ठत्रीस** (प्र० २९) ।

३९ : **एगुनचालीस** (प्र० ११) ।

४० : **च्यालीस** (शत० ६, १७) (अप० **चालीस**, सं० **चत्वारिंशत्**, गु० **चाली़स**)

४२ : **बितालीस** (एफ़ ६०२), **बइतालीस** (एफ़ ६०२, आदिच०)

४३ : **त्रयालीस** (शत० १६)

४५ : **पँचितालीस** (एफ़० ५९०)

४६ : **छइहइतालीस** (एफ़ ७२२, ४१)

४७ : **सततालीस** (उप० २१९)

४८ : **अठतालीस** (आदिच०)

४९ : **उगुणपँचास** (आदिच०)

५० : **पँचास** (शत० ५, एफ़ ७२२, ४२, आदिच०) (अप० **पँचास** सं० **पञ्चशत्** गु० **पचास**)

५२ : **बावन** (प्र० २९)

५४ : **चोपन** (एफ़ ५३५, ७।२)

५५ : **पँचावन** (शत० २०)

५६ : **छप्पन** (ऋष० ६३), **छपन** (ऋष० ७०, एफ़ ७२२)

५७ : **सत्तावन** (शत० १४)

६० : **साठि** (उप० ८१, षष्टि० १६२, शत० ४, १४) (अप० **सट्ठि**, सं० **षष्टि**, गु० **साठ**)

६३ : **त्रेसठि** (आदिच०)

६४ : **चउसठि** (आदिच०, एफ़ ७२२, एफ़ ७२८, ८), **चउसट्ठि** (एफ़ ७५८)

६६ : **छासठि** (शत० १३)

७० : **सत्तरि** (शत० १३) (अप० **सत्तरि**, तं० **सप्तति**, गु० **सित्तेर**)

७१ : **एकोतरइ** (रत्न० ३४८)

७२ : **बहत्तरि** (आदिच० शत० १३), **बुहतरि** (शत० १२) **बुहुतरि** (आदि० ७९)

बुहतरि (रत्न° ७६), **बुहुतरि** (रत्न० १०)

७६ : **सोलोतर** (शत० ५)

७७ : **सत्तोतर** (शत० ७)

७८ : **अठोत्तरि** (शालिभद्र चरित्र ५०१), **अट्ठोत्तर** (उप० ६१)

८० : **अइसि** (प्र० २६) (अप० **असि**, सं० **अशीति**, गु० **एँशी**)

८१ : **इक्यासी** (शत० ११)

८४ : **चउरासी** (आदिच०, एफ़ ७२२, शत० २, १२)

८५ : **पँचासी** (वि० १७४)

८८ : **अट्ठासी** (शत० १०)

९० : **अप्राप्त** (अप०* **णउइ**, सं० **नवति**, गु० **नेनुं**)

९३ : **त्राणु** (शत० ६)

९५ : **पँचाणु** (शत० ३, ८)

९६ : **छ्याणू** (अज० ११)

९८ : **अट्ठाणू** (आदिच०), **अट्ठाणुं** (उप० २३)

९९ : **नवाणूं** (उप० १५३)

१०० : **सउ** (आदिच०, शील० इत्यादि) (अप० **सउ**, सं० **शतम्**, गु० **सो**) एकवचन; **सइँ** (प०, योग०, षष्टि० इत्यादि) (अप० **सआइँ**, सं० **शतानि**) बहुवचन;

१०१ : **एकसउ** (शत० ६)

१०८ : **एकसउआठ** (दशदृ० ४)

१६० : **सउसाठि** (षष्टि०, १६२)

४९९ : **ऊणाँपाचसइँ** (उप० ३३)

५०० : **पाँचसइँ** (आदिच०, उप० ३३)

७०० : **सातसइ** (प्र० २६)

९०० : **नवसइ** (प्र० २६ इत्यादि)।

करण कारक, बहुवचन के रूपों के उदाहरण :—

एहे पाँचे बोले=इन पाँचो के द्वारा (उप० ७२)।

क्षेत्र छहे भागि करी=छह भागों में क्षेत्र को विभाजित करने पर (उप० १५२)।

त्रीसे मुहूर्ते एक अहोरात्रि=तीस मुहुर्तों से एक अहोरात्रि होती है (एफ़० ६०२)।

इसी तरह करण कारक बहुवचन के–° **एहिँ** ताले गणनावाचक शब्दों के रूप अपभ्रंश में कम नहीं हैं (दे० पिशेल, प्राकृत व्याकरण § ४४७)

सउ नपुंसक संज्ञा है और इसका बहुवचन रूप **सइँ** होता है, जिसका प्रयोग अविकारी और विकारी दोनों रूपों में होता है; जैसे—

विघ्न–ना सइँ=सैकड़ों विघ्न (षष्टि० ८५)

पाँचसइँ–नी कलत्र हुई=[वह] [उन] पाँचसो [चोरों] की कलत्र हुई (उप० ३३)।

§ ८१. २, ३, ४ जैसे संख्यावाचक विशेषणों के ये संबंध-विकारी रूप होते हैं—

बिहु॑, त्रिहु॑, चिहु॑। इनमें से पहला तो अपभ्रंश में भी मिलता है; लेकिन शेष दोनों या तो अपभ्रंश ***तिहु॑, *चउहु॑** से उत्पन्न हुए हैं अथवा इन्हें **बिहु॑** के वज़न पर गढ़ा हुआ कहा जा सकता है। इनका प्रयोग सभी कारकों में जहाँ भी निश्चित अर्थ की आवश्यकता पड़ती है, अविकारी रूपों के बावजूद होता है। इस तरह व्युत्पत्ति और प्रयोग दोनों ही दृष्टियों से ये हिंदी के तथाकथित समूह-वाचक (Aggregatives) से मिलते-जुलते हैं (दे० केलॉग का हिंदी ग्रैमर, § २२३)। उदाहरण :

आँखि बिहु-माँ अन्तर किसउँ=दोनों आँखों में अन्तर कैसा ? (एफ़ ७८३, ३१)

कवण बिहु॑ चोर=दोनों में चोर कौन है ? (प० २६८)

मिली वात कीधी बेहु जणे=मिलकर दोनों जनों ने बात की। (प० ६८५)

बिहु-इ वस्तु=दोनों ही वस्तुएँ (दश०, ४)

बिहु हाथ-नी दस-इ आँगुली=दोनों हाथों की दसो अँगुलियाँ। (आ०)

आपोपउँ त्रिहु॑ ए करिउँ=तीनों ने यह स्वयं किया। (प० २७०)

सिंह-राय ते त्रिहु॑-नइ कहइ=सिंहराज उन तीनों से कहता है। (प० ५७४)

चिहु॑ भाषा-तणी=चारों भाषाओं की (दश०)

मास चिहु॑-तणइ अन्ति=चारों मासों के अन्त में (ऋष० ५)

चिहु॑ दिसि= चारों दिशाओं में (प० ११, उप० ६०)।

इन संबंध-विकारी रूपों के विपरीत अनिश्चयार्थ प्रायः अविकारी रूप प्रयुक्त होते हैं, जैसे—

बि गोला माटी-ना=माटी के दो गोले (इन्द्रि० २०)

जो गणनावाचक शब्द—**हु॑** वाले संबंध-विकारी रूप नहीं अपनाते, वे इसके स्थान पर निश्चयार्थे ज़ोर देने वाला प्रत्यय (enclipic)—**इ** ग्रहण करते हैं; जैसे—

अढार-इ लिपि=अठारहो लिपियाँ (आदिच०)

ते [illegible]स-इ बाला=वे बत्तीसो बालाएँ (शालि० ६०)

आव्या जिन-त्रेवीस इ=[अन्य] तेईसो जिन आए (एफ़ ७२२, २५७)

ते छअ-इ मित्र=वे छओ मित्र (आदिच०)

ज़ोर देने वाली यह-इ बिल्कुल उसी अर्थ में २, ३, ४ के भी अविकारी रूप में जुड़ती है; जैसे—

ते त्रिण्णि-इ रहइ जल-ठाँम=वे तीनों जल में रहते हैं। (प० ५२१)

ते च्यार-इ तेणइँ वनि रहइ=वे चारों उस वन में रहते हैं। (प० ५७४)

आवृत्तिवाचक शब्दों का केवल एक उदाहरण मुझे मिल सका है—

त्रिण्णि सातॉं=तीन सत्ते (उप० ८१), जहाँ, **सातॉं** स्पष्ट ही बहुवचन नपुंसक रूप है।

§ ८२. **क्रमवाचक**—गणनावाचक शब्दों में प्राय: विशेषण-प्रत्यय—**मउ** (स्त्री०—**मी**) जोड़ने से क्रमवाचक शब्द बनते हैं; जिसका—**मउ** प्रत्यय अपभ्रंश—**मउ**, सं०—**मक:** के समान है। जैसे—

एगूणवीस से **एगूणवीसमउ**=उन्नीसवाँ (प्र० ६)

त्रेवीस से **त्रेवीसमउ**=तीसवाँ (प्र० ८)।

इनके नियमित रूप विशेषण के समान ही होते हैं। प्रथम क्रमवाचक थोड़े भिन्न ढंग से संस्कृत और अपभ्रंश के ढंग पर बनते हैं—

पहिलउ (योग०, उप०, आदिच० इत्यादि)—यह ऐसा रूप है जो अपभ्रंश में भी मिलता है और पिशेल ने इसका आदि **स्रोत** सं० ***प्रथिलक:** (प्राकृत व्याकरण § ४४६) माना है।

आधुनिक गुजराती में इसके लिए **पहेलो** होता है।

बीजउ (आदिच०, योग०, प० इत्यादि)<अप० ***बिज्जउ** (दे० माहाराष्ट्री) <सं० **द्वितीयक:**, गु० **बीजो**।

त्रीजउ (भ०, रत्न०, योग०) <अप० **तइज्जउ**, **तिइज्जउ** <सं० **तृतीयक:**, गु० **त्रीजो**।

चउथउ (ऋष०, रत्न०, योग०), **चुथु** (योग० ४।१३७, शालि०, २५) <अप० **चउत्थउ** <सं० **चतुर्थक:**, गु० **चोथो**।

छट्ठउ (ऋष०, एफ़० ७०२), प्राकृत अपभ्रंश के समान रूप तथा सं० **षष्टक:** से उत्पन्न; गु० **छठो**।

इसी तरह **अनन्त** का **अनन्तमउ** (एफ़ ५८०, उप० १९७) रूप होता है। आदिच० में-**इअउ** अंतवाला एक उदाहरण **चउवीसउ** भी मिलता है।

—०—

अध्याय ६

सर्वनाम

§ ८३. **उत्तमपुरुष सर्वनाम**—यह सर्वनाम अधिकांशतः हूं रूप में मिलता है, जो अप० हउँ <सं० **अहकम्** का संक्षिप्त रूप है। परंतु प०, उप०, षष्टि० आदि पांडुलिपियों में अपभ्रंश का **हउँ** रूप भी मिलता है। आधुनिक गुजराती का हु ँ भी काफ़ी प्रचलित दिखाई पड़ता है। (शील० योग०, दश०, एफ़ ५३५, एफ़ ६६३), यद्यपि अनेक स्थलों पर हूँ को ग़लत ढंग से लिखने के परिणाम-स्वरूप ही ऐसा हो गया है। आधुनिक मारवाड़ी ने हूँ को सुरक्षित रखा है; लेकिन गुजराती में, जैसा कि पहले ही कहा जा चुका है, °**अउँ** > °ऊँ के सबल रूप की अपेक्षा °उँ वाले दुर्बल रूपों की प्रबल प्रवृत्ति दिखाई पड़ती है, इसलिए उसमें **हुँ** ही मिलता है। कविता (प० ११८, ६४१, ६५० इत्यादि) में ज़ोर देने वाले स्थलों पर **हूँअ** या **हूँय** रूप मिलता है। कर्तृ करण रूप **मइँ** (कल०, प०, आ०, उप०) (<सं० **मया**) है, जैसा कि अपभ्रंश में होता है। आधुनिक मारवाड़ी में इस रूप का प्रयोग सामान्य विकारी रूप की तरह होता है। संबंध-विकारी कारक के लिए दो प्रकार के रूप मिलते हैं—

(१) **मुझ** (ऋष, प०, एफ़ ७८३), **मझ** (रत्न) (>गु० **मज**,) <अप० **मज्झु** <सं० **मह्यम्**;

(२) **मूं** (आदिच०), **मो** (वही), **मूंह** (प०, षष्टि०) जिनमें से पहला अप० ***महु** <सं **मह्यम्** से निकला है और दूसरा संभवतः अप० ***महुह** से, जो षष्ठी के सामान्य रूप **महु** और षष्ठि विभक्ति–ह के संयोग से बना है; देखिये **तुज्झह** रूप जो अपभ्रंश में प्राप्त होता है (दे० पिशेल का '**माटेरियालिएन त्सुर केंटनिस डेस अपभ्रंश**,' ३५)।

इन दोनों में से द्वितीय प्रकार के रूपों का प्रयोग मुख्यतः परसर्गों के पूर्व होता है। प० ३० में षष्ठी का एक रूप **मुहि** भी मिलता है, जिसका प्रयोग पूर्वी प्रदेश की बोलियों की तरह सम्प्रदान के अर्थ में हुआ। आधुनिक गुजराती और मारवाड़ी में **महु** घिसकर म, म्ह रह गया है। इनके अतिरिक्त एकवचन में अन्य कारकों के लिए और कोई रूप नहीं मिलता। **संबंध षष्ठी के रूप हैं** :

माहरउ, और कहीं-कहीं **माहारउ** (एफ़ ५८०, एफ़ ७२२) <अप० **महारउ** (दे० § ४८) <सं० **महकार्यकः** (पिशेल, प्रा० ग्रै० § ४३४)।

बिल्कुल अपवाद की तरह **मेरउ** (एफ़ ६०८) और **मोरउ** (एफ़ ६६४) रूप मिलते हैं। ये दोनों रूप पूर्वी प्रदेश की ओर संकेत करते हैं और ब्रज तथा बुन्देली के विकारी रूप **मो, मे** के सदृश हैं। गुजराती और मारवाड़ी में **मारो, म्हारो** होते हैं। § ६५ के सामान्य कथन के मेल में, सप्तमी **माहरइ** और षष्ठी **°रइँ** का प्रयोग सम्प्रदान के अर्थ में होता है (रत्न, प०, आदि०, एफ़ ७८३)। संबंध-विकारी से निम्नलिखित सपरसर्ग-रूप बनते हैं—

मझ–नइ (सम्प्रदान) (रत्न ३१९)
मुझ–नइ (कर्म) (प० २१०)
मझ–रहइँ (संबंध) (कल० ६)
मूँ–नइ (सम्प्रदान) (आदिच०)
मूँह–नइ (कर्म–सम्प्रदान) (प०, षष्टि०)
मो-नइ (कर्म–सम्प्रदान) (आदिच०) इत्यादि।

§ ८४. बहुवचन में, प्रथमा-द्वितीया रूप **अम्हे** है, जैसा कि अपभ्रंश में भी है (<सं० **अस्मे**)। अन्त्य **°ए** सामान्यतः ह्रस्व समझा जाता है, इसलिए यह शब्द प्रायः **अम्हि** (वि०, प० इत्यादि) लिखा जाता है। गुजराती और मारवाड़ी में क्रमशः **अमे** तथा **म्हे, मे** होता है। संबंध–विकारी रूप **अम्ह** (>गु० **अम**) है जो प्राकृत अपभ्रंश **अम्ह, अम्हहँ** <सं० **अस्माकम्** के सदृश है। अपभ्रंश का पूरा रूप **अम्हहँ अम्हाँ** में सुरक्षित है जो आदिच० पांडुलिपि में मिलता है और मारवाड़ी **म्हाँ** का प्रतिरूप है। प० ४८९ में **अम्ह** का प्रयोग कर्मकारक के लिए हुआ है। **अम्हो** रूप, जो अब तक प्राकृत वैयाकरणों के उल्लेख से ही जाना जाता था, प० में दो जगह मिलता है: एक जगह संबंध के अर्थ में (५४६) और दूसरी जगह कर्त्ता के अर्थ में (४०४)। यह अभी तक आधुनिक गुजराती के **अमो** में जीवित है। संबंध-षष्ठी **अम्हारउ** (>गु० **अमारो**, मा० **म्हारो, मारो**)<अप० **अम्हारउ**<सं ***अस्मत्कार्यकः**। इसका सप्तमी रूप **अम्हारइ, °रइँ** है जिसका प्रयोग सम्प्रदान के अर्थ में हुआ है। एक दूसरा सम्प्रदान परसर्ग-सहित निर्मित हुआ है: **अम्ह–नइ** (प०, आदिच०)।

§ ८५. आधुनिक गुजराती **आपण** (**°णे**) और मारवाड़ी **आपाँ**, जिनका प्रयोग उत्तम पुरुष सर्वनाम के ऐसे बहुवचन में होता है जिसमें संबोधित व्यक्ति भी वक्ता द्वारा अपने में सम्मिलित कर लिया जाता है, उसी तरह प्राचीन पश्चिमी राजस्थानी में भी मिलते हैं। इनमें से पहला रत्न० पांडुलिपि में मिलता है, जहाँ इसका प्रयोग धड़ल्ले से कर्ता कारक के लिए हुआ है और दूसरा आदिच० पांडुलिपि में मिलता है जहाँ यह **आँप, आँपे** रूपों में कर्ता के लिए तथा **आपाँ** रूप में संबंध-विकारी के लिए आया है। द्वितीय रूप का संबंध

स्पष्टतः अपभ्रंश * अप्पाहुँ * अप्पहँ से है और आधुनिक मारवाड़ी में इसका प्रयोग अविकारी कारकों के लिए भी बढ़ा दिया गया है। आदिच० की उसी पांडुलिपि में एक उदाहरण आपणइ (पृष्ठ ५ ख) भी मिला है जो स्पष्ट ही सम्प्रदान के अर्थ में प्रयुक्त है।

§ ८६. **मध्यम पुरुष**—इसके रूप एकदम उत्तम पुरुष के समानान्तर मिलते हैं।

कर्ता : **तउँ** (प०, उप० षष्टि०), **तूँ**<अप० **तुहुँ**<सं **त्वकम्**; और **तूंअ, तूँह** (प०, कल०, भ०) जोरदार रूप संभवतः षष्ठी के घिसे हुए रूप हैं। मारवाड़ी में **तूँ, थूँ**(<अप० **तुहुँ**) तथा गुजराती में **तुँ** होता है।

कर्तृ-करण- : **तइँ** (कल० भ०, आदि०, प० इत्यादि), **तिइँ** (कान्ह० १०१,१०२), **तिँ** (ऋष० ६५)<अप० **तइँ** <सं० **त्वया**। कल० की पांडुलिपि में **तइँ** का प्रयोग कर्म में भी हुआ है (१०, १२, २३), ठीक उसी तरह जैसे अपभ्रंश (सिद्धहेमचन्द्र ४।३७०, ४।४०१, ४।४१४) में **मइँ**। **मइँ** की तरह **तइँ** भी मारवाड़ी में सामान्य विकारी रूप हो गया है।

संबंध–विकारी : **तुझ** (इन्द्रि०, कल०, भ०, प०, इत्यादि), **तझ** (कल० २३)<अप० **तुज्झु** <सं० ***तुह्यम्**; और **तूँ** (आदिच०)

तूँह (प०, आदिच०)<अप० **तुहु**, ***तुहह**।

एफ़ ७६५, १८ में **तुझ** का प्रयोग कर्म के अर्थ में हुआ है।

संबंधी संबंध : **ताहरउ**<अप० **तुहारउ**<सं० * **तुहकार्यकः**, जिससे अधिकरण रूप **ताहरइ** बनता है जो सार्वनामिक सम्प्रदान के लिए प्रयुक्त हुआ है। (एफ़ ७८३, ३६) और **तोरउ** (ऋष० ६५, ६७)। मारवाड़ी और गुजराती में क्रमशः **थारो** और **तारो** होते हैं।

सपरसर्ग प्रयोग के उदाहरण निम्नलिखित हैं—

तुझ-नइ (कर्म सम्प्रदान) (प०, भ०)

तझ-रहइँ (सम्प्रदान, संबंध, कर्म) (कल०)

तूँ-नइ (सम्प्रदान) (आदिच०)

तूँह-नइ (सम्प्रदान, कर्म) (प०)।

§ ८७. बहुवचन में निम्नलिखित रूप मिलते हैं—

कर्ता-कर्म : **तुम्हे, तुम्हि** (वि०, प०), **तम्हे** (कल० २५, रत्न, प०)

तम्हि (वि०), **तुहे** (आदिच०)<अप० **तुम्हे**<सं०* **तुष्मे**।

करण : **तुम्हे** (प० २१४, २६१), **तम्हे** (प० १०६)<अप० **तुम्हेहिँ**

संबंध-विकारी : **तुम्ह, तुम्हाँ** (आदिच०)<अप० **तुम्ह** (**हँ**)<सं०* **तुष्माकं**;

तुम्हो (प० ४६५) जो कर्ता के लिए भी प्रयुक्त होता है (प० ४६३) और संबोधन में भी (प० १६०)।

संबंधी-संबंध : **तुम्हारउ** (तम्हारउ रत्न०) <अप० **तुम्हारउ** <सं०* **तुष्मत्कार्यक:**, जिससे

अधिकरण-सम्प्रदान : **तुम्हारइ** (तम्हारइ) बनता है।

आधुनिक गुजराती में अविकारी कारक के लिए **तमे**, संबंध-विकारी के लिए **तम** और संबंधी-संबंध के लिए **तमारो** होता है। मारवाड़ी में सामान्य कारक के लिए **तमे**, **थे** (प्रा० प० रा० **तुहे**), विकारी के लिए **तमाँ**, **थाँ** (<प्रा० प० रा० **तुम्हाँ**) और संबंधी-संबंध के लिए **तमाँरो**, **थारो** होता है।

§ ८८. अन्य सर्वनामों के विषय में विचार करने से पूर्व यह कह देना आवश्यक है कि सर्वनाम के जो रूप क्रियाविशेषण हो गए हैं मुख्यतः उनके थोड़े से अपवादों को छोड़कर ठेठ सर्वनाम विशेषण की तरह भी प्रयुक्त होते हैं और ठीक इसके विपरीत अधिकांश सार्वनामिक विशेषण स्वतंत्र सर्वनामों का भी कार्य करते हैं। मेरी राय में ऐसे ही भ्रम के कारण—संभवतः अपभ्रंश **एह** (<सं० **एष**) के सादृश्य पर—**जेह**, **तेह**, **केह**, जैसे रूप जो मूलतः सार्वनामिक विशेषण हैं ठेठ सर्वनाम के क्षेत्र में आ गए।

§ ८९. **निश्चयवाचक सर्वनाम** :—ये **ए** और **आ** दो प्रकृति के समूहों में विभक्त हैं, जैसा कि आधुनिक गुजराती में भी है। इनके अर्थ में कोई अन्तर नहीं है क्योंकि दोनों से निश्चय का ही बोध होता है, अंतर केवल इतना ही है कि **आ** से निश्चय की अधिक मात्रा प्रकट होती है। प्रथम का संबंध सं० **एत**– से है तथा द्वितीय का सं० **अद**–या **अय**–(दे० पिशेल का प्रा० व्या० § ४२९) लेकिन प्रथम के कुछ रूप संस्कृत की सार्वनामिक प्रकृति **एन**–से लिए गए हैं और इसी के अनुसार द्वितीय का भी अधिकरण रूप **आणइ** हो गया है। पृ० १०६ पर इसके सभी प्राप्य रूपों की सूची दी जाती है—

बहुवचन में **आ** वाले रूपों का एक भी उदाहरण नहीं मिलता। ध्यान देने योग्य है कि कविता में **ए** प्रथम पुरुष सर्वनाम में सभी कारकों में मात्रा की दृष्टि से anceps है। **ए**, **एह** रूप उभयलिंग हैं और वे सामान्य तथा विकारी दोनों तरह से एकवचन और बहुवचन में प्रयुक्त होते हैं; इस तरह वे पूर्णतः संबंधवाचक और नित्य-संबंधी (Correlative) सर्वनामों के अनुसार होते हैं। अपादान रूप **ईहाँ**, **इहाँ**, **आहाँ**, **अहाँ** और इसी तरह अधिकरण रूप **अहीँ** केवल क्रियाविशेषण की ही तरह प्रयुक्त होते हैं इसलिए ये सार्वनामिक क्रियाविशेषणों के भी अंतर्गत रखे गए हैं (§ ९८)। **ए** रूप का एकबचन वाला अर्थ आधुनिक मारवाड़ी में लुप्त हो चुका है, और **आ** रूप केवल एकवचन स्त्रीलिंग तक ही सीमित है। इसके विपरीत आधुनिक गुजराती ने **ए** और **आ** को सामान्यतः सभी कारकों, वचनों, और लिंगों में अपनाया है। कर्तृ-करण **एणइँ** गुजराती में **एण** के रूप में आया और इसका दुर्बल रूप **इणि** मारवाड़ी में व्यापक विकारी रूप है। फिर, मारवाड़ी में संबंध कारक बहुवचन के **ईयाँ**, **इआँ**, **याँ** हो गए।

	कारक	ए: अपभ्रंश	ए: प्राचीन प० राजस्थानी	आ: अपभ्रंश	आ: प्रा० प० राजस्थानी
एक वचन	कर्त्ता —कर्म	एउ, सहु, एह, एहउँ	एह, ए	आअ-	आ
	करण	एणएँ	एणइँ (प० ४१८) ईणइँ, एणी (प० ३२७) एणि, इणि (आ०)	आएण	—
	अपादान	*एअहाँ *एहाँ	ईहाँ (वि० ३८, प० ४२७ इत्यादि) इह	*आअहाँ	आहाँ (शालि०, प०) अहाँ
	संबंध —विकारी	*एअहो *एहो, *एह	एह, ए	आअहो	—
	अधिकरण	*एअहिँ *एणहिँ	एहीँ (आदिच०) एणइँ, एणइ, ईणइ एणि, इणि (कान्ह०, दशदृ० एफ़ ७८३)	आअहिँ —	आहीँ (पा० ५५३) आणइ (प० २६, ४८७)
बहु वचन	कर्ता —कर्म	एइ	ए (एह)	आअइ (नपुं०) —	
	करण (—अधि०)	*एणेहिँ	एहे	—	—
	संबंध --विकारी	एअइँ *एहँ	एणे (प० ४६५) ईयाँ (षष्टि० ८३) इआँ (आदिच०) एह	—	—

दूरवर्ती निश्चयवाचक सर्वनाम के मारवाड़ी, पूर्वी राजस्थानी और पश्चिमी हिंदी ऊ, **वो** हमें नहीं मिले। तथाकथित गुजराती निश्चयवाचक **ओलो** और **पेलो** के लिए देखिए § १४४।

§ ९०. **संबंधवाचक और नित्य-संबंधी सर्वनाम**—इसके रूप बिलकुल निश्चयवाचक के ही समान होते हैं। स्पष्ट है कि ये चारो अपनी रूप-रचना एक दूसरे के अनुसार करते हैं। इस तरह **एणइ** इत्यादि रूपों के अनुसार जिन्हें निश्चयवाचक **ए** ने सार्वनामिक प्रातिपादिक **एन**-से उधार लिया है, निश्चयवाचक **आ** ने **आणइ** बनाया है और ठीक उसी तरह संबंधवाचक तथा नित्यसंबंधी सर्वनामों ने **जेणइ** तथा **तेणइ** रूपों की रचना की है।[२७] इनका पारस्परिक संबंध पृ० १०८-१०९ के चक्र से अधिक अच्छी तरह स्पष्ट होगा—

यहाँ भी **ए** दोनों सर्वनामों में प्रायः उभयनिष्ठ है। कु० पांडुलिपि जो कि अपेक्षाकृत आधुनिक है, में प्राप्त होने वाले करण कारक बहुवचन के **जेउणोइँ**, **तेउणोइँ** रूप काफ़ी मनोरंजक हैं। वे संभवतः **जेउण**–और **तेउण**–दो प्रकृतियों से बने हैं और इनमें **जे** और **ते** में वही संबंध है जो **कउण**–और **क**–का है। **जाँ, जिहाँ, जउ, जु, जहीँ, जिहिँ** रूप तथा नित्य-संबंधी के और इनके समानान्तर रूप क्रियाविशेषण की तरह प्रयुक्त होते हैं। आधुनिक गुजराती में केवल **जे, ते** (सामान्य रूप), **जेणे, तेणे** (कर्तरि) और **जेणीए, तेणीए** (कर्तरि) ही सुरक्षित हैं; इनके अतिरिक्त कुछ क्रियाविशेषण वाले रूप भी अवशिष्ट रह गए हैं, § ९८ में उद्धृत हैं। मारवाड़ी में रूपों की सीमा कुछ अधिक व्यापक है जिनमें से कुछ प्रमुख ये हैं; **जो, सो** और **जि-को, ति-को** सामान्य कारक एकवचन के लिए, तथा बहुवचन और विकारी एकवचन के लिए **जिण, तिण** (<प्रा० प० राजस्थानी जिणि, तिणि, मूल करण) तथा विकारी बहुवचन के लिए **ज्याँ, त्याँ** (<प्रा० प० रा० **जीआँ, तीआँ**)। **जि-को, ति-को** जैसे संयुक्त रूप संबंधवाचक तथा नित्यसंबंधी सर्वनाम रूपों के साथ अनिश्चयवाचक **को** के संयोग से बनते हैं। आधुनिक मारवाड़ी में इनके रूप सभी कारकों में किसी सामान्य सर्बनाम की तरह चलते हैं। जैसे—एकवचन, सामान्य : **जिको, जिका**, कर्तृ : **जिकण, जिकइ**, विकारी : **जिकण** ; बहुवचन, सामान्य : **जिका, जिकइ**, कर्तृ : **जिकाँ**, विकारी : **जिकाँ**।

§ ९१. **प्रश्नवाचक तथा अनिश्चयवाचक सर्वनाम**—इन दोनों का रूप प्रायः एक-सा होता है; मुख्य अंतर केवल यह है कि अनिश्चय-वाचक सर्वनाम में जोर देने के लिए अंत में 'ही'–का अर्थबोधक एक शब्द और जोड़

---

२७. प्राकृत के 'जिणा', 'तिणा,' 'किणा', 'किणो' इत्यादि रूपों से तुलनीय (सिद्ध हेमचन्द्र, ३।६८, ६९)।

एक वचन

कारक	संबंध वाचक: अपभ्रंश	संबंध वाचक: प्रा० प० राजस्थानी	नित्य संबंधी: अपभ्रंश	नित्य संबंधी: प्रा० प० राजस्थानी
कर्ता	जो, जु, जं	जो (प० १३८), जु (एफ़० ६६३) जँ (कल० ३२ उप०)	सो, सु	(सो-इ, सोय (Emphatic) (प०, एफ़, ७१५)
–कर्म	जेहु, (=यादृशः, सिद्ध ४।४०२)	जेह, जे, जि [-को] (आदिच०, योग, उप०)	तेहु (=तादृशः, सिद्ध० ४।४०२)	सु (मु०), सा (एफ़० ७२८,८) तेह, ते, ति° (–को) (आदिच०, उप०)
करण	जिणि (? पिंगल)	जेणइँ, जीणइँ, जेणिइँ, जिणइ, जिणि, *जेणीयइँ	—	तेणइँ, तीणइँ, तेणिइँ, तिणइ, तिणि, तेणीयइँ (प० ३३७)
अपादान	जा, जहां जउ	जाँ, जिहाँ, जउ, जु	त, तहाँ, तउ	ताँ, तिहाँ, तउ, तु
संबंध -विकारी	जस्सु, जासु, जसु *जेहह	जास, जस, जसु जेह, जीह, जे	तस्सु, तासु, तसु तहो, तहु, *तेहह	तास, तस, तसु तह (कान्ह० ४६) तेह, तीह, ते
अधिकरण	जहीँ जहिँ —	जहीँ, (षष्टि १२९), जिहिँ, (एफ़० ७१५, १५) जेणइ, जीणइ, जेण, जिणि	तहीँ, तहिँ,*ताहिँ —	तहीँ (कान्ह० ७, १७) ताहिँ (कान्ह० १३) तेणइ, तीणइ, तेणि, तिणि

बहु वचन

कर्ता —कर्म	जे, जि जेह	जे, जेग्र (शालि० ३१) जेह	ते तेह—	ते तेग्र (शालि ३१) तेह
करण (—अधि०)	जेहहिँ — —	जेहे, *जीए, *जीये णेजे, जीणे, (जेणइँ, जीणइँ) जेउणोइँ (कु०[२८])	तेहिँ — —	तेहे, तीए, तीये (षष्टि०, ८६, आदिच०) तेणे, तीणे, (तेणइँ, तीणइँ) तेउणोइँ (कु०[२८])
संबंध —विकारी	जेहहँ	जेह, जीह, जेहँ (उप०) जे, *जीआँ, *जीयाँ	तेहहँ	तेह, तीह, तेहँ (उप०) ते, तीआँ, तीयाँ (षष्टि०, ४१, ६३, आदिच०)

२८ यह माणिक्यसुन्दर की 'कुम्मा-पुत्त-कहा' का 'बालावबोध' है, जो बर्लिन के Kön Bibliothek में वेबर १९७७ पांडुलिपि में है ।

एकवचन

कारक	अपभ्रंश	प्राचीन पश्चिमी राजस्थानी
कर्ता-कर्म	कवणु को कोइ, को-वि (अगि०) काइँ (नपुं०)	कवण, कउँण (उप०), कउण कूण, कुण (प्रश्न) को (आदिच०, ऋष०, प०) को-इ (प० दश०), को-ई, को-वि (एफ़ ७२५) (अनि०) कोय (अनि०) (काव्यात्मक) कांइ (आदिच०), कांई
करण	कवणएँ (प्रा० किणा) * केहएँ	कउणइँ,–कउणिइँ, कुणइँ (प्रश्न) किणइँ (योग०, एफ़ ७२५), कणइ, कणि (श्रा०, एफ़ ६०२) कीयइ (आदिच०) (अनि०)
अपादान	का, कहाँ	काँ (प्रश्न०), किहाँ (प्रश्न०)
संबंध -विकारी	कवणह कहो, कहु (प्रा० किणो) केह (ह)	कुणह (वि० १२१, दश० १,५,) षष्टि० २९) (अनि०) कह (श्रा०) (प्रश्न) किण (एफ़ ७२५) (प्रश्न) (आदिच०), (अनि०) केह (आदिच०), कहि (दश०, प०, उप०, षष्टि०)
अधिकरण	कवणहिँ कहिँ *किणहिँ केहहिँ	कुणइँ (उप०), कुणहइँ[२९] कहीं, कहीँ-इ (अनि०) किणइ (वि० ५१) (प्रश्न) केहइ (प० ४५८) (प्रश्न०)

२९. यह रूप करण, एकवचन में भी प्रयुक्त होता है।

	कर्ता -कर्म	के-इ, के-वि (अनि०) के	के-इ, के-ई, के-वि (एफ़ ७१५) (अनि०) केह
	करण -अधिकरण	कवणहिँ केहहिँ	कुणे (वि० ५६) (अनि०) केहे (उप० (प्रश्न) *कीए, कीये (कु० १५)
बहुवचन	संबंध -विकारी	केहइँ	केहँ (उप०), केह, *कीआँ

दिया जाता है। इसलिए दोनों पर साथ ही विचार किया जा रहा है। उनकी रूप-रचना क–, कि–, कवण–, किण–केह—इत्यादि अनेक प्रकृतियों से होती है, पीछे पृ० ११० पर जो रूप केवल प्रश्न अथवा केवल अनिश्चयार्थ प्रयुक्त होते हैं उनमें से प्रत्येक के आगे क्रमशः **प्रश्न** और **अनि०** लिख दिया गया है और जिनके आगे कुछ नहीं लिखा है, वे फलतः दोनों सर्वनामों में प्रयुक्त समझे जायँ।

अपादान रूप **काँ**, **किहाँ** और अधिकरण रूप **कहीँ** केवल क्रियाविशेषण के रूप में ही प्रयुक्त होते हैं और नपुंसक रूप **काँई** प्रायः प्रश्नवाचक निपात की तरह प्रयुक्त होता है जैसा कि संस्कृत और अपभ्रंश में भी बहुत होता है। **केहउ** की तरह सार्वनामिक विशेषण **किसउ**, **सउ** और **केतलउ** ठेठ सर्वनाम रूप के स्थानापन्न होकर प्रश्न और अनिश्चय दोनों अर्थों में प्रयुक्त होते हैं। इन पर विशेष रूप से सार्वनामिक विशेषणों (§ ६४) के अंतर्गत विचार होगा। **एक** के साथ अनिश्चयार्थ संयुक्त रूप के लिए देखिए § ६७, ख। आधुनिक गुजराती में प्रश्नवाचक के रूप होते हैं:—

सामान्य कारक एकवचन और बहुवचन : **कोण**,

कर्तरि एकवचन : **कोणे**, **केणे** ; और

विकारी एकवचन तथा बहुवचन : **कोणा** (<प्रा० प० रा० **कउणह**), **को**, **के** (< प्रा० प० रा० **केह**)।

अनिश्चयवाचक रूप **कोइ**, **काँइ** हैं। मारवाड़ी में प्रश्नवाचक, सामान्य कारक एकवचन और बहुवचन में **कुण**, **कण**; विकारी एकवचन में **कुण**, **किण**, **कण**, **कुणी** (<प्रा० प० रा० **कुणइँ**, मूल करण); विकारी बहुवचन में **कुणाँ**, **किणाँ**, **कणाँ** और अनिश्चयवाचक सामान्य कारक में **कोई**, **काँई** रूप होते हैं।

§ ६२. **निजवाचक सर्वनाम**—इसकी निम्नलिखित प्रकृतियाँ हैं—**आप**–, **आपण**—, **आपणप**–, **आपोप**–, **पोत**–, जो अपभ्रंश **अप्प**–और **अप्पण**– से होते हुए भी संस्कृत **आत्मन्** से उत्पन्न हुए हैं। **आपण**–प्रकृति विशेषण

की तरह (संबंधी संबंध कारक की रचना में) और सर्वनाम की तरह (उत्तम पुरुष सर्वनाम, बहुवचन के स्थानापन्न रूप में) दोनों तरह प्रयुक्त होती है। **आपणप–**, **आपोप–**, **पोत**–प्रकृतियाँ शक्तिबोधक (intensives) की तरह इस्तेमाल की जाती हैं। इनमें से प्रथम अपभ्रंश ***अप्पणप्प** से उत्पन्न है तो द्वितीय अपभ्रंश ***अप्पहु–अप्प**[30] से और तृतीय, यदि मैं सही हूँ, तो द्वितीय का ही संक्षिप्त रूप है जो आद्य स्वर के लोप, § २, (४) के अनुसार तथा प से त के सामान्य परिवर्तन (§ २५) से बना है जिसमें समीपवर्ती दो प की कठोर ध्वनियों को दूर करने के लिए ऐसा किया गया है। इस सर्वनाम की रूप-रचना निम्नलिखित ढंग से होती है :—

एकवचन

कर्ता—**आँप** (प० ४०६, आदिच०),

कर्म—**आपणपउँ**[31] (षष्टि०, ४७, ७४), **आपणपूँ** (दश० १।२।११), **आपणपुँ** (ऋष०, भ०, शील०, योग०, इन्द्रि०)

करण—**आपणपइँ**, **पोतइँ** (एफ़ ४९७) (क्रियाविशेषणवत् प्रयुक्त),

संबंध–विकारी—**आपणपा** (इन्द्रि० ८०, षष्टि० १४०)

अधिकरण–सम्प्रदान—**आपणपइँ** (आ०)

बहुवचन

कर्ता—**आँप**, **आँपे** (आदिच०), **आपण** (रत्न०) उत्तम पुरुष बहुवचन के स्थानापन्न रूप में प्रयुक्त § ८५)

संबंध–विकारी—**आपाँ** (आदिच०), (उत्तम पुरुष के लिए भी प्रयुक्त)

संबंधी-संबंध—**आपणउ** (कल०, प०, उप०, आदिच०, इत्यादि), **आप–आपणउ** (प० ६५६) intensive रूप।

अधिकरण–सम्प्रदान— **आपणइ** (आदिच०), (उत्तम पुरुष बहुवचन के सम्प्रदान के लिए प्रयुक्त)

क्रियाविशेषण वाले रूप : **आपहणी**, **°णीइँ** "अपने मन से, अपने-आप" जो दश० १।३,४ में मिलते हैं और स्पष्टतः करण कारक के रूप हैं। एक और रूप **आपोपउँ** है जो प० २७० में आया है और "स्वयं" के अर्थ में क्रियाविशेषणात्मक नपुंसक की तरह प्रयुक्त हुआ है। इनमें से पहला अब भी आधुनिक गुजराती के **आफणीए** में जीवित है और दूसरा भी गुजराती **आपोपुँ** में अवशिष्ट है।

§ ९३. **सार्वनामिक विशेषण**—ये (१) परिमाण (२) गुण और (३) स्थान के

---

३०. यह रूप संभवतः 'हाथो-हाथ' 'माहो-माहि', इत्यादि से मिलता-जुलता है।

३१. दे० प्राचीन बैसवाड़ी का समान रूप 'आपनपउ'।

अनुसार तीन समूहों में रखे जा सकते हैं।

परिमाणवाचक सार्वनामिक विशेषण निम्नलिखित तीन प्रकार के वर्गों द्वारा व्यक्त किए जाते हैं :—

(१) **एतउ, जेतउ, तेतउ, केतउ** (वि०, प०, शालि०, योग, आदिच० इत्यादि) <अप० **एत्तिउ, जेत्तिउ, तेत्तिउ, केत्तिउ** (सिद्धहेम० ४।३४१) <सं० ***अयत्त्यः, *ययत्त्यः** इत्यादि (दे० पिशेल का प्रा० व्या० § १५३), तुलनीय आधुनिक गुजराती **केतो**।

(२) **एतलउ, जेतलउ, तेतलउ, केतलउ** (प०, योग० इन्द्रि०, आदि० इत्यादि) <अप० **एत्तुलउ, जेत्तुलउ** इत्यादि (सिद्धहेम०, ४।४३५); आधुनिक गुजराती **एटलो, जेटलो** इत्यादि। (तुलनीय मारवाड़ी **इतरो, जितरो,** इत्यादि)।

(३) **एवडउ, जेवडउ, तेवडउ, केवडउ** (शालि०, प०, योग, उप० इत्यादि) <अप० **एवडउ, जेवडउ** इत्यादि (सिद्धहेम० ४।४०७, ८) <सं० ***अयवड्कः *ययवड्कः** इत्यादि (दे० पिशेल का प्रा० व्या० § ४३४)। आधुनिक गुजराती **एवडो, जेवडो** इत्यादि।

उपर्युक्त ये तीनों वर्ग अर्थ की दृष्टि से संस्कृत **इयत्, यावत्, तावत्, कियत्** के पर्याय है और किसी सबल विशेषण की तरह रूप-रचना करते हैं; जैसे— **एती** (वि० ६५), स्त्रीलिंग **एतउ, केते** (वि० ११, १५), अधिकरण बहुवचन **केतउ, तेतलइँ** (प० ५२३), अधिकरण एकवचन **तेतलउ,** इत्यादि। अधिकरण एकवचन के रूप **एतइ, जेतइ** इत्यादि (आदिच०) और **एतलइ, जेतलइ** इत्यादि (प०, वि०, आदिच, दशदृ० इत्यादि) सामान्यतः कालवाचक क्रियाविशेषण के कार्य के लिए प्रयुक्त होते हैं तथा कभी-कभी स्थानवाचक के लिए भी (दे० § ६८ (२))।

§ ९४. **गुणवाचक सार्वनामिक विशेषण**:—ये निम्नलिखित पाँच वर्गों द्वारा व्यक्त किए जाते हैं :

(१) **इसउ (असउ), जिसउ, तिसउ, किसउ** (प०, शालि०, आदि०, दशदृ०, एफ़ ६६३ इत्यादि), **इसिउ, (असिउ), जिसिउ, तिसिउ, किसिउ** (प०, रत्न०, प्र०, एफ़ ५३५, एफ़ ५१५ इत्यादि), **इस्यउ, जिस्यउ, तिस्यउ, किस्यउ,** (दश०, इन्द्रि०, प्र०, एफ़ ७२८ इत्यादि) जिनमें से सभी <अप० **अइसउ, जइसउ, तइसउ, कइसउ** (सिद्धहेम० ४।४०३) <सं० **यादृश, तादृश** (दे० पिशेल का प्रा० व्या० §§ ८१,१२१)। इनमें से प्रश्नवाचक रूप **किसउ, किसिउ, किस्यउ** विशेष रूप से महत्त्वपूर्ण है क्योंकि ये सामान्यतः प्रश्नवाचक और अनिश्चयवाचक सामान्य सर्वनामों के लिए प्रयुक्त होते हैं इन्हीं के संक्षिप्त रूप **सउ, सिउ, स्यउ** हैं जिनसे आधुनिक गुजराती का प्रश्नवाचक **शो** उत्पन्न हुआ है। और पश्चिमी हिंदी का अनिश्चयवाचक **सो** जिनका सजातीय है। यह संक्षिप्त

रूप अर्थ और रूपरचना दोनों में पूरी तरह संपूर्ण रूप **किसउ** से मिलता-जुलता है। इसका रूप स्त्रीलिंग में **सी** (षष्टि० १५५) संबंध-विकारी में **स्या** (प०, दश०, उप० इत्यादि), **स्याह** (बढ़ा हुआ रूप, एफ़ ५८८), और अधिकरण में **सइ** (प० ६७५) है। इसका नपुंसक रूप **सिउँ, स्युँ** होता है और सम्पूर्ण रूप **किसिउँ** कभी-कभी केवल प्रश्नवाचक निपात की तरह भी प्रयुक्त होता है।

(२) **एहउ, जेहउ, तेहउ, केहउ,** (कल०, प० योग०, प्र०, आदि० इत्यादि)[३२], अपभ्रंश के सबल रूप **एहु, जेहु,** इत्यादि (सिद्धहेम० ४।४०२) जिन्हें पिशेल ने पूर्ववर्ती वर्ग के **अइसु, जइसु** इत्यादि के समकक्ष माना है। (प्रा० व्या० § २६२)। ये रूप ठेठ सर्वनामों के रूपों की चर्चा में भी आ चुके हैं और यहाँ केवल इतना ही कहना काफ़ी होगा कि जब इनका प्रयोग सर्वनाम की तरह होता है तो अधिकांशतः ये ऊपर से रूप-रचना-रहित प्रतीत होते हैं (जैसे— **एह, जेह** इत्यादि) और जब ये विशेषण की तरह प्रयुक्त होते हैं तो इनमें लिंग, वचन और कारक के अनुसार रूप-विकार होता है (जैसे—**केही, केहउँ, केहा, केहे** इत्यादि)। इस वर्ग से बने हुए ये तीन वर्ग और हैं :

(३) **एहवउ, जेहवउ, तेहवउ, केहवउ** (प०, योग०, आदि०, इन्द्रि०, श्रा० इत्यादि) और **एह्वउ,, जेह्वउ तेह्वउ,, केह्वउ,** (उप०) और आधुनिक गुजराती में **एवो, जेवो** इत्यादि। ऋष० ४६ में **एहवउ,** के स्थान पर **हवउ,** पाठ है।

(४) ***एहवडउ, *जेहवडउ, *तेहवडउ, *केहवडउ,** जिनकी रचना पूर्ववर्ती वर्ग से ही हुई है और जहाँ तक मुझे मालूम है, अपादान **हवडाँ, हिवडाँ** (< ***एहवडाँ**) और अधिकरण **हवडइ** (<***एहवडइ**), जो कि क्रियाविशेषण की तरह प्रयुक्त हुआ है (दे० § ६८, (२,) के अतिरिक्त इसका प्रयोग कहीं नहीं मिलता।

(५) **एहडउ, * जेहडउ; * तेहडउ; * केहडउ;** जिनका प्रयोग अधिक नहीं मिलता। जहाँ तक मुझे पता है इनमें से एक का प्रयोग एक स्थान पर केवल शालि० २३ में मिलता है।

उपर्युक्त पाँचो वर्ग जब विशेषण की तरह प्रयुक्त होते हैं तो उनका अर्थ संस्कृत **ईदृशः, यादृशः** इत्यादि के समान होता है।

इनके स्थानवाचक क्रियाविशेषण-परक रूपों के लिए देखिए § ६८, (२)। अर्थ की दृष्टि से अर्ध-तत्सम **अमुकउ** (षष्टि० ७३) इनसे संबद्ध है।

§ ९५. **स्थानवाचक सार्वनामिक विशेषण :—**

---

३२. इन्द्रि०, आदि० इत्यादि कुछ पांडुलिपियों में 'जेहउ', 'तेहउ,' 'केहउ' आदि रूपों के प्रथम अक्षर में 'ए' के स्थान पर प्रायः 'ई' आया है (दे० § ७, (२)।

*** एथउ, (अथउ), जेथउ, तेथउ, केथउ** (मु०, शालि०, कान्ह०)।

इस प्रकार के किसी विशेषण का उल्लेख अभी तक प्राप्त अपभ्रंश साहित्य में नहीं मिलता, लेकिन इनका संबंध अपभ्रंश के स्थानवाचक सार्वनामिक क्रियाविशेषण **एत्थु, जेत्थु, तेत्थु, केत्थु** (सिद्धहेम० ४-४०५) से जोड़ा जा सकता है जिनमें **क: स्वार्थे** जोड़कर वे बनाए गए हैं। मु० में ये 'इस ओर' अथवा 'इसके सम्मुख' अर्थ में आए हैं किन्तु इनका सामान्य अर्थ है 'इस स्थान का, यहाँ स्थित इत्यादि' जैसा कि निम्नलिखित उदाहरणों से स्पष्ट है—

ते लीला केथी गई=वह लीला कहाँ गई ? (शालि० १६६)

केथउँ कयूं त्रिशूल=त्रिशूल कहाँ रखा ? (कान्ह० १०२)

केथाँ और **केथे** जैसे रूपों के उदाहरण, जिनका उल्लेख बेलसरे की 'गुजराती डिक्शनरी' में (पृ० २८०) 'कहाँ' और 'कहीं' के अर्थ में है और जो क्रमश: अपादान तथा अधिकरण हैं, प्रमाणित करते हैं कि इन सार्वनामिक विशेषणों के अपादान और अधिकरण का प्रयोग क्रियाविशेषण की तरह होता है जैसा कि अधिकांश सर्वनामों के अपादान और अधिकरण के साथ होता है। इसके आधार पर हम क्रियाविशेषणात्मक अधिकरण ***एथइ, *जेथइ** इत्यादि की कल्पना कर सकते हैं जो पंजाबी और सिंधी **इत्थे, जित्थे** इत्यादि तथा मराठी **येथें, जेथें** इत्यादि के समकक्ष प्राचीन पश्चिमी राजस्थानी के रूप होंगे। इस अधिकरण उद्गम से प्राचीन पश्चिमी राजस्थानी के सार्वनामिक क्रियाविशेषण **अनेथि** (शालि० १२, प० ५२४) "अन्यत्र" को भी संबद्ध किया जा सकता है, जो **अनेथइ** का केवल दुर्बल रूप है और यह भी सं० **अन्यथा** (=**अन्यत्र**) >***अण्णेत्थु** के विशेषण-तद्भव अप० ***अण्णेत्थउ**> ***अनेथउ** का अधिकरण रूप है। स्थानवाचक विशेषण **ओइलउ, पइलउ** के लिए देखिए §१४४।

§ ९६. **साधारण सर्वनाम**—इसके दो रूप हैं—

सहु (वि०, प०, ऋष०, कान्ह०, योग०, आदि०, उप० इत्यादि) और **सवि** (प०, रत्न०, योग०, दश०, उप० इत्यादि) जो क्रमश: एकवचन और बहुवचन में प्रयुक्त होते हैं। पहला अप० **साहु** <सं० **शश्वत्** (दे० पिशेल का प्रा० व्या० § ६४) से § ४८ के अनुसार उत्पन्न हुआ है और एकमात्र करण कारक के रूप **सहुइँ** (एफ़ ५३५, ६, ६) को छोड़कर सर्वत्र इसका प्रयोग प्राय: अव्ययवत् ही मिलता है। सर्वनाम और विशेषण दोनों प्रकार के प्रयोगों में यह समूहवाचक एकवचन की तरह आता है; जैसे—

एह-नु सहुँ किंकर=इसका किंकर प्रत्येक (व्यक्ति) है। (ऋष० ६६)

सहुँ समी-तलि गयउ=प्रत्येक (व्यक्ति) शमी वृक्ष के तले गया (प० ६२७)

जहाँ इसका अन्वय परसर्ग और एकवचन की क्रिया से होता है, और—

सहुँ भलउँ=सब भला (प० ३१३), तथा—

लोक सहुँ=सब लोग (ऋष० २)

इनमें से अंतिम उदाहरण हेमचन्द्र द्वारा उद्धृत (सिद्धहेम ४।३६६, ४२२। २२) अपभ्रंश उद्धरण **साहु वि लोउ** की तरह समूहवाचक एकवचन का द्योतक है। प्राचीन पश्चिमी राजस्थानी की कविता में यह प्रायः ह्रस्व होकर **सहुँ** हो जाता है, जैसा कि उपर्युक्त तीन उद्धरणों से स्पष्ट है और आधुनिक गुजराती में **सौ (सउ)** हो जाता है।

द्वितीय रूप **सवि** व्युत्पत्ति और प्रयोग दोनों ही दृष्टियों से बहुवचन है। यह संस्कृत **सर्व** के कर्ता-कर्म बहुवचन रूप **सर्वे**>अपभ्रंश **सव्वे** से निकला है। इसके रूप संबंध-विकारी में **सविहुँ** (वि० १५, ६५, एफ़ ७२८, एफ़ ६१६ उप० इत्यादि) और करण-अधिकरण में **सवे** (कान्ह० ६) होते हैं। परंतु **सविहुँ** के स्थान पर विकारी में **सवि** का प्रयोग काफ़ी होता है और कविता में **सवि** के स्थान पर प्रायः **सवे** लिखा जाता है, जबकि वह कर्ता-कर्म कारक में होता है (प० २६, ५४४)। उप० पाण्डुलिपि में **सविहुँ** प्रायः **सविहउँ** लिखा गया है और इसका प्रयोग भी सभी विकारी कारकों के सामान्य रूप की तरह हुआ है जैसे—

सविहुँ–ए तीर्थंकरि=सभी तीर्थंकरों से (उप० १६)।

यहाँ यह करण बहुवचन में है। इस उदाहरण में—**ए** केवल जोर देने के लिए है (दे० § १०४) अथवा विकारी रूप के अंत में अनियमित ढंग से जोड़ा हुआ करण बहुवचन का प्रत्यय है, यह कहना कठिन है। मेरे विचार से पहला अनुमान ही अधिक संभव है।

§९७. **यौगिक सर्वनाम**:—ये अनिश्चयवाचक सर्वनाम के आगे अथवा पीछे संबंधवाचक और नित्यसंबंधी या **एक, सवि, सहु** जोड़ने से बनते हैं, इसलिए इनका वर्गीकरण विभिन्न परवर्ती तत्वों के अनुसार करना अधिक सुविधाजनक होगा। अस्तु मैं इन्हें संबंधवाचक, अनिश्चयवाचक और साधारण यौगिक तीनों भेदों में रखना चाहूँगा।

(१) संबंधवाचक यौगिक:—**जि–को (जे–को)** से तथा के लिए, आदि०, योग०, आदिच०, षष्टि० इत्यादि) "जो कोई" **जि–काँइ** (आदिच०) "जो कुछ।" **जि–काँइ** के दूसरे रूप **जे–काँइँ** (आ०) और **काँई–जे** (प० ६) भी होते हैं। इसका एक नित्यसंबंधी **ति–का (इ)** (**ते–काँइ** से तथा के लिए) होता है; जो आदिच० के निम्नलिखित उद्धरण में वर्तमान है।

भगवन्त जि–काइ करिस्यइ, ति–का वात अम्हे पिण करिस्याँ=भगवन्त जो-कुछ करेंगे वह बात हम भी करेंगे (पृ० ६ ख) जैसा कि पहले कहा जा चुका है (§ ९०) यौगिकी सर्वनाम **जि–को** और **ति–को** मारवाड़ी में अपना ठेठ अर्थ खो चुके हैं और संबंधवाचक तथा नित्यसंबंधी सामान्य सर्वनामों के

लिए प्रयुक्त होते हैं। इस मारवाड़ी विशेषता का उद्‌गम प्राचीन पश्चिमी राजस्थानी अवस्था में भी ढूंढ़ा जा सकता है। इसके उदाहरण प०, उप०, अज०, आदिच०, षष्टि० पांडुलिपियों में प्राप्त होते हैं।

(२) अनिश्चयवाचक यौगिक: एकवचन, पुं० स्त्री० **को–ई–एक** (दशदृ० ५), **को–ई–क** (प० ३७६), **को–इक** (दशदृ० ५); नपुं० **काँइ–एक** (आदिच०)। बहुवचन, पुं० स्त्री **के–एक** (दश० ३।१४), **के–इक** (दश० ५।६५), **के–ई–एक** (षष्टि ७२, ७३ इत्यादि)। विशेषणात्मक : **केतलउ–एक** (आदि० च०) बहुवचन, **केतला–एक** (दश०)।

(३) साधारण यौगिक, अर्थात् वे यौगिक जिनके संबंधी तत्व साधारण सर्वनाम होते हैं। **सहू-को** (प० ४७६), **सहू-को-इ** (वि० ६५, ६७), **सहू-इ-को** (उप० ६८) "सब कोई"। इन सबका प्रयोग सामान्य कारक में होता है और विकारी कारक में **सवि-कहि** (कान्ह० ६) का।

§ ९८. **सार्वनामिक क्रियाविशेषण:**—इनकी चर्चा सर्वनामों तथा सार्वनामिक विशेषणों के सिलसिले में पहले ही हो चुकी है। व्युत्पत्ति की दृष्टि से इनका वर्गीकरण अपादान, अधिकरण और क्रियाविशेषण अव्यय में किया जा रहा है।

(१) अपादान क्रिया विशेषण निम्नलिखित हैं। **इहाँ** (**ईहाँ**), **अहाँ** (**आहाँ**), **जिहाँ**, **तिहाँ**, **किहाँ** (कल०, वि०, शालि०, योग०, भ० इत्यादि) <अप० * **एअहाँ**, * **आअहाँ**, **जहाँ**, **तहाँ**, **कहाँ** <प्रा० * **एअम्हा**, ***आअम्हा**, **जम्हा**, **तम्हा**, **कम्हा** <सं० **एतस्मात्**, * **अयस्मात्** या * **अदस्मात्**, **यस्मात्**, **तस्मात्**, **कस्मात्**। ये सभी स्थानवाचक क्रिया विशेषण की तरह प्रयुक्त होते हैं और इनके संक्षिप्त रूप **जाँ**, **ताँ**, **काँ** (प०, शालि०, रत्न० उप०, भ० इत्यादि) हैं। इनमें से पहले दो सामान्यत: **लगइ** "तक" के साथ प्राय: उसी अर्थ में प्रयुक्त होते हैं जिसमें संस्कृत **यावत्**, **तावत्** होते हैं (इसलिए ये अपभ्रंश **जाँम**, **ताँम** के घिसे रूप माने जा सकते हैं, यद्यपि इसकी संभावना कम है)। उनमें से तीसरे का प्रयोग "क्यों, कहाँ से" के अर्थ में होता है अर्थात् जिस अर्थ में संस्कृत **कस्मात्** का प्रयोग होता है। कालवाचक अपादान क्रियाविशेषण : **हवडाँ** (षष्टि० ९७), **हिवडाँ** (षष्टि० १४०) "अब" हैं जो विशेषणात्मक सर्वनाम ***एहवडउ** (दे० §९४, (४)) से उत्पन्न हुए हैं तथा इनका समकक्ष **हिवणाँ** (आदिच०, एफ़ ७८३, ६४) है।

(२) अधिकरण क्रियाविशेषण। **एहीँ**, **अहीँ**, **जहीँ** (**जिहीँ**), **तहीँ**, **कहीँ** (प० कान्ह०, आदिच० इत्यादि) <अप० **एअहिँ**, **आअहिँ**, (**जाहिँ**) **जहिँ**, (**ताहिँ**) **तहिँ**, (**काहिँ**) **कहिँ** <प्रा० **एअम्हि**, **आअम्हि**, **जम्हि**, **तम्हि**, **कम्हि** <सं० **एतस्मिन्**, **अदस्मिन्** या **अयस्मिन्**, **यस्मिन्**, **तस्मिन्**, **कस्मिन्**। ये पहले से ही सभी प्राकृत भाषाओं में **जहिँ**, **तहिँ**, **कहिँ** के रूप में स्थानवाचक क्रिया-

विशेषण की तरह प्रयुक्त होते आ रहे हैं। * **एतइ**, ***जेतइ**, **तेतइ**, * **केतइ** (आदिच०) और **एतलइ**, **जेतलइ**, **तेतलइ**, **केतलइ** (वि०, प०, उप०, आदिच० इत्यादि) सामान्यतः कालवाचक अर्थ में व्यवहृत होते हैं और कभी-कभी (**एतलइ**, कम से कम, देखिए प० ३८६) स्थानवाचक अर्थ में भी। **इसइ**, **जिसइ**, **तिसइ**, **किसइ** (दे० § ६४, (१)) और (**ए**) **हवइ**, **जेहवइ**, **तेहवइ**, **केहवइ** (प०, आदिच०) तथा इनके अन्य रूप (**ए**) **हवडइ** इत्यादि (एफ़ ७२८, २०) (दे० § ६४, (३) (४), उसी तरह कालवाचक क्रियाविशेषण की तरह प्रयुक्त होते हैं। अंत में यौगिक वर्ग * **जि-वारइँ**, **ति-वारइँ**, **कि-वारइँ** (योग०, दश०, दशद्० इत्यादि) हैं। ये ***जेह-वारहिँ**, **तेह–वारहिँ**, **केह-वारहिँ** के घिसे हुए रूप हैं जैसा कि दश० पांडुलिपि के **किहवारइँ**, **किहारिइँ**, योग० ३।१४१ के **किवहारइ**, और **ति-वारइँ** के समानार्थक रूप **तेणी-वार** के प्रयोग से प्रमाणित होता है। आधुनिक गुजराती में यह अंतिम वर्ग **ज्यारे**, **त्यारे**, **क्यारे** हो जाता है और अपने मूल कालवाचक अर्थ "जिस समय, उस समय" को सुरक्षित रखता है। प्राचीन पश्चिमी राजस्थानी का **किवारइँ**, जब अनिश्चय वाचक की तरह प्रयुक्त होता है, तो प्रायः इसके बाद अनिश्चयवाचक एक अधिकरण कारक में आता है; जैसे। **किहार-एकइँ**, **किह्वारइँ-कइँ**, **किह्वारि किइँ**, **किहारिइँ-क** और **किह्वारेक**। ये सभी रूप दश० में आए हैं और इनका वही अर्थ है जो सं० **कदाचित्** का है।

(३) अव्यय क्रियाविशेषणः **इम**, **जिम**, **तिम**, **किम** (कल०, प०, उप० आदिच०, इत्यादि), कविता में **एम**, **जेम** इत्यादि भी (प०, एफ़ ७८३)। और **ईम**, **जीम** इत्यादि (वि०, शालि, प०) <अप० **एउँअ**, **जेउँअ**, **केउँअ** <सं० **एव**, ***येव**, ***तेव** ***केव**। ये सभी रीतिवाचक क्रियाविशेषण की तरह प्रयुक्त होते हैं। रीतिवाचक क्रियाविशेषण की तरह **अम्ह (–जि)**, **तम्ह (–जि)**, **किम्ह (–इ)** भी व्यवहृत होते हैं। ये दश० (और इनमें से अंतिम भ०, आदि०, उप० में भी) में आते हैं। इनकी व्युत्पत्ति संभवतः ***इम–हि (–जे)**, ***तिम-हि (–जे)**, ***किम-हि (–जे)**[33] से है। यद्यपि **किम्ह (-इ)** का संबंध अप० ***कहँ (–इ)** <सं० **कथम् (–अपि)** से जोड़ा जा सकता है और शेष दोनों इसी के वज़न पर निर्मित माने जा सकते हैं।

कालवाचक वर्ग **अव**, **जव**, **तव**, **कव** केवल कविता में मिलते हैं (ऋष०, प०, एफ़ ३३५, एफ़ ७१५, एफ़ ७२८ इत्यादि) और संभवतः ब्रज से उधार लिए गए हैं। अंत में, यदि मेरा अनुमान सही है तो अकेला रूप **कदी** आदिच० में सं० **कदा-चित्** या **कदापि** की तरह अनिश्चयार्थे व्यवहृत हुआ है। इसका

---

३३. तुलनीय 'तिम्ही-ज' रूप जो आदिच० में प्रायः 'तिम-ही-ज' के समानान्तर प्रयुक्त हुआ है।

संबंध संस्कृत के उन दोनों रूपों से हो सकता है। अप० ***कद्दा-इ** से उसका संबंध जोड़ा जा सकता है जिसमें पिशेल के प्रा० व्या० § १९४ के अनुसार द का द्वित्व हो गया। यही व्याख्या मारवाड़ी संबंधवाचक रूप **जदा, जदै, जदी** तथा मेवाड़ी **जदू, कद्दू** (<***जद्दा-हु, *कद्दा-हु**) तथा भोजपुरी **जदा, तदा, कदा**, के लिये ही लागू होती है।

—०—

अध्याय ७

क्रियाविशेषण

§ ९९. व्युत्पत्ति की दृष्टि से क्रियाविशेषण चार वर्गों में विभाजित किए जा सकते हैं : करण-मूलक, अधिकरण-मूलक, विशेषण-मूलक और अव्यय-मूलक। विचार करने से दिखाई पड़ेगा कि यह ऐतिहासिक वर्गीकरण अर्थ की दृष्टि से किए गए वर्गीकरण के लगभग एकदम समानान्तर है। वस्तुतः करण मूलक क्रियाविशेषण रीति का बोध कराते हैं, अधिकरण मूलक क्रियाविशेषण काल और स्थान का (कभी-कभी इन दोनों का बोध एक ही शब्द से होता है जैसे **पाछइ**), विशेषण-मूलक क्रियाविशेषण से परिमाण या मात्रा का बोध होता है अथवा रीति की भावना में संशोधन का और अव्यय-मूलक विशेषण एक निश्चित उद्गम-स्रोत न होने के कारण कोई एक निश्चित अर्थ व्यक्त नहीं करते। निषेधवाचक क्रियाविशेषणों की गणना इसी अंतिम वर्ग में होती है। अनेक करण-मूलक और अधिकरण-मूलक क्रियाविशेषण, विशेषतः द्वितीय, परसर्ग भी होते हैं।

§ १००. **करणमूलक क्रियाविशेषण**—प्राचीन पश्चिमी राजस्थानी में इनका उपयोग प्रायः रीतिवाचक क्रियाविशेषण के रूप में होता है जैसा कि संस्कृत और प्राकृत में भी होता है। उनमें जो अधिक प्रचलित हैं उनकी सूची निम्नलिखित है—

आडइँ (प० ६८३) = आर-पार (गु० **आडे**)

कष्टइँ (प० ३२१) = कठिनाई से (सं० **कष्टेन**)

जोडिलइ (आदि च०) = संयुक्त रूप से (सं० √ **जुड्**)

दोहिलइँ (प० ८८४, दश०) = कठिनाई से (अप० **दुल्लहएँ** <सं० **दुर्लभकेन** दे० §§ ६, ५१)

निश्चइँ (आदि० ४६, इन्द्रि० २२) = निश्चयपूर्वक (सं० **निश्चयेन**, दे० प्रा० **णिच्छइँ**, सिद्धहेम० ४।३५८।१)

प्राहइँ, प्राहिइँ (उप० १००, दश०) = प्रायः (अप० **प्राम्रएँ** <सं० **प्रायकेण** दे० § ३८)

मउडइँ (उप० ११७)=देर से (अप० **मउडएँ** <सं० * **मृदुटकेन**)

रूडइ (दश० १।१५)=भली भाँति (अप० **रूअडएँ**<सं० ***रूपटकेन**)

वेगि (प० २१७)=वेग से (अप० **वेगें** <सं० **वेगेन**)

संक्षेपइ करी (आदिच०)=संक्षेप में (स० **संक्षेपेण**)

सहजि (प० ६३६)=स्वभावतः (अप० **सहजें** <सं० **सहजेन**)

साचइँ (शालि० १०६)=सचमुच (अप० **सच्चएँ** <सं० **सत्यकेन**)

साथइ (आदिच०)=साथ-साथ (अप० **सत्थएँ** <सं० **सार्थकेन**, दे० § ७०, (४)।

सुखइ, सुखिइँ, सुखिँ करी (आदिच०, श्रा०, इन्द्रि० ७१)=सुखपूर्वक (सं० **सुखेन**)

हरषइँ (ऋष० १४०)=हर्ष से (सं० **हर्षेण**)

निम्नलिखित क्रियाविशेषणात्मक मुहावरे हैं—

एणइँ प्रकारइँ (कल० ४३, दश०)=इस प्रकार

इसी परिइँ (षष्टि० १६२)=इसी प्रकार (दे० §§ ३, ५३)

इणि विधइ (आदिच०)=इसी विधि

किसिइँ कारणिँ (कश० ५।६२)=किस कारण, किसलिए—

§ १०१. **अधिकरणमूलक क्रिया-विशेषण**—ये या तो स्थानवाचक होते हैं या कालवाचक अथवा स्थान-काल-वाचक। इनमें से अधिकांश—**इलउ,-अलउ** वाले विशेषणों के अधिकरण रूप हैं (देव § १४५)।

(१) स्थानवाचक :

अनेथि, अनेथिइँ (शालि० १२, प० ५२४; उप० १६७)=अन्यत्र (अप० ***अण्णेत्थए**, दे० § ६५)

अनेरइ (उप० ६७)=अन्यत्र (अप०) **अण्णएरए**<सं० ***अन्यकार्यके**)

अरइ परइ (दश० १०)=आस-पास (<**अरहउ परहउ**, दे० § १४७)

आसइ पासइ (आदिच०)=आस-पास (अप० **पासए** <सं० **पार्श्व के**)

केडिइ (आदिच०)=पीछे (गु० **केडे**)

दूरि, दूरइ (प०)=दूर (अप० **दूरे**)

पाखलि (प० ५४६)=चारो ओर (<विशेषण **पाखिलउ** <अप० **पखिलउ**<सं० * **पक्षिलकः**)

बाहरि (प० २३८)=बाहर (अप० प्रा० **बाहिरे** [सिद्धहेम २।१४०] =सं० **बहिः**)

मथालइँ (एफ़ ६४७)=ऊपर (दे० § १४५)

माँहइँ (प० २०१, ४१३)=में, भीतर (अप० **मज्झहिँ**<सं० ***मध्यस्मिन्** दे० § ७४, (७)

विचि (प० २८८)=बीच में (अप० **विच्चे** [सिद्धहेम० ४।३५० ।१]

=सं० वर्त्मनि)

हेठलि (आदिच०)=हेठे, नीचे (<विशेषण **हेठलउ** <अप० **हेट्ठिलउ** दे० पिशेल का प्रा० व्या० § १०७)

(२) कालवाचक :—

काल्हि, कालि (उप० १५२, दश० १०)=कल (अप० **कल्ले** <सं० **कल्ये**)

दीहइ (प० ६८३)=दिन में (अप० **दिग्रहए**<सं० **दिवसके**)

परमइँ (दश० १०)=परसों (सं० * **परमके** ?)

प्रभातइ (आदिच०)=प्रभात में (सं० **प्रभातके**)

रातइ (आदिच०)=रात में (अधिकरण<अप० **रत्ति** <सं० **रात्रि**)

विहाणइ (प० ६२६, ६८६)=विहाने (सं० * **विभानके**)

साँझइ (आदिच०)=साँझे (अधि०<अप० **संझा** <सं० **संध्या**)

संयुक्त क्रियाविशेषण।

तिणि वारइ (आदिच०)=उस बार

हवडा-नइ कालि (षष्टि० ६७, १४०)=इस काल में

(३) स्थान-काल वाचक।

आगइ (प०)=पहले, (उप० १४६)=पीछे (अप० **अग्गए** <सं० **अग्रके**)

आगलि (प०, श्रा०, दशद०, आदिच०)=पहले, सामने, आगे, प्रथमत: (अप० **अग्गिले** <सं० * **अग्रिले**)

पाछइ (पछइ) (दशदृ०, आदिच०)=पीछे, (प० ४८८, दशदृ०)=बाद (अप० **पच्छए** <सं० * **पश्चके**)।

पाछलि (श्रा०)=पीछे, (ज० १०)=बाद (अप० **पच्छिल्ले**<स० * **पश्चिले**)।

§ १०२. **विशेषणमूलक क्रियाविशेषण**—इनकी रचना एकदम नपुंसक लिंग एकवचन विशेषणों के द्वारा होती है। यद्यपि यह विधि सभी आधुनिक भारतीय भाषाओं में प्रचलित है, लेकिन आजकल गुजराती, मराठी, सिंधी को छोड़कर अन्यत्र स्पष्ट रूप से दृष्टिगोचर नहीं होती क्योंकि नपुंसक लिंग इन्हीं भाषाओं में सुरक्षित रह गया है। क्रियाविशेषण विशेषत: रीतिवाचक की रचना के लिए विशेषण के नपुंसक रूप का उपयोग संस्कृत से ही होता आ रहा है। अपभ्रंश से भी **वहिल्लउं** (=सं० **शीघ्रम्**) का उदाहरण दिया जा सकता है जो सिद्धहेम० ४।४२२।१ में प्राप्त होता है। यहाँ प्राचीन पश्चिमी राजस्थानी के कुछ उदाहरण दिए जा रहे हैं—

घणुं (आदि० ७६, दश० ४)=घना, बहुत

थोड़ुं (दश० ४)=थोड़ा

पहिलूं (दश० ४) = पहले

रूडउँ (आदि० ८५) = भलीभाँति

वलतउँ (वि० २६) = जवाब में

भूखिउ भणउँ (प० १६२) = बहुत भूखा

सोचइ मनि घणउँ (प० ६९०) = मन में बहुत सोचता है।

राज-कुआरि वलतूं भणइ (वि० २६) = राजकुमारी जवाब में कहती है।

जोई नीचुं जणणी-नइ कहइ (प० ३५१) = नीचे देखती हुई (वह) जननी से कहती है।

क्रियाविशेषणात्मक विशेषणों के लिए देखिए § ७८.

§ १०३. **अव्ययमूलक क्रिया विशेषण**—ये वे क्रिया-विशेषण हैं जो किसी सिद्ध शब्द से उत्पन्न नहीं हुए हैं।

अजी (आदिच०) = अब तक (* **आज-इ** <अप० **अज्ज-इ** <सं० **अद्यापि**)

अति-हिं (दश०, श्रा० इत्यादि) = अत्यंत (सं० **अति**, दे० § १०४)

हेव (प० १८४) कविता में किसी विचार पर जोर देने के लिए प्रयुक्त होता है = ठीक-ठीक, वही, सचमुच, ही इत्यादि (सं० **एव** दे० § ३८)

सही (वि०, शालि, प० इत्यादि) = वही

और निषेधवाचक क्रियाविशेषण।

नहीं (<अप० **णाहि**, °**हिं**<सं० **न-हि**) जो नियमित रूप से क्रिया के बाद आता है[३४] और बहुत-कुछ क्रियार्थक संज्ञा का अर्थ देता है। उदाहरण—

हाथ हलावइ नहीं निरर्थक (आदिच०) = (वह) निरर्थक हाथ नहीं हिलाता।

सकति नही मुझ तेहवी (एफ़ ७८३, ६) = मुझे वैसी शक्ति नहीं है।

नहीं विद्या व्याकरण समाण (प० २३) = व्याकरण के समान विद्या नहीं है।

(आधुनिक गुजराती में **नहि** तथा मारवाड़ी में **नहीं** होता है।)

नइँ : यह **नही** का ही घिसा हुआ रूप है और आधुनिक मारवाड़ी में अक्सर मिलता है; जैसे—

स्त्री-तणइ वसि नइँ-जि जाइ (दश० ९) = स्त्रीणां वशं न चापि गच्छेत्।

न (अप० **ण**<सं० **न**)—यह क्रिया के पहले Proclitically रखा जाता है और **आ**° से शुरू होनेवाली किसी क्रिया के साथ संयुक्त हो जाता है;

---

३४. उप० २५ के 'नही इआउ' उदाहरण में 'नही' का प्रयोग क्रिया से पहले हुआ है।

जैसे—

नाणइ (न-आणइ) (प० २८४, षष्टि० ४५) =नहीं ले आता।

नाणिवउ (न-आणिवउ) (आदिच०, षष्टि० १६) =न लाने योग्य।

नापइँ (न-आपइँ) (षष्टि० ४०) =नहीं अर्पित करता।

नाप्यउ (न-आप्यउ) (एफ़ ७८३, ६८) =नहीं अर्पित किया।

नावइ (न-आवइ) (कल०, ऋष०, योग०, प० इत्यादि) =नहीं आता।

नाविउ (न-आविउ) (रत्न० २१५) =न आया।

और अंत में।

नवि (अप० णवि <सं० नापि), यह भी क्रिया के पहले आता है; जैसे

चूडामणि पगि नवि धरइ (प० १०५) =पग पर चूडामणि नहीं धरता है।

चरम-सरीरी नवि मरइ (एफ़ ७८३, ५७) =चरम-शरीर वाला नहीं मरता।

आज्ञार्थे निषेधवाचक क्रियाविशेषण संस्कृत की ही तरह मा, माँ (भ० ७६) अथवा सामान्यतया प्रचलित म है। अधिक जोर देने के लिए म की प्रायः आवृत्ति कर दी जाती है जैसे—

म म बीहउ (प० १६१) =मत डरो, मत डरो।

आदिच० (पृ० १५ क) में पश्चिमी हिंदी का निषेधवाचक मत भी मिलता है जो गुजराती के लिए सर्वथा अपरिचित है, इसलिए यहाँ इसे मारवाड़ी विशेषण कह सकते हैं।

हथिआर मत वहउ=हथियार वहन मत करो।

पूर्वकालिक (conjunctive) कृदन्त के सदृश क्रियाविशेषणों में से मैं केवल एक उदाहरण वली (फिर) को उद्धृत कर सकता हूँ।

§ १०४. **अवधारणवाचक निपात**—अंत में क्रियाविशेषणों के ही अंतर्गत इन निपातों की गणना की जा सकती है जो अवधारण अथवा जोर देने के लिए शब्दों के अंत में जोड़ दिए जाते हैं। प्राचीन पश्चिमी राजस्थानी के सर्वाधिक प्रचलित अवधारणवाचक निपात इ और जि (ज) हैं और ये दोनों अपभ्रंश में भी मिलते हैं। इनमें से पहला संस्कृत अपि से उत्पन्न हुआ है और दूसरा संस्कृत एव से। प्राकृत में इसका रूप जेव था (दे० पिशेल का प्रा० व्या० § ३३६)। इनके प्रयोग के उदाहरण निम्नलिखित हैं—

अढार-इ लिपि (आदिच०) =अठारह लिपियाँ,

आव्या जिन त्रेवीस-इ (एफ़ ७२२, २५७) =तेईसो जिन आए,

सघला-इ जीव जीविवा वाँछइँ (दश०) =सभी जीव जीवित रहना चाहते हैं।

सघलउ-इ वंसु (षष्टि० ७८)=संपूर्ण ही वंश,

किहाँ-इ (दश०)=सं० कुत्रापि,

किम्ह-इ (भ०, आदि०)=सं० कथमपि,

कही-इ (योग०, भ०, षष्टि०)=सं० कदापि

को-इ, के-इ (दे० § ९१)=सं० कोऽपि, केऽपि

आज-इ लगइ (इन्द्रि० १०)=आज तक,

नीलज-इ हूँतउ (कल० ३)=हालांकि बहुत निर्लज्ज,

पाणिग्रहण न करउँ-इ (उप० ४८)=पाणिग्रहण नहीं ही करूँगा,

एतलुं-जि (योग० १।२८)=इतना ही,

नावइ-जि (कल० ३५)=आता ही नहीं,

हूँ करेसि-जि (दश०)=मैं करूँगा ही,

वीतराग-जि जाणइ (इन्द्रि० ४८)=वीतराग ही जानता है,

तेह-ज (प० १७३)=वही (वस्तु),

सात-ज (एफ़ ५५५)=सात ही,

प्राय: इ और जि संयुक्त हो जाते हैं, जैसे—

सुखिं-इ-जि (शील० ३४)=बिलकुल सुख से ही,

एक-इ-जि (षष्टि० १५१)=केवल एक ही;

दालिद्र-इ-जि हुइ (षष्टि० २६)=दरिद्र ही होता है।

जिस शब्द पर जोर देना है, वह यदि संज्ञा, विशेषण या सर्वनाम हुआ और उसके साथ कोई परसर्ग भी लगा हो तो अवधारणवाचक निपात उस शब्द और परसर्ग के बीच में आ जाता है, जैसे—

गुरुआ-इ-नइँ (इन्द्रि० ४९)=गुरुओं को भी,

सघलां-इ-नइं-तेह-नइँ (भ* ७६)=उनमें से सभी को,

तुम्ह-इ-जि-रहइँ (कल० २५)=सं० तवैव,

यक्ष-इ-जि नुं (उप० ४४)=यक्ष ही का,

अन्य अवधारणवाचक निपात निम्नलिखित हैं—

—ई: मेरे विचार से इसकी दुहरी व्युत्पत्ति है—इ, ए। जब यह प्रश्नवाचक सर्वनाम और क्रियाविशेषण के साथ अनिश्चयार्थे जोड़ा जाता है तो अप० —ई <सं०—चिद से संबद्ध है और जब किसी अन्य शब्द के साथ सामान्यत: जोर देने के लिए प्रयुक्त होता है तो नीचे उद्धृत—ही से संबद्ध है। दोनों प्रकार के उदाहरण नीचे दिए जा रहे हैं—

को-ई, के-ई (दे० § ९१)=सं० कश्चिद्, केचिद्,

बे-ई (आदिच०)=दोनों,

सगले ई [देसना] सांभली (वही)=सभी ने देशना सुनी

उप० पांडुलिपि में—ई के लिए सामान्यत:—ए लिखा है (दे० § ७,

(२) जैसा कि निम्नलिखित से स्पष्ट है—

ज्ञानी-ए-जि (उप० २०५)=केवल ज्ञानी ही,

मध्याह्ने-ए (उप० २३०)=मध्याह्न को भी,

-उ (-ऊ), जो अप०, सं०—उ के समान है; जैसे—

बे-उ (प० १०५)=दोनों,

अम्हे-ऊ (उप० १७७)=हम भी,

तउ-ऊ (उप० २३२)=तब भी,

सहू ते-उ-ज (उप० ६४)=ये सभी,

आकारान्त शब्दों के साथ जुड़ने पर –उ (–ऊ) पूर्ववर्ती स्वर के साथ संयुक्त होकर °ऊ हो जाता है; जैसे—

एकू (एक-ऊ) (उप० २४)=एक ही,

एहू-जा (एह-ऊ-ज) (उप० ४६)=यह एक ही,

करणा-ज (कारण-ऊ-ज) (उप० ७७)=वही कारण,

–ही : इसका संबंध संभवतः संस्कृत—**ही** से है, जिसका प्रयोग अवधारण-वाचक निपात-हि के अर्थ में हो सकता है। उदाहरण—

तिम-ही-ज (आदिच०)=इसी प्रकार,

कदी-ही (वही)=कभी नहीं,

इम करताँ-ही (वही)=यही करते ही,

तउ-ही (षष्टि० ४०)=तभी,

ते-हो-जि (षष्टि० ८०)=केवल वही,

अवधारणवाचक निपात-हि (–हिँ) के लिए प्राचीन पश्चिमी राजस्थानी से हम केवल एक उदाहरण दे सकते हैं,

अति-हि, अति-हिँ (दे० § १०३)

षष्टि० ४६ के निम्नलिखित उदाहरण में -**हि** का प्रयोग -**ही** के लिए हुआ है—

ईणि-हि-जि कारणि=इसी कारण में से,

—०—

अध्याय ८

समुच्चय-बोधक

§ १०५. अर्थ की दृष्टि से ये आठ भागों में विभाजित किए जा सकते हैं १. संयोजक (Copulative), २. विरोधदर्शक (adversative), ३. विभाजक (disjunctive), ४. संकेतवाचक (Conditional), ५. परिणामदर्शक (Concessive), ६. कारणवाचक (Causal), ७. स्वरूपवाचक (explicative) और ८. तुलनावाचक (Comparative)।

§ १०६. **संयोजक**—सामान्य संयोजक **अनइँ** (और) है, जो अपभ्रंश **अण्णइँ** <सं० **अन्यानि** से निकला है और § २ (४) के अनुसार घिसकर **नइँ** हो जाता है। मूलतः यह नपुंसक बहुवचन है और अर्थ की दृष्टि से यह ग्रीक 'alla' के समान है। इसका दुर्बल रूप **अनिँ, निँ, नि** है जो कभी-कभी कविता (कान्ह० ४७ इत्यादि) में आता है और उससे भी कम गद्य में (दशद० ५)। अन्य सयोजक **पणि** (प०, दशद० एफ़ ७८३ इत्यादि), **पिण, पिणि** (आदिच०) "भी" हैं जिनका संबंध संस्कृत **पुनः** और **वली** से है। इनकी व्याख्या § १०३ में हो चुकी है। इनमें से अंतिम का प्रयोग अकेले या तो 'पुनः' या 'फिर' के अर्थ में होता है, अधिकांशतः किसी नये विषय का आरंभ करने के लिए, जैसे—

वली गुरु नउँ स्वरूप कहइ (षष्टि १०४)=फिर गुरु का स्वरूप कहता है,

अथवा **अनइँ** के बाद स्वार्थे प्रयुक्त होता है, जैसे—

जोगी नइ वली राय (प० १३२)=योगी और राजा

अनइँ और **पणि** के उदाहरण।

आणइ भवि अनइ परलोके-ए (उप० १८५)=इस भव में और परलोक में।

अम्ह-नइ पिण कांइ-एक द्यउ (आदिच०)=हमें भी कुछ-एक दो,

आधुनिक गुजराती में **ने, पण, वली** तथा मराठी में **नइ, पिण, वले** मिलते हैं।

§ १०७. **विरोधदर्शक**—संयोजक की तरह ही (§ १०६) **पुण** (इन्द्रि०,

उप० इत्यादि), पणि (इन्द्रि०, प०, आदिच०, दशदृ०, इत्यादि), पिण, पिणि (आदिच०); परँ (दशदृ०, आदिच०) <सं० परम् (§ २०); और तत्सम परन्तु तथा किन्तु (आदिच०); उदाहरण—

थल देखइ पुण तीर पामी न सकइ (इन्द्रि० ६०)=[वह] थल देखता है किन्तु तीर नहीं पा सकता।

वरि आपणुं जीवितव्य छाँडिउँ, न पुण गुरु-नउ पराभव न सहिउ (उप० १००)=बल्कि अपना जीव छोड़ूँ किन्तु गुरु का पराभव न सहूँ।

घोड़ा हाथी बिना सरइ, पिण आहार बिना न सरइ (आदिच०)=घोड़ा हाथी बिना चल सकता है किन्तु आहार बिना नहीं चल सकता,

परँ एतलउ विशेष (आदिच०)=परंतु इतना विशेष है।

§ १०८. **विभाजक**—सामान्य विभाजक **कइँ, कइ** (या) है जो आधुनिक गुजराती में **के** के रूप में जीवित है। मैं इसे अपभ्रंश **काइँ**<सं० **कानि** का घिसा हुआ रूप समझने के पक्ष में अधिक हूँ लेकिन यह विभाजक कि का सबल रूप भी हो सकता है क्योंकि यह **कि** अधिकांश सजातीय आधुनिक भाषाओं में प्रचलित है और संस्कृत **किम्** से उत्पन्न हुआ है। इसका प्रयोग वर्णनात्मक और प्रश्नवाचक दोनों प्रकार के वाक्यों में होता है; जैसे—

रूपिँ करी रम्भा जिमी। कइ उर्वसी समाँन, (एफ़ ७१५।२।१०) =रूप में रम्भा जैसी कि उर्वशी के समान,

ए साचउ कइ बोलिउ आल (प० २४४)=यह सच है कि (तुम) झूठ बोले?

कइँ मइँ सोकि-तणा सुत मार्या। कइँ मइँ इण्डाँ फोर्या रे (एफ़ ७८३, ७४)=मैंने सौत के सुत मारे कि मैंने अंडे फोड़े?

शर्तवाचक विभाजक **नहीँ-तउ,-तु** (ऋष०, उप०, श्रा०, आदिच०), और **नहीँ-तरि** (प०, उप० इत्यादि) हैं जिनका अर्थ है 'नहीं-तो'। इनका द्वितीय भाग क्रमशः संस्कृत **ततः** और **र्तह** से निकला है। आधुनिक गुजराती में इनके लिए **नहि-तो** और **नहि-तर** मिलता है। इनके प्रयोग के लिए देखिए § १०९।

§ १०९. **संकेतवाचक**—**जइ** और **जउ** (**जु**) और आधुनिक गुजराती में **जे, जो**। इनमें से पहले का संबंध अपभ्रंश **जइ**<सं० **यदि** से है तथा दूसरे का अपभ्रंश **जउ**<सं० **यतः** से। दोनों का प्रयोग बिना भेद-भाव के क्रियातिपत्ति के पूर्वांश (protasis) में और नित्य संबंधी **तउ** (**तु**) के साथ उत्तरांश (apodosis) में होता है। उदाहरण:—

जइ एह जग-माहि राग-द्वेष न हुत, तउ कउँण जीव दुःख पामत (उप० १२९)=यदि इस जग में राग-द्वेष न होता तो कौन जीव दुःख पाता,

जु लहुँ, तउ लिउँ, नहीँ तउ न लिउँ (उप० २१८)=यदि पाऊँ तो लूँ,

नहीं तो न लूं।

क्रियातिपत्ति के पूर्वांश (Prtasis) में **जइ, जउ** का लोप प्रायः होता है और वाक्यांश का शर्त वाला अर्थ उत्तरांश (Apodosis) के **तउ** से ही समझा जाता है। जैसे—

कहिस्यइ, तउ युद्ध करिस्यां (आदिच०) =कहेगा तो युद्ध करेंगे,

जीवितव्य मागइ, तउ जीवितव्य-इ दीजइ (उप० २६५)

=जीवन माँगे तो जीवन भी दीजिए,

बाहरि भिक्षा लहउँ, तउ लिउँ, नही-तर नही (उप० १०८)

=बाहर भिक्षा मिले तो लूं नहीं तो नहीं।

§ ११०. **परिणाम-दर्शक**—इसका सबसे अधिक प्रचलित रूप **तुहइ** (ऋष०, प०, एफ़ ५७७ इत्यादि) है जिसका अर्थ है "तो भी"। मेरी समझ से यह (**तउ-हि**) (<स* **ततो-हि**) से **अ** के विपर्यय द्वारा (§ ५०) पैदा हुआ है। इस तरह यह शर्तवाचक या परिणामबोधक (illative) **तउ** और अवधारण-वाचक निपात (enclitic) के संयोग से, संस्कृत **तथापि**, ब्रज **तउ-हु** इत्यादि के वज़न पर बना है। षष्टि० ८६ में यह समुच्चय बोधक **तउ-ही** रूप में मिलता है, जो मारवाड़ी **तो-ही** का जनक है। अधिक ज़ोर देने के लिए **तुहइ** के बाद **पुण, पणि** अवधारण-वाचक निपात का कार्य करने के लिए जोड़ दिया जाता है; जैसे—**तुहइ पुण** (ऋष० २०६) और **तो-हि पणि** (एफ़ ५५५) [<**तउ-हि पणि**]। इनमें से अंतिम से गुजराती और मारवाड़ी का **तो हि पणि** पैदा हुआ है। षष्टि० १५७ में **पणि तउ-हि** प्रयोग भी मिलता है। उप० में दो रूप मिलते हैं। **ते-ऊ** और **त-ऊ**। इन दोनों का अर्थ है "तो भी, होते हुए भी"। इनमें से पहले की रचना नित्य-संबंधी सर्वनाम **ते** तथा अवधारणवाचक निपात **ऊ** (दे० § १०४) के संयोग से हुई है और इसीसे दूसरा भी **ए** के **अ** में बदल जाने से बना ही, परंतु जहाँ यह **त-ऊ** लिखा जाता है वहाँ उसे **तऊ** लिखा जाता है वहाँ उसे **तउ-ऊ** का संधि-निर्मित रूप समझना चाहिए।

§ १११. **कारण-वाचक**—इसके अन्तर्गत मैंने ठेठ कारणवाचक के अतिरिक्त निष्कर्षवाचक (illative) और परिणामवाचक (Final) को भी सम्मिलित कर लिया है। ये तीनों वर्ग परस्पर-सम्बद्ध हैं और सामान्यतया सर्व-नामों से बनते हैं।

जेणि···तेणि=जो···तो,

तिणइ, तिणि, तिणि भणी=इसलिए,

जेह भणी···तेह भणी=क्योंकि···इसलिए,

तउ=तो इसलिए,

जिम=चूंकि, ताकि

इनके प्रयोग के उदाहरण—

तिणि भणी हिवइ श्रीऋषभचरित्र कहीअइ छइ (आदिच०)

=इसलिए अब श्रीऋषभ का चरित्र कहा जा रहा है,

जिणि कारणि ए काल धर्मइँ रहित छइ तेह भणी (षष्टि० १६०)

=जिस कारण से यह काल धर्म से रहित है उस कारण,

तउ ते कुस्नेह-नइँ धिक्कार हुउ (षष्टि० १११)=इसलिए उस कुस्नेह को धिक्कार हो !

तुम्हे रहउ दूरइ गज-राय। जिम स्वामी-नउँ लहउँ पसाय (प० ४६६)

=हे गजराज, तुम दूर ही रहो जिससे (मैं) स्वामी का प्रसाद पा लूं, वारण-वाचक परिणाम राखे, रखे है जो **राखइ**<अ० **राक्खइ**<सं० **रक्षति** क्रिया की विधि-आज्ञा के एकवचन का रूप है और 'अन्यथा' अथवा "Beware" के अर्थ में प्रयुक्त होता है; जैसे—

राखे को देखइ (उप० २२)=कोई न देखे,

थोडी-इ वेला राखे प्रमाद करअँ (उप० १२३)=थोड़ी देर के लिए भी प्रमाद न करें,

रखे निवारुँ करता तेह (प० १००)=उसे निवारण मत करो।

§ १११. (क) **स्वरूपवाचक—जँ और जे**। इनमें से पहला अपभ्रंश जँ, जं<सं० यद् के सदृश है और दूसरा प्राचीन पश्चिमी राजस्थानी के संबंध-वाचक सर्वनाम के सदृश (§ ९०)। इनका कार्य वही है जो अंग्रेजी 'That' तथा हिंदी 'कि' का है। ये किसी वाक्यांश को पूर्ववर्ती क्रिया के उद्देश्य, विधेय या कर्म के रूप में प्रस्तुत करते हैं।

उदाहरण—

इसिउँ न जाणइ जँ ए महा-हाथिया दिक-इ जीव-ह्नइँ विनाश करइ (उप० ८३)=वह नहीं जानती कि यह महान हाथियों की तरह के जीवों का विनाश करता है।

लोक न जाणइ जे किसी भिक्षा दीजइ (आदिच०)=लोग नहीं जानते कि क्या भिक्षा दी जाए ?

जँ सम्यक्त्व न लहइँ···ते दोष राग-द्वेष नु (उप० १२४)

=[लोग] जो सम्यक्त्व नहीं पाते वह राग-द्वेष का दोष है।

§ ११२. **तुलनावाचक**—**राखे** (§ १११) के बारे में तो विचार हो चुका है। उसके अतिरिक्त एक शब्द **जाँणे** भी है जो प्राचीन पश्चिमी राजस्थानी में तुलनावाचक के लिए प्रयुक्त होता है। यह विधि-आज्ञा का रूप है और इसका अर्थ होता है, "गोया, गोया कि।" यह **जाँणइ**<अप० **जाणइ**<सं० **जानाति** क्रिया से बना है और व्रज जानहु, जानौ का व्यवहारतः एकवचन रूप है। इसके प्रयोग के उदाहरण निम्नलिखित हैं—

जाणे कुपिउ काल (कान्ह० ७४) = गोया काल कुपित हो गया ।

राज करइ पुहवीइ नरिंद । जाणे जगि अवतरिउ इन्द (एफ़ ६४-६,५) = पृथ्वी पर नरेन्द्र राज करता है गोया जग में इन्द्र अवतरित हुआ है ।

गला-नइ विषइ जाणे काती वाहइ छइ (इन्द्रि० ७४) = गला पर गोया छुरी वहन करता है ।

—०—

अध्याय ६

क्रिया

§ ११४. **मुख्य क्रिया तथा सहायक क्रिया**—क्रिया की सामान्य रूप-रचना पर विचार करने से पहले अस्तिवाचक सहायक क्रिया के रूपों पर विचार करना आवश्यक है। इसकी रचना मुख्यतः संस्कृत धातु **भू** (प्रा० प० रा० **होवऊँ**) और **ऋच्छ** (प्रा० प० रा० **अछवउँ**) से हुई है; केवल निषेधवाचक रूप **नथी** ही **अस्** धातु से बना है। **भू** धातु से बनने वाले काल निम्नलिखित हैं—

सामान्य वर्तमान काल—अन्य पुरुष, एकवचन : **हुइ** (सामान्य रूप) और **होइ, होय** (काव्यगत रूप) <अप० **होइ**<सं० **भवति**; **हवइ** (वि० १८, ज० १०, १३) और **हुवइ** भी, जो प्राकृत से ही मिलते आ रहे हैं (पिशेल § ४७५) और आज भी मारवाड़ी **हुवइ, व्है**[35] अवशिष्ट हैं।

अन्य पुरुष, बहुवचन : **हुइँ** (सामान्य रूप), **हुइ** (आदि० ६५, शील० १०४), **होइँ** (दश० ४), **होइ** (प०), **हुवइ** (आदिच०)।

संयुक्त वर्तमान काल—इसकी रचना सामान्य वर्तमान के साथ (**अ**) **छवउँ** सहायक क्रिया का वर्तमानकालिक रूप जोड़ने से होती है (§§ ११४, ११८)। अन्यपुरुष एकवचन : **हुइ छइ** (उप० २)=होता है।

आज्ञा-बोधक—अन्य पुरुष एकवचन : **हुउ** (षष्टि० ५३, १११) < अप० **होउ**<सं० **भवतु**; **हउ** (श्रा०, उप० ५६, षष्टि० ६१, ११०) जिसमें § ५ (१) के अनुसार **उ** दुर्बल होकर **अ** हो जाता है, **हु** (श्रा०, शील०, दश०) और **हवउ** (आदिच०) भी।

विधि—उत्तम पुरुष, एकवचन : **हुजिउँ** (उप० ५४); मध्यम पुरुष एकवचन : **होइजे** (काल० ४२); अन्यपुरुष एकवचन : **हुए** (दश० १।१२); मध्यमपुरुष बहुवचन : **होयो** (प० ४१६), **हुज्यो** (षष्टि० १५८), **हय्यो**

---

३५. मेरा विश्वास है कि मारवाड़ी 'हुवइ हुअइ' ('हुइ') में 'व' श्रुति के समावेश से बना है।

(प० ६६)। इन रूपों की व्युत्पत्ति के लिए दे० § १२०

भविष्यत् काल—मध्यम पुरुष एकवचन : **होइसि** (दश०, भ० ६१), **हुएसि** (शील० ६६) **हुइसिइ** (एफ़ ६६३, ५८) **होसि** (दश० १।१०) < अप० ***होएस्सहि** (°सि) < सं० **भविष्यसि** और अप० ***होस्सहि** < (°सि) < सं० ***भोष्यसि**; अन्य पु० एकव० **हुसइ** (दश०) नियमित रूप < अप० **होसइ** (सिद्धहेम० ४।३८८, ४१८, ४) < सं० ***भोष्यति** (**भविष्यति**); **हुसिइ** (उप० १४६, शील० ६५), **हुसि** (रत्न० १८४), **हुस्यइँ** (एफ़ ६४७), **होसिइ** (प० १६६, २०१, २१३, २४५, ४२८), **होस्यइँ** (एफ़ ५३५।२।१७), **हसिइ** (प० ३८१) भी; अन्य पु० बहु० : **होइस्यइँ** (षष्टि० ५७), **हसिइ** (प० ५२२)।

वर्तमान कृदन्त—**हूँतउ** (कल०, भ०, आदि० इत्यादि०), **हुँतु** (मु०, योग०), **हुतउ** (मु०, उप० १०३), **हतउ** (शालि० १४), **हुत** (उप० १२६), **हुअत** (उप० २६), **होयत** (दश० ११।८)। इन सभी रूपों में से सामान्य व्यवहार में जो सबसे अधिक प्रयुक्त होता है वह है **हूँतउ**, जो स्पष्टत: अप० **होन्तउ** (<* **हुन्तउ** § ४५ के अनुसार) < सं० **भवन्तक:** से उत्पन्न हुआ है। इसी स्रोत से हम **हतउ** को भी निकला हुआ मानते हैं; यह केवल अपूर्ण काल के अर्थ में इस्तेमाल किया जाता है। इसके विकास की मध्यवर्ती अवस्थाएँ ये हैं : **हुँतउ** > **हुतउ**। चूँकि अभी तक **हूँतउ** और **हतउ** तथा उसके बाद आधुनिक गुजराती **होत** और **हतो**, साहित्यिक हिंदी **होता** और **था** इत्यादि का एक आदिस्रोत स्वीकृत नहीं हुआ है, इसलिए यहाँ उनकी सरूपता अथवा एकता दिखाने के लिए इस विषय पर संक्षेप में विचार करना लाभहीन न होगा। अपभ्रंश का वर्तमान कृदन्त आधुनिक भारतीय भाषाओं में किस प्रकार अपूर्ण-काल का कार्य करने लगा—इसकी व्याख्या मैं § १२३ के अंतर्गत करूँगा। यहाँ इतना ही कहना काफ़ी होगा कि **हूँतउ** का प्रयोग अपूर्णकाल के अर्थ में उप० में कम नहीं है; जैसे—

तूँ ऊपरि एवडउ स्नेह हूँतउ (उप० १४६) = तुम्हारे ऊपर [उसका] इतना स्नेह था!

जे ऊपाजिउँ हूतउँ कर्म (उप० १६५) = कर्म, उपार्जित हुए इत्यादि।[३६]

हूँतउ के **हतउ** में परिवर्तित होने का प्रमाण मध्यवर्ती अवस्था **हुँतउ** और **हुतउ** के अस्तित्व से मिल जाता है और **हतउ** का अपूर्णता-द्योतक अर्थ भी स्वयं **हूँतउ** से भी सिद्ध है, इसलिए इन दोनों की पारस्परिक एकता प्रमाणित करने की अब कोई आवश्यकता नहीं है। अब आधुनिक राजस्थानी और हिंदी रूप **थो** (**छो**) और **था** की व्युत्पत्ति का पता लगाना शेष है। अब तक ये सामान्यत:

---

३६. उप० ४४ में 'हुतउँ' (था) और उप० १२७ में 'हुँता' (थे) मिलता है।

संस्कृत ***स्थितक**: सि उत्पन्न बतलाए जाते थे। इस व्युत्पत्ति के पक्ष में निःसन्देह हिमालय की बोलियों के प्रमाण हैं। वहाँ गढ़वाली और नेपाली में **थयो, थियो** जैसे रूप मिलते हैं जिनसे स्पष्टतः सूचित होता है कि इनका मूल स्रोत **स्थित**-- ही होगा लेकिन इसके विपरीत ज्यों ही हम गुजरात और राजपूताना की बोलियों की ओर आते हैं, हमें **हतो** और **थो** दो प्रकार के रूप मिलते हैं। इनका प्रयोग प्रायः एक दूसरे के समानान्तर इस तरह मिलता है (दे० कन्नौजी) कि उनकी एकता में संदेह करना कठिन है। साधारण **हतउ** के लिए **थउ** जैसा रूप पहले भी प० १७० में मिलता है। अपूर्ण के लिए प्रयुक्त होने पर वर्तमान कृदन्त के घिसने की प्रवृत्ति का दूसरा प्रमाण **तउ** है जो प० ६८१ में ही मिल जाता है। इसका सादृश्य बुन्देली में मिल जाता है, जहाँ संपूर्ण रूप **हतो** के समानान्तर **तो** का भी प्रचलन है। यही व्युत्पत्ति साहित्यिक हिंदी के **था** के लिए भी लागू होती है जिसे मैं * **हता**<**होता** का सिमटा हुआ रूप समझता हूँ। यह **स्थित**--से उत्पन्न नहीं हो सकता, यह इस तथ्य से प्रमाणित है कि **स्थित**--सहायक क्रिया अर्थात् मुख्य क्रिया के रूप में कैसे प्रयोग किया जाने लगा, इसकी व्याख्या करना असंभव है। क्योंकि इस भाषा में * **थाना** की तरह की किसी क्रिया के चिह्न नहीं मिलते; बल्कि इसके विपरीत गुजराती में जहाँ **थावुँ** रूप काफ़ी प्रचलित है इसका स्थान **हतो** ने ले लिया।

ये तीनों रूप **हुत, हूअत** और **होयत** अविकृत रहते हैं और केवल हेतुहेतुमद् काल में ही प्रयुक्त होते हैं (§ १२३)।

भूत-कृदन्त---सामान्य रूप **हूउ**<अप० **हूअउ** (§ १६)<सं० **भूतकः**; **हूअउ** (श्रा०), **हूयउ** (षष्टि० १०३), **हऊउ** (उप० १९६; दे० § ५०) और **हुयउ** (प० ३२२) भी। मूल स्वर ऊ प्रायः ह्रस्व हो जाता है जब उसके बाद आनेवाला पदान्त स्वर दीर्घ हो; जैसे---**हुई** (स्त्री०) (उप० ३३, भ० ६५, ६६), **हुआ** (पुं० बहु०) (शील० ८७) इत्यादि।

पूर्वकालिक कृदन्त---**हुई** (उप० ४४), **हुई-नइँ** (षष्टि० ७७)<* **हूइइ** <* **हूअइ** (दे० § १३१); **होई-नइ** (षष्टि० ७८) भी।

क्रियार्थक कृदन्त---**होइवुँ** (इन्द्रि० ३०), दुर्बल रूप<अप० **होएव्वउँ**< सं०* **भवेय्यकम्**।

कर्तृवाचक संज्ञा (Noun of Agency)---**हुणहार** (उप० १७९), **हुणाहु** (उप० १०१), **हुणारु** (वही)<अप० * **होणह-कार** (§ १३५)।

कृदन्त रूपों को छोड़कर यह क्रिया सामान्यतः केवल संज्ञा-विशेषण (Substantive) का काम करती है, यद्यपि कृदन्त रूपों में भी सहायक क्रिया का कार्य करने की क्षमता होती है। एफ़ ६४४ के निम्नलिखित उद्धरण में इसका अपवाद है, जहाँ एक वर्तमान-कालिक रूप एक भूत कृदन्त के साथ सहायक क्रिया की तरह प्रयुक्त हुआ है---

विराधना हुई हुइ=विरोधना हुई है।

§ ११४. **अछवउँ** दूसरी क्रिया है जो सहायक और मुख्य क्रिया दोनों अर्थों की क्षमता रखती है। यह अप० **अच्छइ**<सं० **ऋच्छति** से निकली है। इसकी व्युत्पत्ति के लिए देखिए पिशेल का प्रा० व्या० §§ ५७,४८०। § २, (४) के अनुसार आदि **अ** प्रायः लुप्त हो जाता है। इस क्रिया के निम्नलिखित रूप मिलते हैं।

सामान्य वर्तमान : उत्तम-पु० एक०—**छउँ** (भ० ३६, प० ३४२), **छूँ** (प० ४१७, § ११, (४)); मध्यम-पु० एक०–**अछइ** (एफ़ ७२८, २०), **छइ** (प० ३४२); अन्य पु० एक०—**अछइ** (कल० ४३, प० ७, ४१५, एफ़ ६४६, ७), **छइ** (कल०, योग०, प०); उत्तम-पु० बहु० **छूँ** (रत्न० १७३); मध्यम–पु० बहु० **अछउ** (कल० ४१), **छउ** (कल० २६, ४०), मध्यम पु० एक० के स्थान पर प्रयुक्त (दे० § ११७); अन्य पु० बहु० **अछइ** (कल० ५), **छइ** (आदि० ६८), **छि** (योग० ४।११६)।

वर्तमान कृदन्त : **छतउ** (योग० ३।६६, शालि० १८, षष्टि० ७५)<अप० **अच्छन्तउ**<सं० **ऋच्छन्तकः**।

§ ११५. **निषेधवाचक** रूप **नथी** § ४८ के अनुसार अप० **णत्थि**<सं० **नास्ति** से निकला है। इसका भी प्रयोग सहायक और (Substantive) दोनों अर्थों में होता है और पुरुष तथा वचन के अनुसार इसका रूप नहीं बदलता। यही स्थिति प्राकृत की **अत्थि, णत्थि** के भी साथ है जहाँ इन दोनों का प्रयोग एकवचन और बहुवचन में सभी पुरुषों के साथ होता है (दे० § पिशेल, § ४९८)। जब **नथी** का प्रयोग सहायक क्रिया के कार्य के लिए होता है तो प्राचीन पश्चिमी राजस्थानी में वर्तमान काल की रचना करने के लिए यह वर्तमान कृदन्तों के साथ जुड़ती है; जैसे—

नथी कहीतां—(उप० ३)=नहीं कहा जाता।

या फिर परोक्ष भूत (Plupertect) की रचना के लिए भूत कृदन्त के साथ, जैसे—

हउँ बाहरइ नथी नीसरी (प० ३०३)=मैं बाहर नहीं निकला, **तिवारइ अजी नगर-ग्रामादिक-नी स्थिति नथी थई** (आदिच०)=उस समय नगर-ग्राम इत्यादि स्थित नहीं थे।

डा० होर्नले द्वारा गौडियन ग्रैमर पृ० ३३४, पर उद्धृत **जइ न होंति**=यदि (वे) न होते, से तुलनीय।

§ ११६. **धातु**—क्रिया के सभी रूप धातु से बनते हैं और धातु व्यवहारतः सामान्य वर्तमान काल के अन्य पुरुष एकवचन के रूप में से पदान्त–**इ** के निकालने से प्राप्त होती है। धातुएँ दो वर्गों में विभाजित होती हैं व्यंजनमूलक और स्वरमूलक। इनमें से पहली अधिक प्रचलित हैं। ये पदान्त–**इ** के पूर्व प्राकृत

और संस्कृत के मौलिक विकरण (Thematic) अ को अब भी सुरक्षित रखती हैं। दूसरी धातुएँ सामान्यत: स्वरान्त होती है जिनका अन्त्य स्वर मूल धातु तथा विकरण अ की संधि से बनती है; परन्तु जिसके सभी चिह्न लुप्त हो चुके हैं। व्यवहार में ये सीधे मूल स्वर के बाद–इ जोड़ने से बनती हैं; जैसे–

	प्राचीन पश्चिमी राजस्थानी		अपभ्रंश	संस्कृत
	धातु	वर्तमानकाल	वर्तमानकाल	वर्तमानकाल
व्यंजन धातु	**कर्**	=**कर्-अ-इ**	<**करइ**	< ***करति**
	भण्	=**भण्-अ-इ**	<**भणइ**	< **भणति**
	पूछ्	=**पूछ्-अ-इ**	<**पुच्छइ**	< **पृच्छति**
	रह्	=**रह्-अ-इ**	<**रहइ**	< ----
स्वर-धातु	**खा**	=**खा-इ**	<**खाइ**	< **खादति**
	दि	=**दि-इ**	<**देइ**	< ***दयति**
	हु	=**हु-इ**	<**होइ**	<**भवति**
	धो	=**धो-इ**	<**धोवइ**	<***धोवति**

परंतु कुछ स्थलों पर स्वर-धातुओं में पदान्त–इ के पहले विकल्प से **अ** (**य** या **व** के अनुगामी रूप में) आता है; जैसे—

सं० **याति**> अप० **जाइ**>**जा-इ** के लिए **जा-य-इ** (प० २०८),

सं० * **स्थाति**>अप० **ठाइ**>**था-इ** के लिए **था-य-इ** (प० २५८),

सं० **पिबति**>अप० **पिअइ**> **पी-इ** (दश० ९) के लिए **पी-य-इ** (प० ४२५), **पी-व-इ** (एफ़ ५३५।४।३)।

आवइ (क्रियार्थक **आववुं** आना) में स्वर-धातु के बाद विकरण **व** नहीं जोड़ा गया है, लेकिन मूल व्यंजन-धातु **आव-अ-इ** की उत्पत्ति अपभ्रंश **आवइ** <सं० **आयाति** (दे० पिशेल का प्रा० व्या०, § २५४) से हुई है। **जोयइ** में, जिसका प्रयोग **जोइ** (क्रियार्थक **जोवउँ** 'जोहना') के समानान्तर कम नहीं होता, संदेहास्पद है कि **य्** (**अ**) को प्राचीन पश्चिमी राजस्थानी धातु **जो** में जुड़ा हुआ विकरण मानें या अप० **जोअइ** <सं० **द्योतते** के मूल विकरण **अ** का अवशेष। मैं इन दोनों में से पहली व्याख्या के पक्ष में हूँ।

§ ११७. **सामान्य वर्तमान**—प्राचीन पश्चिमी राजस्थानी में इसके सभी रूप अपभ्रंश के ही अनुसार चलते हैं, केवल एकवचन मध्यम पुरुष तथा बहुवचन सभी पुरुषों के पदान्त–**ह** को छोड़कर (§ ३७, (१)) उदाहरण—

	अपभ्रंश	प्रा० प० रा०	गुजराती		मारवाड़ी
उत्तम० एक०	कर्-अ-उँ	>कर्-अ-उँ >	करूँ	,	करूँ
मध्यम० एक०	कर्-अ-हि	>कर्-अ-इ >	करे	,	करइ
	(कर्-अ-सि	>कर्-अ-सि)	—	,	—
अन्य० एक०	कर्-अ-इ	>कर्-अ-इ >	करे	,	करइ
उत्तम० बहु०	कर अ हुँ	>कर्-अ-उँ	—	,	—
		>कर्-आँ >	—	,	कराँ
मध्यम० बहु०	कर्-अ-हु	>कर्-अ-उ >	करो	,	करो
अन्य० बहु०	कर्-अ-हिँ	>कर-अ-इँ >	करे	,	करइ

उपर्युक्त रूपरेखा केवल परिनिष्ठित रूपों को ही प्रदर्शित करती है; इसे पूर्ण बनाने के लिए निम्नलिखित टिप्पणी आवश्यक है।

उत्तम पुरुष एकवचन—अन्त्य °अ-उँ प्रायः या तो दुर्बल होकर °उँ हो जाता है (§ ११, (१)) जैसे **-बोल्-उँ** (दश० ४), **धर्-उँ** (शालि० १०) में अथवा सिमट कर ऊँ° (§ ११, (४)) हो जाता है जैसे **कर्-ऊँ** (श्रा०), **लह-ऊँ** (शालि०) में। पांडुलिपि दश० ६ में **°अ-उँ** के °इ-उँ हो जाने का भी एक उदाहरण मिलता है—**बोल् इ-उँ**=मैं बोलता हूँ।

मध्यम पुरुष एकवचन—पदान्त-**इ** कभी-कभी अकारण ही सानुनासिक हो जाता है जैसे **कर्-अ-इँ** (उप० २०८)। °सि वाले रूप बहुत कम हैं और चूंकि मुझे वे केवल जैन प्राकृत रचनाओं के **बालावबोधों** में ही मिले हैं, इसलिए यह भी हो सकता है कि यह उस भाषा का कोई प्रभाव हो।-**सि** के पहले विकल्प से **अ** विकरण के स्थान पर **इ** या **ए** हो जाता है।

उदाहरण—**सह-अ-सि** (भव० ७१), **अनुभव् इ-सि** (भ० २८), **कर् ए-सि** (भ० ५२, ७७), **लह्-ए-सि** (भ० ५२, शील० ८८), **राच्-ए-सि** (इन्द्रि० ७६)। इनके अंतिम रूप प्राकृत के **ए**– वाले रूपों के साथ मेल खाते जान पड़ते हैं। कल० और उप० पांडुलिपियों में °**अ-उँ**, °**अ- अँ**, °**अँ** अंत वाले रूपों के अनेक उदाहरण मिलते हैं इनमें में कल० में, जो कि इन दोनों में प्राचीनतर पांडुलिपि है, °**अ-उँ** वाले रूपों की प्रधानता है, जब कि उप० पांडुलिपि में, जिस पर सं० १५६७ की तिथि पड़ी हुई है, °**अ-उँ** वाला कोई रूप नहीं मिलता। उसमें केवल °**अ-अँ**, °**अँ** वाले ही रूप मिलते हैं। कल० के उदाहरण : **नसाड्-अ-उँ** (१६), **शोभ्-अ-उँ** (२७) **छ्-अ-उँ** (२६, ३६), **पाल्-अ-उँ छ्-अ-उँ** (३०) **तार्-अ-अँ** (२६) **छ-आँ** (३०); उप० के उदाहरण : **देख्-आँ-छ्-अँ** (३४), **समाचर्-अअँ छ्-अ-अँ** (५१), **बइस्-अ-अँ छ-अ-अँ** (५४), **नीगम्-अ-अँ छ्-अ-अँ** (६१) इत्यादि। अन्य रचनाओं में °**अँ** वाले रूप छिटपुट मिल जाते हैं, जैसे—**कर्-अँ** और **वस्-अँ** जो वसंतविलास ४२, ४३ में तथा

बाँछ्-अँ दश० १।१२ में। इन सभी रूपों की व्याख्या में एकवचन के स्थान पर मध्यमपुरुष बहुवचन के सानुनासिक रूप की तरह करता हूँ। एकवचन के स्थान पर बहुवचन के प्रयोग के उदाहरण प्राचीन पश्चिमी राजस्थानी तथा दूसरी भाषाओं में भी काफी मिलते हैं। **अउ** > **अअ** परिवर्तन के लिए देखिए § ११, (५)।

अन्य पुरुष एकवचन—§ १०, (१) के अनुसार °**अ-इ** अन्त प्रायः दुर्बल होकर °**इ** हो जाता है; जैसे—**छि्-इ** (योग०), **आप्-इ, रह्-इ, माग्-इ** (शालि०), **कह्-इ** (प० १८८), **लह्-इ, रह्-इ** (ऋष० २)। एफ़ ६४६,३ में °**अ-इ** सिमटकर °**ई** हो जाता है (§१०, (३)) : **भण्-ई**। एकवचन के स्थान पर बहुवचन पदान्त--**इँ** के प्रचलन के उदाहरण कम नहीं मिलते; जैसे—**दि-इँ** (कल० १, आ०), **खा-इँ** (दश०, एफ़ ५३५।४।३)। अन्य रूप : **छ्-अ-अँ** (कल० १) और **पूछ्-ए-अ** (प० ५६७) हैं। इनमें से अंतिम एक छंद के अंत में आता है।

उत्तम पुरुष बहुवचन—जैसा कि उत्तम पुरुष एकवचन में होता है, अन्त्य °**अ--उँ** या तो सिमटकर °**ऊँ** हो जाता है या सरल होकर °**उँ**। जैसे—**जाणूं** (रत्न० १६१), **लहुँ** (दश० १।४)। °**आँ** के उदाहरण केवल आदिच० और षष्टि० दो पांडुलिपियों तक ही सीमित हैं जिन्हें पूर्वी प्रवृत्ति का प्रतिनिधि तथा परवर्ती कहा जाता है। परंतु--**आँ** वाले उत्तम पुरुष बहुवचन के दो उदाहरण पहले भी 'वसंतविलास' में मिल चुके हैं जो सं० १५०८ की पांडुलिपि है। °**आँ** अंत की व्युत्पत्ति °**अ-उँ** से मानने में मुझे कोई कठिनाई नहीं मालूम होती है क्योंकि § ११, (५) के अनुसार °**उ** का **अ** हो जाना संभव है। हमने अभी देखा है कि कल० में मध्यम पुरुष एकवचन के लिए °**अ-उँ** और °**अ-अँ** दोनों पदान्तों का प्रयोग किया गया है। यहाँ भी वही स्थिति हो सकती है। इतना निश्चित है कि °**आँ** वाले रूप °**अ-उँ** से अधिक आधुनिक हैं और उनका प्रयोग मारवाड़ी की अपनी विशेषता है। °**आँ** वाले इस असाधारण संकोचन का कारण संभवतः यह है कि बहुवचन के उत्तम और मध्यम पुरुषों में अंतर करने के लिए ऐसा किया गया है क्योंकि परिनिष्ठित प्राचीन पश्चिमी राजस्थानी में एक रूप हैं अंतर केवल इतना ही है कि उत्तम पुरुष के रूप सानुनासिक होते हैं। गुजराती के सादृश्य से भी यही बात पैदा होती है क्योंकि उसमें ठेठ °**अ-उँ** वाले रूप को बिल्कुल छोड़ दिया गया है और उसके स्थान पर °**ई-ए** (कर्मवाच्य वर्तमान काल, अन्य पुरुष एकवचन का पदान्त) रखा गया है (दे० § १३७)।

अन्य पुरुष बहुवचन—अनुनासिकता का प्रायः लोप हो जाता है जैसे कि आधुनिक गुजराती और मारवाड़ी में। कविता में संस्कृत प्रत्यय °**अ-न्ति** कम नहीं मिलती; जैसे—**कर्-अ-न्ति** (ऋष० ३१, ६।४०), **वस्-अ-न्ति**,

(वि० ४०), **भण्-अ-न्ति, जाण-अ-न्ति** (वि० १८), **हु-न्ति** (ऋष० ३१), **पाम्-अ-न्ति** (प० ७६)।

प्राचीन पश्चिमी राजस्थानी का सामान्य वर्तमान साधारणतः अपने मूल निश्चयार्थ वर्तमान अर्थ को सुरक्षित रखता है। केवल कभी-कभी ही इसका प्रयोग पूर्वकालिक या भविष्यत् में होता है जैसा कि निम्नलिखित उदाहरणों से स्पष्ट है—

जिम स्वामी-नउँ लहउँ पसाय (प० ४९६)=जिससे (मैं) स्वामी का प्रसाद पाऊँ।

राय अपमाँन दन्तिल-नइ करइ। तेह उपाय मइँ करिवउ (प० २३९)= राजा दन्तिल का अपमान करे, ऐसा उपाय मैं करता हूँ।

मुझ-सिउँ किसउँ करइ ते दोस (प० २१५)=वह मुझसे दोष कैसे करता है?

विष देऊँ कइ मारउँ शस्य (प० २८४)=(उसे) विष दूँ कि शस्त्र से मारूँ।

देउँ दुख असमान (एफ़ ७८३, ५४)=(उसे मैं) अतुल दुख दूँगा।

§ ११८. **संयुक्त या निश्चयार्थ वर्तमान**—इसकी रचना सामान्य वर्तमान में सहायक क्रिया (अ) **छवउँ** के वर्तमानकालिक रूप के जोड़ने से होती है (§ ११४)। उदाहरण—

उत्तम पुरुष एकवचन : **जाउँ छउँ** (प० २९६)=जाता हूँ,
ऊघाड़ुँ छुँ (आदि च०)=उघाड़ता हूँ।
मध्यम पुरुष एकवचन : **कहइ छइ** (श्रा०)=(तू) कहता है,
जोइ छइ (षष्टि० ७१)=(तू) देखता है।
अन्य पुरुष एकवचन : **भमइ छइ** (दशद्० १)=(वह) भ्रमता है।
उत्तम पुरुष बहुवचन : **जाउँ छउँ अम्हे** (प० ६४९)=हम जाते हैं,
अम्हे करउँ छउँ (षष्टि० ११५)=हम करते हैं इत्यादि।

आधुनिक गुजराती और मारवाड़ी में भी यही रूप अपनाए गए हैं, अन्तर केवल इतना ही है कि इनमें **छूँ, छै** क्रमशः **हूँ, है** में बदल गए हैं।

§ ११९. **वर्तमान आज्ञार्थ**—इसकी रचना अंशतः प्राचीन विधि (Potential), अंशतः प्राचीन आज्ञार्थ और अंशतः वर्तमान निश्चयार्थ से होती है।

उत्तम पुरुष एकवचन : कभी भी शुद्ध आज्ञार्थ में नहीं मिलता, बल्कि स्पष्टतः वर्तमान निश्चयार्थ के उत्तम पुरुष एकवचन से बनता है। § ११७ के अन्त में उद्धृत अन्तिम उदाहरणों का **देउँ** आज्ञार्थ भी समझा जा सकता है।

मध्यम पुरुष एकवचन : °इ कारान्त होता है जैसा कि अपभ्रंश में होता है (°इ, °ए, दे० पिशेल का प्रा० व्या० § ४६१) उदाहरण :

सेवि (भ० १०२, इन्द्रि० १००), **विरमि** (भ० २५, इन्द्रि० १३), **करि** (कल० ३६, आदिच०, प० इत्यादि)। °आ कारान्त धातुओं में °आ में ही °इ प्रत्यय का समावेश हो जाता है। (§ १४), जैसे **था** (इन्द्रि० १००), **जा** (प० २१७), **कायर था म म**=कायर मत हो (प० १६३)। कविता में °इ के स्थान पर प्रायः °ए हो जाता है; जैसे **करे** (प० २५०, २५५), **माँगे** (प० २२३, २३३), **घाले** (कान्ह० ७३), **बोले** (एफ़ ७२२, ४) इत्यादि। गद्य में °ए वाले रूप बिल्कुल अपवाद हैं : जैसे **कहे** और **थये** जो आदिच० में मिलते हैं। कविता में °ए प्रत्यय का प्रयोग निःसन्देह केवल छंद-पूर्ति के लिए ही होता है क्योंकि वहाँ एक दीर्घ मात्रा की आवश्यकता रहती है। इसे मैं संस्कृत °एः और अपभ्रंश तथा प्राचीन पश्चिमी राजस्थानी °ऍ °इ या—जो कि व्यवहारतः वही है—°ए और °ई के बीच की अवस्था का अवशेष मानता हूँ। तुलना के लिए मैं प्राचीन पश्चिमी राजस्थानी से **जोए** (प० ३५८) उद्धृत कर सकता हूँ, जो अपभ्रंश **जोइ** (सिद्धहेम० ४।३६४, ३६८) से मिलता जुलता है तथा संस्कृत ***द्योतेः** (पिशेल § ४६१) से निकला है। प० में °अइ वाले रूप के तीन उदाहरण मिलते हैं—**रहइ** (प० ४३०, ६२६) और **कहइ** (प० ५३३) जो संभवतः **रहि, कहि** के सबल रूप हैं (§ ४।२)

अन्य पुरुष-एकवचन—अपभ्रंश की तरह °अउ (दुर्बल रूप °उ § ११, (१)), अंतवाला होता है और संस्कृत ° **अतु** से निकला है। उदाहरण—

छउ (कल० ७, १६), **हउ** (एफ़ ६४४)।

उत्तम पुरुष बहुवचन—अपभ्रंश की तरह वर्तमान निश्चयार्थ के उत्तम पुरुष एकवचन से मिलता-जुलता रूप होता है। परंतु दश० में जो दो रूप मिले हैं वे सानुनासिक नहीं हैं : **म थउ** (दश० १।१३)=(हम) न हों, **अम्हे लहु** (दश० १।४) हम लें।

मध्यम पुरुष बहुवचन : अउ (°उ) <अप० **अहु**<सं० °**अथ**।

उदाहरण : **करउ** (भ० ६), **सुणउ** (प० २६), **जोउ** (भ० १५, ७४, प० २६१) **आवउ** (आदिच०), **दिउ** (प० २६४) इत्यादि। °अउ प्रत्यय कभी-कभी, यद्यपि बहुत कम, °**इउ** में बदल जाता है; जैसे **पडिक्खसिउ** (भ० ३), **भणाविउ** (प० २५)।

अन्य पुरुष बहुवचन : वर्तमान निश्चयार्थ की तरह नियमित प्रत्यय °**अइँ** (°**इँ**) होनी चाहिए जो अपभ्रंश °**अहिँ**–से निकला है। इसका केवल एक ही उदाहरण इन्दि० ७६ में मिल सका है जिसे फ्लोरेंस पांडुलिपि (एफ़ ५७६) में **पडइ** लिखा है और 'इंडिया आफ़िस लाइब्रेरी' (सं० १५६१) की प्रति में **पडइ़** है।

निषेधवाचक आज्ञार्थ क्रिया की रचना निषेधवाचक क्रियाविशेषण के द्वारा होती है जिसके लिए देखिए § १०३। निषेधवाचक आज्ञार्थ भविष्यत् के लिए देखिए § १२१।

§ १२०. **विध्यर्थ**—अथवा जैसा कि इसे सामान्यत:, यद्यपि भूल से आदर-सूचक आज्ञार्थ कहते हैं। प्राचीन पश्चिमी राजस्थानी में अन्य सजातीय भाषाओं की अपेक्षा इसके अधिक रूप मिलते हैं। अन्य भाषाओं में इसका प्रयोग केवल मध्यमपुरुष एकवचन तथा बहुवचन तक ही सीमित है; लेकिन प्राचीन पश्चिमी राजस्थानी में उत्तम पुरुष तथा अन्य पुरुष के भी रूपों के अवशेष मिलते हैं। इससे यह निष्कर्ष निकलता है कि मूलत: इस 'अर्थ' के रूप सभी पुरुषों और वचनों में चलते थे। विभिन्न पुरुषों में इसके प्राप्त प्रत्यय निम्न-लिखित हैं।

उत्तम पु० एक० : °**इजिउँ** > °**अजिउँ**,
मध्यम तथा अन्य पु० एक० : °**इजे** > °**अजे**,
मध्यम पु० बहु० : °**इजो** > °**अजो** या °**इज्यो** > °**अज्यो**।

ध्यान देने की बात है कि § २२ के अनुसार **ज** के स्थान पर प्राय: **य** हो जाता है और स्वरान्त धातुओं में प्रत्यय का आदि °इ सामान्यत: लुप्त हो जाता है अथवा पूर्ववर्ती स्वर में विलीन हो जाता है (§ १४)। विभिन्न रूपों के उदाहरण ये हैं :

उत्तम पु० एक० : **हुजिउँ** (उप० ५४)
मध्यम पु० एक० : **करिजे** (म० ४४), **जाणिजे** (भ० २१, प० ५६४)
जोँ जे (प० २५१), **होइजे** (कल० ४२)
अन्य पु० एक० : **हुये** (=सं **अस्तु**, दश० १।१२), **जोँएजे** (प० १६७, ३१२; तुलनीय मराठी **पाहिजे** गुजराती **जोईए**)
मध्यम पु० बहु० : **सुणिजो, ज्यो** (प० ६२९, एफ़ ७८३, ६८), एफ़ ७१५।१।७), **करज्यो** (भ० ३, एफ़ ७२४), **जाज्यो** (प० ५५३), **साँभल्यो** (एफ़ ५३५।६।२, एफ़ ७८३, ६३) **पडयो** (प० ५५३) **होयो** (प० ४१६), **हुय्यो** (प० ९६) **थाय्यो** (प० ३१७)।

आधुनिक गुजराती में °**अजे**, °**अजो** तथा मारवाड़ी °**अजइ**, °**ईजइ**, °**अज्ये**, °**अजो**, °**ईजो**, °**अज्यो** होते हैं।

मेरा विश्वास है कि **लासेन** (Lassen) पहले विद्वान हैं जिन्होंने इन आदर-सूचक आज्ञार्थ रूपों की व्युत्पत्ति संस्कृत विध्यर्थ से बताई (Int. Ling. Pracr. ३५७) जिसका खंडन आगे चलकर डा० होर्नले ने किया। डा० होर्नले के अनुसार तथाकथित आदरसूचक आज्ञार्थ 'कर्मवाच्य की क्रिया का रूप है जिसने कर्तृ-वाच्य का अर्थ ग्रहण कर लिया है' (गौडियन ग्रैमर, § ४९९)। इसे मैं एकदम

ठीक नहीं समझता। मेरे विचार से हमें यह कहना चाहिए कि यह प्राचीन विध्यर्थ है जिसने वर्तमान निश्चयार्थ का प्रत्यय धारण कर लिया है। यह स्थिति प्राकृत में भी जान पड़ती है क्योंकि प्राकृत वैयाकरणों ने **होज्जइ, होज्जसि** (क्रमदीश्वर ४।२६), **देज्जहि** (हेमचन्द्र ४।३८३।३) जैसे रूप लक्षित किए हैं। इस तरह मैं प्राचीन पश्चिमी राजस्थानी **हुजिउँ** की व्युत्पत्ति अपभ्रंश * **होज्जउँ** से मानता हूँ जो **होज्जामि** का समकक्ष है। यह **होज्जामि** अर्धमागधी और जैन महाराष्ट्री (ल्यूमान का **दसवेयालिय सुत्त**, ६२१, ४३; याकोबी का **माहाराष्ट्री एर्ज़ाह लुंगेन** २६, १६) में मिलता है; इसी तरह प्राचीन पश्चिमी राजस्थानी **होइजे** अपभ्रंश * **होएज्जहि** से तथा प्रा० प० राजस्थानी **करिज्यो** अपभ्रंश * **करेज्जहु** से निकले हैं। ह्रस्व स्वर **इ**—से स्पष्ट है कि **होइजे** और **करिज्यो** कर्मवाच्य के रूप नहीं हैं क्योंकि °**इजे** का संबंध °**इज्जहि** से नहीं, बल्कि °**एज्जहि** से हो सकता है; वस्तुतः °**इज्जहि** से तो कर्मवाच्य में °**ईजइ** रूप बनता है। प्राचीन पश्चिमी राजस्थानी में कर्मवाच्य से विध्यर्थ को अलगाने वाला दूसरा तत्त्व यह है कि °**अइ** °**अउ** के सिमटे रूप °**ए**, °**ओ** केवल कर्मवाच्य में होते हैं, विधि में नहीं होते। व्यवहारतः इसका यह अर्थ है कि विध्यर्थ के लिए स्वर-संकोचन का कार्य अपभ्रंश और प्राचीन पश्चिमी राजस्थानी के संक्रान्ति काल में हुआ जब कि कर्मवाच्य के लिए उसके बाद हुआ।

§ १२१. **सामान्य भविष्यत् काल**—इस काल की रचना प्राचीन पश्चिमी राजस्थानी में अपभ्रंश की ही तरह Sigmatic ढंग से होती है। अपभ्रंश में स-मूलक रूप ये हैं—

उत्तम पु० एक० : **करीसु** (सिद्धहेम० ४।३९६।४), **पावीसु** (वही) **फुटिसु** (सिद्धहेम० ४।४२२।१२), **रूसेसु** (सिद्धहेम० ४।४१४।४);

अन्य पु० एक० : **होसइ** (सिद्धहेम० ४।३८८,४१८।४), **एसी** (सिद्ध हेम० ४।४१४।४) अपभ्रंश के इन रूपों के प्रत्यय प्राचीन पश्चिमी राजस्थानी में भी ज्यों के त्यों मिलते हैं; इसलिए हम इस निष्कर्ष पर पहुँचते हैं कि स मूलक भविष्यत् के रूप प्राचीन पश्चिमी राजस्थानी में भी अपभ्रंश के ही समान चलते थे। नीचे प्रा० प० रा० के प्रत्ययों की पूरी सूची दी जा रही है—

उत्तम पु० एक० : °**इ-सु**, **इ-सि** °**इ-सिउँ**, °**इ-स्युँ** (°**अ-सु**,) (°**अ-सि**, °**अ-सिउँ**, °**अ-स्युँ**), °**ईस**।

मध्यम तथा अन्य पु० एक० : °**इ-सि**, °**इ-सिइ**, °**इ-स्यइ**, °**इ-सइ**, °**इ-सी** (°**अ-सि**, °**अ-सिइ**, °**अ-स्यइ** इत्यादि)

उत्तम पु० बहु० : **इ**°**-सिउँ**, °**इ-स्यउँ**, °**इ-स्याँ**, (°**अ-सिउँ** इत्यादि)

मध्यम पु० बहु० : °**इ-सिउ**, °**इ-स्यउ** (°**अ-सिउ** इत्यादि)

अन्य पु० बहु० : °**इ-सिँ**, °**इ-सिइँ**, °**इ-स्यइँ**, °**इ-सइँ**, (°**अ-सिँ** इत्यादि) °**ई-सइँ**।

विभिन्न रूपों के उदाहरण—

उत्तम पु० एक० : जाइसु (उप० १०५), **बोलिसु** (प्र० १, शील० १, प० ७), **करिसि** (प० ४२७), **धरिसिउँ** (प० १७८), **थुणस्युँ** (एफ़ ६३६, १), **कहीस** (एफ़ ७८३, ८);

मध्यम पु० एक० : जाइसि (उप० १०५, भ० ३१), **हुइसिइ** (एफ़ ६६३, ५८);

अन्य पु० एक० : कहिसिइ (श्रा०), **देसिइ** (उप० ९३), **मिलिस्यइ** (आदिच०), **करिसइ** (दश० ४), **लहिसिइ** (प० १७४), **जाणिसि** (आदिच०);

उत्तम पु० बहु० : बोलिसिउँ (दश०) **पामिसिउँ** (उप० ५६), **करिस्यउँ** (उप० ५६), **मारिस्यउँ** (षष्टि० ११०), **ऊपजिस्याँ** (आदिच०)

मध्यम पु० बहु० : थाइसिउ (आदिच०), **जीपिस्यउ** (वही),

अन्य पु० एक० : कहिसिँ (ऋष० २०६), **धरस्यइँ** (एफ़ ५३५।२।२१), **आवीसइँ** (प० ५२४)।

स्वरांत धातुओं में विकल्प से प्रत्ययों की आदि इ लुप्त हो जाती है, जैसे—**लेसिउँ** (ऋष० २८), **होसि** (शालि० ६१), **थासिइ** (प० ६८४) **जासिउँ** (उप० १७९), **जासी** (योग० २।३८)। तुलनीय, अपभ्रंश का **होसइ** (पिशेल का **माटेरियालिएन त्सुर केन्नटनिस डेस अपभ्रंश**, ३८८, ४१८।४) जिसका प्रयोग **होइसइ** (वही ३९५।२) के समानान्तर हुआ है।

विकरण स्वर–इ की जगह, ए भी धातु और प्रत्यय के बीच में कम नहीं मिलता। जैसे—**करेसिउँ** (प० ११८), **बोलेसी** (शील० १), **पूछेसइ** (प० १४१), **होएसि** (भ० ९३), **जएसि** (उप० १०५), **करेस्युँ** (ऋष० २०७), **धरेसिउँ** (वि० ६), **करेसिइ** (प० ५२४)। निःसन्देह इन रूपों का संबंध प्राकृत और अपभ्रंश के **ए**—वाले रूपों से होगा। देखिए प्राकृत **करेहिइ** (हाल, ७२४) और अपभ्रंश **रूसेसु** (सिद्धहेम० ४।४१४।४)।

अ विकरण वाले रूप § ४, (१) के अनुसार इ वाले से निकले हैं। आधुनिक गुजराती और मारवाड़ी में **अ** विकरण वाले रूप बहुत होते हैं। गुजराती प्रत्यय °**ईश**, °**अशे**, °**इशुँ** (°**अशुँ**), °**अशो**, °**अशे** की उत्पत्ति 'भूमिका' में गुजराती की विशेषताओं के अंतर्गत निर्दिष्ट प्रक्रिया-विशेष के अनुसार प्राचीन पश्चिमी राजस्थानी से **स्य** के साथ हुई है। केवल उत्तम पुरुष प्राचीन पश्चिमी राजस्थानी °**ईस** (<अप० °ईस) से निकला है और शेष रूपों के साथ सादृश्य रखने के लिए उसमें **श** हो गया है। मारवाड़ी में इस **स** मूलक विशेषता का स्थान ह ने ले लिया और अब इसका प्रयोग केवल एकवचन में होता है। लेकिन जैपुरी में यह सुरक्षित है और उसमें निम्नलिखित प्रत्यय मिलते हैं: °**अस्युँ**, °**असी**, °**अस्याँ**, °**अस्यो**। यहाँ °**इ** और °**आँ** का संकर्षण ध्यान देने योग्य है जो मारवाड़ी और पूर्वी राजस्थानी की विशेषता है, उनके स्थान पर

गुजराती में °ए °उँ (दुर्बल रूप) होते हैं। जैसा कि ऊपर दिखलाया जा चुका है **जाणिसी** और **ऊपजिस्याँ** जैसे रूप आदिच० में भी मिलते हैं।

स-मूलक भविष्यत् के उत्तमपुरुष एकवचन तथा बहुवचन प्रायः **म** के साथ प्रयुक्त होते हैं (§ १०३) जिसका अर्थ निषेधवाचक आज्ञा होता है। यह रचना जिसे मैं **भविष्यत् आज्ञार्थ** करना चाहूँगा, प्राकृत और अपभ्रंश से उत्पन्न बतलाई जा सकती है क्योंकि उसका एक उदाहरण, संभवतः अपभ्रंश से उत्पन्न, धर्मदास की 'उवएसमला' की जैनमहाराष्ट्री में भी मिलता है: **मा कहिसि** (गाथा १२३)। प्राचीन पश्चिमी राजस्थानी के उदाहरण: **म करिसि** (प० ४८५, ५३७) **म रहिसि** (वि० ८), **म पाडिसि** (कान्ह० ७३), **म करिसिउ** (उप० १८, प० २९५), **करस्यो माँ** (एफ़ ६०६), **म देसि** (इन्द्रि० ३)।

आनुप्रयोगिक (पेरीफ्रेस्टिक) भविष्यत् के-लउ (>-**लो**) वाले रूप, जो आजकल जैपुरी में मिलते हैं, के केवल दो उदाहरण मिल सके हैं जिनमें से एक प० में मिला है और दूसरा उप० में। वे दोनों ये हैं—

न बोलइ-ली (अन्य पु० एक० स्त्री०) (प० ३१०)=[यदि तुम] न बोलोगी;

अम्हे पछइ करुँ-ला (उत्तम पु० बहु०, पुं०) (उप० २८८)=हम [इसे] पीछे करेंगे।

सामान्य भविष्यत् के लिए कभी-कभी वर्तमान निश्चयार्थ ही प्रयोग किया जाता है; जैसे—

हूँ नही मरूँ (भ० ४१)=मैं नहीं मरूँगा।

§ १२२. **वर्तमान कृदन्त**—प्रत्यय °**अ-तउ** (पुं०), °**अ-ती** (स्त्री०) °**अ-तउँ** (नपुं०)[३७] <अप० °**अ-न्तउ**, °**अ-न्ती**, °**अ-न्तउँ** <सं० °**अ-न्तकः** °**अ-न्तकी**, °**अ-न्तकम्**। इस प्रसंग में अनुनासिक का लोप सभी आधुनिक आर्यभाषाओं में प्रचलित है; इसके कुछ अपवाद मुख्यतः सिन्धी और पंजाबी में मिलते हैं जिनमें **त** से **द** परिवर्तन में भी मतभेद है। संभवतः अपभ्रंश में ही दन्त्य अनुनासिक व्यंजन दुर्बल हो होकर अनुनासिकमात्र रह गया था जैसा कि सिद्धहेम० ४।३८८ में उद्धृत **करँतु** और प्राकृत पैंगलम् १।१३२ में उद्धृत **जात** से अनुमान किया जा सकता है परन्तु प्राचीन पश्चिमी राजस्थानी (और प्राचीन हिंदी की भी) कविता में °**अन्तउ** वाले वर्तमान कृदन्त के उदाहरणों की कमी नहीं है; जैसे—**चलन्तु** (वि० ६) **धरन्तु** (वि० ८४), **बोहन्तिइँ** (करण, वि० ८), **फिरन्ता** (वि० १२), **करन्ती** (ऋष० ५५) **महमहन्ती** (ऋष० ५६) इत्यादि। अस्तिवाचक

---

३७. स्वरान्त धातुओं में प्रत्यय के पहले विकरण 'अ' नहीं लगता; जैसे—'जो-तउ' (आ०), 'ले-तउ' (दश० ५।६४) इत्यादि।

वर्तमान कृदन्त **हूँतउ** (§ ११३) में संभवतः ऊ के प्रभाव से अनुनासिक सुरक्षित रह गया है पर यहाँ भी अपूर्ण काल के लिए प्रयुक्त, सजातीय नियमित रूप **हतउ** में उसका लोप हो गया है। उप० पांडुलिपि में वर्तमान कृदन्त के °**इतउ** वाले भी रूप कुछ मिलते हैं; जैसे—**वादक करितउ** (उप० १३१)।

अन्य विशेषणों की तरह वर्तमान कृदन्त के रूप भी वचन, लिंग और कारक के अनुसार बदलते रहते हैं; जैसे (**जाणतु** पु० एकवचन, योग० २।२३), **अणछती** (स्त्री० एक०, शालि० १८) **थाकतउँ** (नपुं० एक०, षष्टि० ६२, १०४, १०५) **छांडता** (पुं० बहु०, भ० ७८), **ऊगतइ** (अधिकरण एक०, आदिच०) इत्यादि।

प्रायः जब वर्तमान कृदन्त विशेषण या असमापिका क्रिया (Absolutely) की तरह प्रयुक्त होता है तो उसके बाद स्वार्थे **हूँतउ** जोड़ दिया जाता है; जैसे **जोतउ हूँतइ** (भ० ६), **शोचतउ हूँतउ** (भ० ८१) **जागतउ हूँतउ** (दश० ४), **भमतइ हूँतउ** (आदि० ४६), **पढिइँ हूँतइँ** (दश० ४) इत्यादि। कभी-कभी जब वर्तमान कृदन्त विशेषण की तरह प्रयोग किया जाता है तो उसके बाद **हूँतउ** की जगह **थकउ** जोड़ देते हैं; जैसे—

भमतउ थिकउ (प० ६६५)। उप० के निम्नलिखित उद्धरण में **करतउ** का प्रयोग हूँतउ के सामान्य स्वार्थिक कार्य के लिये ही हुआ है—

इसिउ देखतउ करतउ काँ न बूझइ (उप० २०८) =यह देखते हुए क्यों नहीं बूझते ?

भावे सप्तमी काफी अधिक प्रचलित हैं।

§ १२३. **अपूर्ण और हेतुहेतुमद्भूत**—अधिकांश अन्य सजातीय भाषाओं की तरह प्राचीन पश्चिमी राजस्थानी में वर्तमान कृदन्त का प्रयोग अपूर्ण और हेतुहेतुमद्भूत के अर्थ की समापिका क्रिया अथवा आख्यात की तरह होता है। हेमचन्द्र के प्राकृत व्याकरण, ३।१८० से प्रमाणित होता है कि यही स्थिति प्राकृत में भी थी। प्राचीन पश्चिमी राजस्थानी में अपूर्णार्थ कृदन्त और हेतु-हेतुमदर्थ कृदन्त के रूप में यह अन्तर है कि एक रूप-रचना करता है तो दूसरा नहीं करता। इसकी व्याख्या मैं इस तरह करता हूँ कि प्रत्येक स्थिति में विभिन्न स्वराघात के ही कारण ऐसा होता है। अपूर्ण-कृदन्त सदैव सबल प्रत्ययान्त होते हैं और **हतउ**>**थउ**>**तउ** (§११३) के विशेष उदाहरण में आदि अक्षर या तो लुप्त हो जाता है अथवा परवर्ती ध्वनियों में मिल जाता है। इससे यह निष्कर्ष निकलता है कि वहाँ अन्त्य अक्षर पर स्वराघात होता है। कृदन्त-हेतुहेतुमद् में जब प्रत्येक अन्त्य लिंग और वचन निरपेक्ष हो तो स्पष्टतः वहाँ मूल अक्षर (radical syllable) पर स्वराघात होता है। वर्तमान कृदन्त से जहाँ तक 'अपूर्ण' अर्थ के विकसित होने का संबंध है, वह सातत्य अथवा नैरंतर्य भाव का ही स्वाभाविक परिणाम है क्योंकि वर्तमान कृदन्त में यही अर्थ निहित होता है।

वर्तमान कृदन्त का भावे सप्तमी प्रयोग ही क्रियात्मक रचना है और इसकी सहायता से कृदन्त अपूर्ण बनता है। प्राचीन पश्चिमी राजस्थानी में इस तरह के प्रयोगों की प्रचुरता है। ऐसे भावे सप्तमी का अंग्रेजी अनुवाद करते समय हमें अपूर्ण काल का प्रयोग करना पड़ता है। निम्नलिखित उदाहरण लीजिए—

भगवन्तइ राज्य-लीला भोगवतइ (आदिच०)=जब भगवन्त राज्य लीला कर रहे थे

While the Reverend One wa s enjoying [his] Kingplay

उपर्युक्त उदाहरण में सप्तमी रूप **भगवन्तइ** और **भोगवतइ** को केवल प्रथमा के **भगवन्तउ** और **भोगवतउ** के रूपों में बदलकर **जि-वारइ** जैसे कालवाचक क्रिया-विशेषण को अपनाते हुए भाव-लक्षण (Absolute) वाक्यांश को अपूर्ण क्रिया के साथ आख्यात अथवा समापिका क्रिया वाले वाक्य में बदल देने की आवश्यकता है।

प्राचीन पश्चिमी राजस्थानी में कृदन्त-अपूर्ण के उदाहरण निम्नलिखित हैं—

जि-वारइ ऋषभ कुलग[र] पणइ वर्त्तता, तदा जुगलिआ सगला ही कन्दाहार, मूलाहार, पत्राहार, पुष्पाहार, फलाहार करता (आदिच०) =जब वृषभ कुलकर की अवस्था में रहते थे तब युगलिन् सकल कन्दाहार, मूलाहार, पत्राहार, पुष्पाहार, फलाहार करते थे।

[मरुदेवी] भरथ-नइ दिनं-प्रति ओलम्भउ देती (वही)=मरुदेवी भरत को प्रतिदिन उपालम्भ देती थी।

राज्य लेवावाञ्छतउ (दशदृ० ३)=वह राज्य लेने की वाञ्छा करता था।

आपणइ मुखि घाटतउ (उप० १४६)=[इसे] वह अपने मुख में रखता था।

प्राचीन पश्चिमी राजस्थानी में कृदन्त हेतुहेतुमद् केवल भूतकाल के लिए ही नहीं बल्कि वर्तमान काल के लिए भी प्रयुक्त होता है लेकिन वर्तमान काल में इसका प्रयोग तभी होता है जब शर्त-पूर्ति की संभावना न हो। उदाहरण।

जउ एवडु तप करत, तउ मोक्षि-इ-जि पामत (उप० ८१)=यदि वह इतना तप करता तो मोक्ष ही पाता।

जइ तेतलउँ पूरउँ आऊखुं हूअत, तउ मोक्षि-जि जाअत (उप० २६)=यदि इतनी आयु पूरी हुई होती तो मोक्ष ही तक पहुँच जाता।

जइ राग-द्वेष न हुत, तउ कउँण जीव दुःख पामत (उप० १२६)=यदि राग-द्वेष न होता, तो कौन जीव दुख पाता।

निम्नलिखित उदाहरण में कृदन्त हेतुहेतुमद् का विभक्ति-युक्त (inflected) होना सर्वथा अपवाद है—

जउ ते प्रदेशी-राय-नइ केशी-नु संयोग न हुतउ, तउ नरगि-इँ-जि जातउ

(उप० १०३)=यदि उन प्रदेशी राज से केशी का संयोग न हुआ होता तो [वे] नरक ही जाते ।

§ १२४. **तथाकथित क्रियाविशेषण वर्तमान कृदन्त**—इसकी रचना वर्तमान कृदन्त के अन्त में—**आँ** लगाने से होती है । इस तरह **करतउ** से **करताँ, हूँतउ** से **हूताँ** होता है । वर्तमान कृदन्त की तरह (§१२२) क्रिया विशेषण कृदन्त भी विकल्प से कविता में अपने दन्त्य अनुनासिक (**न**) को सुरक्षित रखते हैं; जैसे **करन्ताँ** (वि० ८७) **भणन्ताँ** (एफ़ ५३५।७।१), **झूरन्ताँ** (ऋष० १२) ।

यह क्रिया विशेषण कृदन्त गुजराती और मारवाड़ी में जीवित रह गया है और मराठी में भी पाया जाता है । इसे मैं अपभ्रंश के °**अन्ताहँ** या °**अन्तहँ** का घिसा हुआ भावे षष्ठी बहुवचन रूप है । अपभ्रंश में भावे षष्ठी के उदाहरण अपेक्षाकृत कम नहीं हैं । देखिये **चिन्तन्ताहँ** जिसे हेमचन्द्र ने (सिद्ध० ४।३६२) उद्धृत किया है और जिसका प्रयोग उसी तरह 'भावे' हुआ है जैसे प्राचीन पश्चिमी राजस्थानी क्रियाविशेषण कृदन्त का होता है । मेरी इस व्युत्पत्ति के सही होने का ठोस प्रमाण यह है कि निम्नलिखित प्राचीन पश्चिमी राजस्थानी के क्रियाविशेषण पद में क्रियाविशेषण कृदन्त का अन्वय षष्ठी बहुवचन के साथ होता है ।

तुम्ह जमाई छताँ (प० ३५७)=तुम्हारे जमाई रहते ।

और—

मझ-रहइँ बोलताँ हूँताँ तम्हे साँभलउ (दश० ५) =मम वदतः यूयं शृणुत ।

दूसरा प्रमाण उपर्युक्त उद्धरण में आया हुआ **बोलता हूँताँ** है, जिसमें हम **हूँताँ** का वही स्वार्थिक प्रयोग देखते हैं जो वर्तमान कृदन्त के बाद प्रचलित दिखाया जा चुका है (§ १२२) देखिए (आदिच०) में आया हुआ **जोताँ हूँताँ** भी ।

क्रियाविशेषण कृदन्त का प्रयोग प्रायः 'कठिन' अर्थ वाले विशेषणों के साथ मुहावरे की तरह होता है; जैसे—

मनुष्यपणउ पाँमताँ दोहिलउ (दशदृ०)=मनुष्यत्व पाना कठिन है ।

तेह-नइँ विरति आवताँ दोहिली छइ (षष्टि० ८) =उसे विरति आना कठिन है ।

§ १२५. **संयुक्त काल**—अन्य अनेक सजातीय भाषाओं की तरह प्राचीन पश्चिमी राजस्थानी में भी वर्तमान कृदन्त से संयुक्त काल की रचना होती है । उदाहरण निम्नलिखित हैं—

वर्तमान : **नासता छइँ** (कल० ९) =[वे] उड़ते हैं ।

सविहुँ-सिउँ वाद करितउ छइ (उप० १३१) =सबसे वाद करता है ।

ऊदेग पामतु नथी (दश० ५।९०)=उद्वेग नहीं पाता है ।

राति दिवस रहिं झरती (एफ़ ७८३, ५६) रात दिन झुरती रहती है।

निरन्तर रुदन करती रहइ (आदिच०) =निरन्तर रुदन करती रहती है।

अन्तिम दो उदाहरणों की तुलना के लिए देखिए हिन्दी के तथाकथित नैरन्तर्यवाचक रूप (केलॉग का हिंदी ग्रै० §§ ४४२, ७५४ डी०)

भविष्यत् : माहराँ साँसारियाँ आवताँ हुसिइँ (उप० १६७) =मेरे रिश्तेदार आते होंगे।

भूत : नाँखतउ गयउ (दशदृ० ५) =फेंका गया।
संग्रहतउ गयउ (वही) =संगृहीत किया।
जोतो हवो (जोतउ हवउ के लिए) (कूर्मापुत्रकथा[३८] २५) = जोहता था।
पूछती हवी (वही, १६) =पूछती थी।
बोलता हवा (वही, ४३) =बोलता था।

अंतिम तीन उदाहरणों से जिस काल का बोध होता है वह ब्रज और प्राचीन बैसवाड़ी के तथाकथित अपूर्ण भूतकाल (inceptive imperfect) से मिलता-जुलता है। इसके लिए देखिए केलॉग का हिंदी ग्रैम० §§ ४६१, ५५०।

अपूर्ण : जातउ थउ (प० ७०) =जाता था।
किहाँ जाती हुती (प० ३०१) =कहाँ जाती थी।
जे ऊपाजिउ हूँतउँ कर्म (उप० १६७), दे० § ११३

§ १२६. भूत कृदन्त—प्रत्यय और व्युत्पत्ति के अनुसार प्राचीन पश्चिमी राजस्थानी के भूत कृदन्तों को मैं चार समूहों में रखूंगा।

(१) °इउ, (°यु); (°इअउ), °यउ अंत वाले भूत कृदन्त—प्राचीन पश्चिमी राजस्थानी में यह सबसे व्यापक वर्ग है। °इउ प्रत्यय अपभ्रंश °इउ<सं० °इत: से उत्पन्न हुआ है और इस भाषा के आरंभिक काल में यह प्रधान प्रत्यय रहा है। इसका सबल रूप °इअउ (<सं० °इतक:) बहुत कम मिलता है; यदि मिलता भी है तो केवल °यउ रूप में जिसे देखकर ऐसा लगता है कि पहले केवल स्वरान्त धातुओं के अंत में लगता था; परंतु पीछे इसका प्रचलन इतना व्यापक हो गया कि पहले वाले प्रत्यय का भी स्थान इसी ने ले लिया। आजकल °यो (<°यउ) गुजरात और राजस्थान की सभी बोलियों में भूत कृदन्त का सामान्य प्रत्यय है।

---

३८. यह (Kgl. Bibliothek of Berlin) (वेबर १६६७) की एक पांडुलिपि है जिसमें 'कुम्मापुत्तकथा' की एक अपेक्षाकृत आधुनिक टीका है जो गुजराती के कुछ प्राचीन रूप में लिखी गई है।

प्राचीन पश्चिमी राजस्थानी उदाहरण—

व्यंजनान्त धातुओं से:

कर्-इउ (प०, एफ़ ७१५) <**कर्-अ-इ**

कह्-इउ (योग०, शील०, आदि) <**कह्-अ-इ**

ऊड्-इउ (प० ३४१) <**ऊड्-अ-इ**

आप्-इउ (प० २६४) <**आप्-अ-इ**

स्वरान्त धातुओं से:

ध्या-यउ (कल० १७) <**ध्या-य-इ**

जो-यउ (प०, २१२) <**जो-इ**

था-यउ (प०, आदि० ३७, इन्द्रि० ३०, आदिच० इत्यादि) <**था-इ**

हु-यउ (प० ६३३) <**हु-इ** ।

व्यवहारतः यही °**यउ** प्रत्यय कर्मवाच्य की °**ई-य-इ** (§ १३७) से उत्पन्न भूत कृदन्तों में भी लगता है, जैसे—**दी-यउ** (प०) <**दी य-इ** जो **दि-इ** का कर्मवाच्य है; **आपी-यउ** (प० ३२४) <**आपी-य-इ** जो **आप्-अ-इ** का कर्मवाच्य है; **आवी-यउ** (प० ३२३) <**आवी-य-इ** जो **आव्-अ-इ** का कर्मवाच्य (Passive-reflexive) है।

°**इउ** प्रत्यय अनियमित रूप से स्वरान्त धातुओं के भूत कृदन्तों के निम्नलिखित दो रूपों में लगता है—**दिउ** (आ०) <**दि-इ**, **लिउ** (ऋष० ३५) <**लि-इ**, जो संभवतः **किउ** (ऋष० ३५, कान्ह० ८७) <अप० **कउ** या ***किउ** <सं० **कृतः**, **गिउ** (कल० ४४, शालि० ६, प० २५२, उप० ६२, दश०) <अप० **गउ** <सं० **गतः**, **थिउ** (वि०, शालि० ५, प० ४७८, ५४२) <अप० **ठिउ** <सं० **स्थितः** (§ २ (१)) के वजन पर बना है। कविता में कभी-कभी °**इउ** के लिए °**ईउ** लिखा जाता है, जैसे—**डर्-ईउ** (एफ़ ७१५।१।३४), **आव्-ईउ** (एफ़ ७८३, २६), **दीउ** (वही) **आथम्-ईउ** (प० ५२)। यही विशेषता अपभ्रंश और प्राकृत-पैंगलम् में भी पाई जाती है।

°**इअउ** प्रत्यय के प्रयोग के केवल दो रूप मिले हैं—**जण्-इअउ** और **पूज्-इअउ**, जिनमें से पहला दशदृ० ७ में मिला है और दूसरा आदिच० में। °**यउ** प्रत्यय के उदाहरण व्यंजनान्त धातुओं के साथ ये हैं: **फूल्-यउ**, **फल्-यउ** (एफ़ ५३५।२।२), **अवतर्-यउ** (एफ़ ७८३, ३५), **व्यतिक्रम्-यउ** (आदिच०)। इनमें से सभी नाम धातुओं से बने हैं।

ध्यान देने योग्य भूत कृदन्त निम्नलिखित हैं—

गइउ (शालि० १०, ८६, ८७) <अप० **गइउ** <सं० **गतिकः**

चूउ (भ० ४८) <अप० **चुअउ** (§ १८) <सं० **च्युतकः**

मूउ (योग० २।६७, आदि० ३५. उप० ३३) <अप० **मुअउ** (§ १८) <सं० **मृतकः**

हूउ (§ ११३) <अप० हूअउ (§ १६) <सं० **भूतकः** ।

(२) °**आणउ** अंत वाले भूत कृदन्त—इनका प्रयोग मुख्यतः कर्मवाच्य के अर्थ में ही होता है। इससे प्रतीत होता है कि इनकी उत्पत्ति **आ** अंत वाले विधि-मूलक कर्मवाच्य (Potential passive) से हुई है(§ १४०)। इनका संबंध सिंधी के भूत कृदन्त **उभाणो, उझाणो, खाणो, विकाणो** इत्यादि से दिखाई पड़ता है जो °**आमणु** वाली कर्मवाच्य की क्रियाओं से निकली हैं (दे० ट्रम्प, सिंधी ग्रैमर § ४५)। किन्तु °**आण** वाले भूत कृदन्त के उदाहरणों का जैन माहाराष्ट्री में अभाव नहीं है—देखिए **पलाण** जो याकोबी के Maharastri erzahlungen में चार बार आया है; और अर्धमागधी में °**आण** कभी-कभी °**माण** के स्थान पर आता है (देखिए पिशेल का प्रा० ग्रै० § ५६२)।[39] फिर, °**आनो**, °**आन** वाले भूत कृदन्त तुलसीदास की प्राचीन बैंसवाड़ी में कम नहीं हैं; जैसे **फिरानो, रिसाना, हरषाने** इत्यादि (दे० केलॉग का हिन्दी ग्रै० § ५६०, बी०)। प्राचीन पश्चिमी राजस्थानी के उदाहरण ये हैं—

उल्हाणउ (उप० ११८)=बुझा
क्रियाणउ (प८ ४७)=कीना, खरीदा
क्षोभाणउ (प० १६७)=क्षुब्ध
चँपाणउ (प० ७५)=चाँपा हुआ
छेतराणउ (आदि० ७६)=धोखा खाया हुआ
मूकाणउ (भ० १३, एफ़० ६३३)=मुक्त
मूर्छाणी (स्त्री०) (एफ़ ७८३, ६६)=मूर्छिता
रंगाणउ (प० ४४४)=रँगा हुआ
रीसाणउ (वि० ७)=रुष्ट
वंचाणी (स्त्री०) (एफ ७८३, ६६)=वंचिता
विलखाणी (स्त्री०) (एफ़ ७८३, ६५)=विलखाई हुई
सधाणउ (दश० ७)=पूर्ण।

भूत कृदन्त का यह रूप गुजराती में अवशिष्ठ रह गया और अब भी उत्तरी गुजरात के बोलचाल में मिलता है (ग्रियर्सन, लिंग्विस्टिक सर्वे, जिल्द ६, भाग २, पृ० ३४३)

(३) °**धउ** अंत वाले भूत कृदन्त—में निम्नलिखित ६ उदाहरणों तक सीमित हैं—

कीधउ (कल० २६, प०, ऋष० ३०, आदि०, भ०, आदिच० इत्यादि) =किया, **करइ** से संबद्ध।

खाधउ (प० २५५, योग० ३।३२, ३६)=खाया, **खाइ** से संबद्ध।

---

३९. देखिए गुजराती में उससे मिलते-जुलते दो रूप 'कटाणुं' और 'हटामणुं' (बेलसरे की Etymological Gujarati-English Dictionary, पृ० १६८)

दीधउ (योग० २।४१, इन्द्रि० ३, प्र० १७, प०, आदि०, आदिच० इत्यादि) = दिया, **दिइ** से संबद्ध ।

पीधउ (कल० ११, प्र० ४२८, एफ ७०६) = पिया, **पीइ** से संबद्ध ।

***बीधउ** (तुलनीय आधुनिक गुजराती **बीधो**) = भयभीत, **बीहइ** से संबद्ध ।

लीधउ (शालि० ३४, उप० इत्यादि) = लिया, **लिइ** से संबद्ध ।

ये रूप आधुनिक गुजराती और मारवाड़ी में अभी भी जीवित हैं और इन्होंने आधुनिक भारतीय भाषाओं के तुलनात्मक ढंग से अध्ययन करने वालों का ध्यान पहले से ही आकृष्ट किया है। परंतु इनकी संतोषप्रद व्याख्या नहीं की जा सकी है। इस प्रश्न पर बहुत दिनों तक विचार करने के बाद मैं अंत में इस निष्कर्ष पर पहुँचा हूँ कि °**धउ** की उत्पत्ति °न्हउ में **द** श्रुति के समावेश द्वारा हुई है। यह प्रक्रिया अपभ्रंश के अति परिचित शब्द **पण्णरह** (<सं० **पञ्चदश**) के परिवर्तन से बहुत कुछ मिलती-जुलती है जो प्राचीन पश्चिमी राजस्थानी में **पनर** (§ ८०) हो गया, किन्तु जिससे गुजराती और मारवाड़ी में **पन्दर** पंजाबी में **पन्दराँ**, सिन्धी में **पन्दरहँ** तथा **पन्ध्रँ** और मराठी में **पन्धरा** रूप बनते हैं। प्रोफेसर पिशेल ने दिखलाया है कि प्राकृत भूतकृदन्त **दिण्ण*** **दिद्-न** (प्रा० ग्रै० § ५६६) से निकला है और दूसरी ओर इस प्रमाण का अभाव नहीं है कि संस्कृत की अपेक्षा प्राकृत में भूत कृदन्त प्रत्यय-**न** का प्रचलन अधिक है। –**न** प्रत्यय वाले ये अनुमानित रूप ***कृण्-न**>***कृण्ण**, * **खाद्-न**> ***खान्न** ***दिद्-न**>***दिन्न**, ***पिप्-न**, ***बिभ्–न**, ***लिन्–न** ही हैं जिनसे प्राचीन पश्चिमी राजस्थानी के भूत कृदन्त के °**ध** (**उ**) वाले रूपों का इतिहास जाना जा सकता है। मध्यवर्ती अवस्थाएँ (कः स्वार्थे के साथ) ये हैं : अप० ***किण्णउ**, ***खण्णउ**, **दिण्णउ** (**दिण्हउ**), ***पिण्णउ**, ***बिण्हउ** (१), ***लिण्णउ** (**लिण्हउ**) जिनसे § ४१ के अनुसार प्राचीन पश्चिमी राजस्थानी में **कीन्हउ**, ***खान्हउ**, **दीन्हउ**, ***पीन्हउ**, ***बीन्हउ**, **लीन्हउ**, रूप बनते हैं और फिर इसके बाद **न्** के स्थान पर **द्** श्रुति का समावेश हो जाने से **कीधउ**, **खाधउ**, **दीधउ**, ***बीधउ**, **लीधउ** रूप बनते हैं। इससे एकदम मिलता-जुलता मामला प्राकृत **चिन्ध** का है जो ***चिन्ह**<सं० **चिन्ह** से निकला है (दे० पिशेल का प्रा० ग्रै० § २६७)। **कीन्हउ**, **दीन्हउ**, **लीन्हउ** समूह पूर्वी राजस्थानी और फिर उसके आगे ब्रज और तुलसीदास की प्राचीन बैसवाड़ी में भी मिलता है। मेरे पास प्राचीन पश्चिमी राजस्थानी की जो सामग्री है उसमें मुझे **बीधउ** का कोई उदाहरण नहीं मिला। लेकिन आधुनिक गुजराती के आधार पर इसकी कल्पना करना सुरक्षित है। इसके स्थान पर प्राचीन पश्चिमी राजस्थानी **बीहनउ** (प० २२७, ४५१) मिलता है जो आधुनिक गुजराती **बीनो** का जनक है और जो संभवतः उपर्युक्त-**न्ह** वाले ***बीन्हउ** से उत्पन्न हुआ है। **वजाध्याँ** का **धउ** एकदम अपवाद है, जो **वजावइ** (कान्ह० ७८)

का नपुंसक बहुवचन भूत कृदन्त है। लाधउ "प्राप्त" (आदि० २९, भ० ५३ आदिच०) का इस °धउ से कोई संबंध नहीं है क्योंकि यह नियमित रूप से अपभ्रंश लद्धउ<सं० लब्धकः से व्युत्पन्न है। यही बात सीधउ, प्रतिबूधउ तथा निम्नलिखित पैराग्राफ़ों में पाए जाने वाले ऐसे ही अन्य शब्दों के बारे में भी लागू होती है।

(४) व्यंजनान्त धातुओं से निर्मित –त या–न वाले मूल संस्कृत कृदंतों से उत्पन्न भूत कृदन्त—इस यौगिक रूप के दोनों तत्वों में से एक धातु का अंतिम व्यंजन है और दूसरा संस्कृत प्रत्यय है। अपभ्रंश में इन दोनों में सारूप्य (assimilation) हो गया है और फिर प्राचीन पश्चिमी राजस्थानी में § ४० के अनुसार सरलीकरण। उदाहरण—

कण्ठ्य : **भागउ** (प० २९९, ५१७)<अप० **भग्गउ**<सं० **भग्नकः**
लागउ (दशदृ० ८)<अप० **लग्गउ**<सं० **लग्नकः**

मूर्धन्य : **छूटउ** (प० ३२४)<अप० **छुट्टउ** (? दे० हेमचन्द्र की देशीनाममाला २।७४)<सं० * **क्षुट्टकः** (√**क्षुड्**)

त्रूटउ (आदिच०)<अप० **तुट्टउ** (§ ३१)<सं० ***त्रुट्टकः** (√**त्रुट्**)

दीठउ (प०, योग०, भ० ४, दशदृ० इत्यादि)<अप० **दिट्ठउ**<सं० **दृष्टकः**

नाठउ (प० १९५, ५८२ दशदृ०)<अप० **णट्ठउ**<सं० **नष्टकः**

पईठउ, पइठउ (ऋष: ५५, आदि० १७)<अप० **पइट्ठउ**<सं० **प्रविष्टकः**

बइठउ (एफ़ ५३५।३२)<अप० **उवइट्ठउ** (§ ५, (३))<सं० **उपविष्टकः**

रूठउ (प० ३४९)<अप० **रुट्ठउ**< **रुष्टकः**;

बूडउ (एफ़ ६१६, २१)<अप० **बुड्डउ**<सं० **बुड्णकः**।

दन्त्य : **खूतउ** (प० ५३, दश०, इन्द्रि० ६१, षष्टि० ८०)<अप० **खुत्तउ** <सं० **क्षुप्तकः**;

जीतउ (इन्द्रि० ४)<अप ***जित्तउ** (दे० जैनमाहाराष्ट्री **जित्त**, याकोबी का माहा० एर्त्स० १३।६ और पिशेल का प्रा० ग्रै० § १९४)<सं० **जितकः**,

पहुतउ, पुहुतउ (प० १६५, १६८, उप०, १०५, आदिच० इत्यादि)< अप० * **पहुत्तउ**<सं० **प्रभूतकः**,

मातउ (इन्द्रि० ११)<अप० **सुत्तउ**<सं० **सुप्तकः**,

प्रतिबूधउ (आदिच०)<अप०–**बुद्धउ**<सं० **प्रतिबुद्धकः**,

बाधउ (भ० ७६,७८)<अप० **बद्धउ**<सं० **बद्धकः**

लाधउ (उप० ८१, आदि २९, भ० ५३, आदिच०)<अप० **लद्धउ**< सं० **लब्धकः**

सीधउ (एफ़ ५३५।४।१२) < अप० सिद्धउ < सं० सिद्धकः ।

दन्त्य अनुनासिक : ऊपनउ (भ० १८) < उप्पण्णउ < सं० उत्पन्नकः नीपनउ (एफ़ ५३५, दश०) < अप० णिप्पण्णउ < सं० निष्पन्नकः ।

(५) °अलउ, °इलउ वाले भूत कृदन्त—प्राचीन पश्चिमी राजस्थानी की जितनी पांडुलिपियाँ मैंने देखी हैं उनमें ल तत्त्व वाले भूत कृदन्त के केवल ये उदाहरण मिले हैं: सुणिल्ला "सुना" < सुणइ और धुणिल्ला 'धुना हुआ' < धुणइ । ये दोनों काव्यगत रूप हैं और दोनों ही सं० १६४१ की पांडुलिपि एफ़ ७१५ में २।६० में आए हैं। इनके अतिरिक्त ऋष० १४८ में कीधलुं 'किया हुआ' भी मिला है । जैसा कि सभी जानते हैं आधुनिक गुजराती में विकल्प से °एलो या °एल प्रत्यय (अव्यय) के द्वारा भूत कृदन्त बनाया जाता है और इस मामले में वह मराठी, उड़िया, बँगला और बिहारी तथा उन सभी भाषाओं से मिलती-जुलती है जिनमें यह प्रत्यय लगाकर भूत कृदन्त बनता है ।

ल वाले भूत कृदन्त की व्युत्पत्ति बहुत दिनों तक आधुनिक भारतीय भाषाओं के अध्येताओं के लिए अज्ञात रही है । सामान्य व्युत्पत्ति के अनुसार ल का संबंध संस्कृत °इत से है जो प्राकृत °इद से होता हुआ द से पहले ड > र और फिर ल हो गया । पर इस तरह की व्याख्या के मार्ग में दो कठिनाइयाँ हैं । पहली तो यह कि प्राकृत में द से ड का परिवर्तन बहुत सन्देहास्पद हैं ; हेमचन्द्र के सूत्र १।२१७-८ (सिद्धहेम०) में ही कुछ उदाहरण मिलते हैं जिनमें से अधिकांश में द आद्य है और यह किसी तरह संभव नहीं है कि प्राकृत दन्त्य व्यंजन पहले मूर्धन्य हो और लौटकर फिर दन्त्य हो जाय । दूसरी बाधा यह है कि गुजराती में मूल ड कभी ल नहीं होता बल्कि ल़ होता है जैसा कि सोल़ < सोल़ह < सं० षोडश के उदाहरण से विदित होता है । डा० होर्नले (गौडियन ग्रैमर § ३०६) ने ल को सीधे द से उत्पन्न मानकर पहली कठिनाई से बचने की कोशिश की है, किन्तु यहाँ भी द > ल परिवर्तन प्राकृत में अत्यंत विरल है और कुछ स्थानों पर जहाँ यह होता हुआ प्रतीत भी होता है, यह संदेहास्पद है कि ल शुद्ध दन्त्य है या मूर्धन्य ल़ जो द से ड होकर बना है । यह उपर्युक्त व्युत्पत्ति एकदम असंभव प्रतीत होती है । यह तथ्य बहुत पहले रेवरेण्ड केलॉग को भी हिन्दी ग्रैमर (१८७५) के प्रथम संस्करण में खटका था और कुछ वर्ष बाद मि० बीम्स को भी, जिन्होंने अपने 'कम्पैरेटिव ग्रैमर' के तृतीय जिल्द (१८७९) में यह स्थापना की कि आधुनिक भारतीय ल कृदन्त किसी प्रकार स्लाव भूतकालिक (Preterite) ल से संबद्ध किया जा सकता है उनके अनुसार यह किसी ऐसे प्राचीन रूप का अवशेष जो न तो लौकिक संस्कृत में सुरक्षित रहा और न लिखित प्राकृतों में बल्कि भारोपीय परिवार की विभिन्न भाषाओं के अलग होने के पहले मौजूद था ।

किन्तु सही व्याख्या इससे कहीं अधिक सरल है। सत्य के निकट पहुँचने वालों में सर्वप्रथम सर चार्ल्स ल्याल (Lyall) हैं जिन्होंने अपनी 'स्केच ऑफ़ द हिन्दोस्तानी लैंग्वेज' (१८८०) में सुझाव दिया कि ल तद्धित प्रत्यय है। उनके बाद श्री आर० जी० भण्डारकर ने अपने 'विलसन लेक्चर्स' में संकेत किया कि प्राकृत-इल्ल आधुनिक ल का पूर्वरूप है। लेकिन १९०२ ई० में जाकर प्रो० स्टेन कोनो ने अपने 'नोट्स ऑन दि पास्ट टेंस इन मराठी' (रायल एशियाटिक सोसायटी जर्नल, ३५, पृ० ४१७) में उपर्युक्त व्युत्पत्ति को स्पष्टता के साथ ठीक बतलाया। सर जार्ज ग्रियर्सन पहले ही इस निष्कर्ष पर पहुँच चुके थे। आधुनिक **ल** प्राकृत **ल्ल** से उत्पन्न हुआ होगा, यह ऊपर-उद्धृत प्राचीन पश्चिमी राजस्थानी के-**इल्ला** वाले रूपों से ही नहीं प्रमाणित है बल्कि आधुनिक गुजराती की-**एलो**, °**एल** प्रत्यय से भी सिद्ध है जहाँ **ल** दन्त्य है और अनिवार्यतः मौलिक **ल्ल** से संबद्ध है।

प्राकृत तद्धित प्रत्यय –**इल्ल** (**एल्ल**) अवश्य विचारणीय है, जो जैनमाहाराष्ट्री में केवल संज्ञाओं और विशेषणों में ही जुड़ने की क्षमता नहीं रखती, बल्कि भूत कृदन्तों में भी जुड़ सकती है। 'आवश्यक' कथाओं में इसके उदाहरण काफ़ी हैं : **आगएल्लिया** "आई" स्त्री० (ल्यूमान, संस्करण, पृ० २७), **वरेल्लिया** "वरणीता" स्त्री० वही (पृ० २९) **छड्डिएल्लयम्** "छिन्न" (वही, पृ० ४४, नपुं० इत्यादि)। दूसरी पुस्तकों में इसके यत्र-तत्र प्रयोगों का अभाव नहीं है; जैसे **लद्धिल्लियम्** "लब्ध" स्त्री० द्वितीया (धर्मदास-कृत 'उवएसमाला,' २९२) की जैनमाहाराष्ट्री में प्राप्त, **आणिल्लिय**—"लाया" 'विवाहपन्नत्ति' ९६१ की अर्धमागधी में प्राप्त। साहित्यिक जैनमाहाराष्ट्री की रचनाओं में ऐसे रूप कम मिलते हैं तथा 'आवश्यकों' की भाषा में अपेक्षाकृत अधिक मिलते हैं जो हम लोगों के लिए जैनमाहाराष्ट्री की अब तक की प्राप्त सामग्रियों में सबसे अधिक असंस्कृत तथा प्राचीन रूप हैं। इससे यह प्रमाणित होता है कि –**इल्ल** वाले प्राकृत भूत कृदन्तों का प्रयोग ग्राम्य भाषा तक ही सीमित था और परिणामतः साधारण व्यवहार में ही अधिक प्रचलित था। अब प्राकृत तद्धित प्रत्यय–**इल्ल**, –**इल्लअ**,–**इल्लिअ** प्राचीन पश्चिमी राजस्थानी में –**इल**, –**इलअ**, –**इलिअ** या –**अल**,–**अलअ**, –**अलिअ** हो गए (दे० § १४४, १४५)। यही प्रत्यय प्राचीन पश्चिमी राजस्थानी के ऊपर उद्धृत **सुणिल्ला** (**सुणिला** का काव्य-रूप) और **कीधलुं** भूत कृदन्तों में निहित है। °**एलो** वाले आधुनिक गुजराती रूपों की व्याख्या सरलतापूर्वक इस तरह की जा सकती है कि **अ** या **इ** को **अइ** या ए में वृद्धि करने से बने हैं। देखिए §§ २, (३) और ४, (२)।

प्राचीन पश्चिमी राजस्थानी के भूत कृदन्त, चाहे वे इन पाँच वर्गों में से जिसके अंतर्गत हों, नियमित विशेषण की तरह लिंग, वचन और कारक के अनुसार रूप-रचना करते हैं। कविता में ° (**इ**) **अ** वाला असिद्ध रूप कभी-

कभी सभी लिंगों और वचनों में व्यवहृत होता है। इस प्रकार ऋष० ३, १४ में **करिउँ** के लिए **करिअ**, ऋष० ३० में **लोभिउ** के लिए **लोभिअ** और **आविउ** के लिए **आविअ**, ऋष० ५५ **पईठी** के लिए **पईठ**, प० ४४८ में **दीधी, कीधउ** के लिए **दीध, कीध** रूप मिलते हैं।

§ १२७. प्राचीन पश्चिमी राजस्थानी के **भूत कृदन्त का प्रयोग** (१) क्रिया, (२) नपुंसक क्रियार्थक संज्ञा, और (३) विशेषण या संज्ञा (substantive) की तरह होता है। क्रिया की तरह प्रयुक्त होने पर इसमें तीन प्रकार की रचनाएँ होती हैं।

(१) **कर्तरिप्रयोग—हउँ बोलिउ** (उप० २३०) =मैं बोला।

करहउ भणिउ (प० ४६६) =करहा ने कहा।

ब्रह्मदत्त राज्य पाँम्यउ (दशदृ० १)=ब्रह्मदत्त ने राज्य पाया।

कुण मुझ-नें लाव्यो छें (कुमारपुत्रकथा २८)[४०]=कौन मुझे [यहाँ] लाया है।

(२) कर्मणि प्रयोग: **राजकन्या मइँ दीठी** (प० ३३७) =राजकन्या मैंने देखी।

मइँ दीधउँ दाँन (प० २३२) =मैंने दिया दान।

तिँ.........जनम्या श्री जिनराज (ऋष० ६५) =तैंने श्री जिनराज को जना!

मूलदेवइ देवत्त तेडावी पटराँणी कीधी (दशदृ० ६) मूलदेवी ने देवदत्ता को बुलाया और उसे पटारानी किया।

देवताए देवदुन्दुभी वजावी (आदिच०) =देवताओं ने देवदुन्दुभी बजाई।

(३) भावे प्रयोग: निम्नलिखित सभी उदाहरण आदिच० के हैं—

लोके हर्षित थके श्रेयांस-नइ पूछयउ =लोगों ने हर्षित होकर श्रेयांस से पूछा...

वनपालके जाई बाहुबलि नइ वीनव्यउ =वनपालकों ने जाकर बाहुबलि से विनती की.........

सुन्दरी-नइ भरथइ राखी =भरथ ने सुन्दरी को रखा।

इन तीनों उदाहरणों में देखा जा सकता है कि क्रिया कर्म के लिंग के अनुसार है जैसा कि आधुनिक गुजराती में भी होता है। परंतु, सर जार्ज ग्रियर्सन ने मु० से उद्धरण दिए हैं (लिं० स० इँ, जिल्द ९, खंड २, पृ० ३६०) उनमें कृदन्त नपुंसक में है और ऐसा ही प० ३१४ के निम्नलिखित उद्धरण में भी है—

ते पुंसली बन्धाविउँ वली=[उसने] उस पुंश्चली को फिर बाँधा। भूत

४०. देखिए § १२५ की पादटिप्पणी ३८।

कृदन्त के इन तीनों प्रयोग में से प्राचीन पश्चिमी राजस्थानी में द्वितीय प्रयोग सबसे अधिक प्रचलित है।

§ १२८. **क्रियार्थक संज्ञा**—भूत कृदन्त जब क्रियार्थक संज्ञा की तरह प्रयुक्त होता है तो इसके रूप नपुंसक (-पुल्लिग) की तरह चलते हैं। कर्ता कारक का एक भी उदाहरण नहीं मिलता। इसकी दो प्रकार की रचनाएँ होती हैं।

(१) परसर्ग के साथ विकारी रचना—जैसे :

पुण्य कर्या बिना (एफ़ ७२२, ६३) =पुण्य किए बिना।

सेत्तुंज-गिर सेव्यां व्यनां (वही, ६४) =शत्रुञ्जय को सेवे बिना।

नीसर्या पछी (आदि० १६) =निसरने के पीछे।

उजेणी-थी मूलदेव चाल्या पछी (दशदृ० ६) =उज्जयिनी से मूलदेव के चलने पर।

चीव्या पूठइ (आदिच०) =क्षीजने पर।

(२) भावे-सप्तमी प्रयोग—जिसमें भूत कृदन्त सप्तमी, तृतीया या षष्ठी बहुवचन में होता है। इनमें से पहला सबसे अधिक प्रचलित है और इसी से पूर्वकालिक प्रत्यय °ई की व्युत्पत्ति हुई है जैसा कि आगे (§ १३१) दिखाया जायगा। उदाहरण :

मद्य पीधइ गहिलाई करउ (प० ३०२) =मद्य पीने पर [तुम] पागलपन करते हो।

ए जनम्यइँ देस्युँ नाम वर्धमान-कुमार (एफ़ ५३५।४।२)=इसके जन्मने पर वर्धमान-कुमार नाम दूंगा।

विवादि ऊपनइहूँतइ (षष्टि० ५२) =विवाद उत्पन्न होने पर।

जाइँ पाप जस लीधइ नामि (शालि० ३४) जिसका नाम लेने पर पाप जायँ।

सोस कर्यइँ स्युँ थाय (एफ़ ५३५, ४।७)=शोक करने से क्या लाभ ?

उपर्युक्त उदाहरणों में से अंतिम में यह निर्णय करना कठिन है कि **कर्यइं** सप्तमी है या तृतीया। षष्ठी बहुवचन के निम्नलिखित उदाहरण प्राप्त हुए हैं :

रहिज्यो बइठां घरि (प० २६६) =घर में बैठे रहियो!

हूँ आविउ हूँतउ रोतां सुणी (प० ५३५) =तुम्हें रोता सुनकर मैं आया।

नाठां जाय (कान्ह० ४६)=[वे] उड़ गए।

आगि समीपि रह्यां (इन्द्रि० ४२) =आग के समीप रहते।

यौवन-नइ विषइ रह्यां (इन्द्रि० ६८) =यौवन के रहते।

यहाँ भी यह कहना आवश्यक है कि तथाकथित क्रियाविशेषण वर्तमान कृदन्त (§ १२४) की तरह—°आं अपभ्रंश °आहँ (°अहँ), षष्ठी बहुवचन

विभक्ति का संकुचित रूप है। क्रियाविशेषण-वर्तमान कृदन्त के वज़न पर इन भावे षष्ठी रूपों को क्रियाविशेषण-भूत कृदन्त कहा जा सकता है। ये भी आधुनिक गुजराती और मारवाड़ी दोनों में जीवित हैं।

§ १२९. **विशेषण**—भूतकृदन्त जब विशेषण की तरह प्रयुक्त होते हैं तो इनके बाद प्रायः सहायक क्रिया का वर्तमान कृदन्त हूँतउ आता है (देखिए §१२२ पर वर्तमान कृदन्त का सदृश-उदाहरण) दश० से निम्नलिखित दो उदाहरण लीजिए—

गिउ हूँतउ (५।२) = गया हुआ।

रूठउ हूँतउ = रूठा हुआ।

हूँतउ के स्थान पर **थकउ (थिकउ)** भी मिलता है; जैसे—

बइठी थकी (आदिच०) = (स्त्री०) बैठी हुई।

हर्षिउ थिकउ (उप० ६) = हर्षित हुआ।

अपभ्रंश में **थक्किउ** के सदृश प्रयोग के लिए देखिए प्राकृत-पैंगलम् १।१६० प० के निम्नलिखित दो उद्धरणों में **रहइ** के साथ भूत कृदन्त का प्रयोग उसी तरह हुआ है जैसे हिंदी तथाकथित सातत्य-बोधक का (देखिए केलॉग का हिंदी ग्रैमर §§ ४४२, ७५४, डी.) :

आज स्वामि सहु भूख्या रहइ (प० ४८४) = आज हे स्वामि, सभी भूखे रहें।

अणबोलिउ रहिउ (प० ४८४) = [वह] अनबोला रहा।

संज्ञा (Substantive) के रूप में भूत कृदन्त का प्रयोग।

कहिउँ नवि करिउँ (प० ५५१) = मेरा कहा [तुमने] नहीं किया।

जउ कहिउँ करउ (प० ५५२) = यदि करो [तो] कहूँ।

§ १३०. **भूत कृदन्त-निर्मित संयुक्त काल**—

पूर्ण : **आविउ छूं इहा** (प० ४१७) = यहाँ आया हूँ।

निद्रा-वसि हूई छइ बाल (प० ३४१) = बाला निद्रा के वश में हुई है।

आव्या छूं अम्हे (रत्न० १७५) = हम आए हैं।

मूंस्या छि (४।११६) = [वे] मुक्त हुए हैं।

आगइँ वखाणिउँ छइ (आ०) = आगे बखाना गया है।

लोक भेला थया छइ (आदिच०) = लोग एकत्र हुए हैं।

परोक्ष भूत (Pluperfect) : **कहिउँ तउँ** (प० ६८१) = कहा गया था।

कह्या हता तेहवा ते कर्या (प० ३७) = [जैसा] कहा गया था वैसा उसे किया।

जे ब्राह्मण संघातइ अटवी लाँघी हती (दशदृ० ६) = ब्राह्मण जिनकी संगति में अटवी लाँघी थी।

गया हता (आदिच०) = गया हुआ था।

हेतुहेतुमद्भूत : **आज-लगइँ हूँ आचार्य हूउ होयत, जइ किम्ह-इ हूँ साधु-योग्य दीक्षा-नइँ विषइँ रमिउ होयत** (दश० ११।८) = आज तक मैं आचार्य हुआ होता, यदि मैं साधु-योग्य दीक्षा के विषय में कुछ भी रमा होता।

§ १३१. **पूर्वकालिक कृदन्त**—प्राचीन पश्चिमी राजस्थानी में ये दो प्रकार से बनाए जाते हैं :

(१) धातु में—**एवि** प्रत्यय जोड़कर जो अपभ्रंश—**एवि** (पिशेल का प्रा० ग्रै० § ५८८) के सदृश है और संस्कृत की प्राचीन सप्तमी—**त्वी** से निकला है। पूर्वकालिक कृदन्त का यह रूप प्राचीन पश्चिमी राजस्थानी में बहुत कम प्रयुक्त हुआ है और मुख्यतः कविता तक ही सीमित रहा है। स्पष्टतः यह अपभ्रंश अवशेष है जो तेजी से समाप्त हो रहा है।

उदाहरण :

भणेवि, धरेवि (वि० २७) **जोडेवि** (ऋष० ७७)
पणमेवि (शालि० १) **पणमेवीअ** (ऋष० १)
वनदेवो (एफ़ ७१५।१।२) **जोडेवि करि** (एफ़ ६४६।१)

(२) धातु में—**ई** प्रत्यय जोड़कर। प्राचीन पश्चिमी राजस्थानी में पूर्वकालिक कृदन्त का यह सामान्य रूप है और यह आधुनिक गुजराती तथा आधुनिक राजस्थानी की मालवी जैसी कुछ बोलियों में अपरिवर्तित रूप में जीवित है (ग्रियर्सन का लिं० स० इं०, जिल्द ६, भाग २, पृ० ५७)। पहले मैं कुछ उदाहरण दूंगा, फिर इनको व्युत्पत्ति-संबंधी विवाद में प्रवेश करूँगा।

नमी (शील० १) **लेई** (प०, योग० ४।२५, आदिच० इत्यादि)
विस्तारी (कल० ५) **जाई** (प० शालि० १२, १६, एफ़ ५३५।२।५)
वउलावी (प० ६७८)

कविता में—**ई** के बाद प्रायः स्वार्थिक **अ** आता है (§ २, (६)); जैसे—

पालीअ (ऋष० १५) **मारीअ** (वि० ७)
छांडीअ (ऋष० ५६) **पणमीअ** (वि० १, एफ ७१५।१।२०)
वरीय (ज० ४)

गद्य और पद्य दोनों में पूर्वकालिक—**ई** को जोरदार बनाने के लिए प्रायः उसके बाद स्वार्थे **नइ** परसर्ग जोड़ दिया जाता है; जैसे—

करी-नइ (ऋष० ८, प० २७६) **मेहली-नइ** (कान्ह० ६७, भ० ७०)
वांची-नइ (वि० २०) **जाणी-नइ** (भ० ६२)
थई-नइ (प० २७५) **छांडी-नइ** (आदि० ७)
मिलीअ-नइ (ऋष० ६३) **भोगवी-नइ** (इन्द्रि० २३)

या **करी** परसर्ग जोड़ा जाता है; जैसे—

तेडावी-करी (प० १७२) **देखी-करी** (आदिच०)
भोगवी करी (शील० ४)

स्पष्ट है कि प्राचीन पश्चिमी राजस्थानी के उपर्युक्त रूप में अन्त्य से ठीक पहले वाला पूर्वकालिक कृदन्त गुजराती °**ई-ने** का जनक है, जब कि अन्त्य रूप मारवाड़ी °**अ–कर** (<°**इ-करि**) पंजाबी °**इ-कर** ब्रज °**इ–करि** इत्यादि सबल रूप है।

अब तक आधुनिक भारतीय भाषाओं के अध्येताओं की धारणा थी कि गुजराती पूर्वकालिक कृदन्त की °**ई** प्रत्यय अपभ्रंश–°**इ**<सं० **य** से उत्पन्न हुई है। परंतु यह एकदम असम्भव है क्योंकि किसी आधुनिक भाषा में ऐसे ही स्थल पर अपभ्रंश की अन्त्य **इ** के **ई** हो जाने का कोई प्रमाण नहीं मिलता। दूसरी ओर यह भी सोचना संभव नहीं है कि प्राकृत प्रत्यय °**इअ** अपभ्रंश में भी होती थी। इस तरह कोई विश्वसनीय और सुरक्षित आधार नहीं है और प्राकृत वैयाकरणों ने भी इस तरह के प्रत्यय की उपेक्षा की है। फिर यदि आधुनिक भाषाओं का पूर्वकालिक कृदन्त संस्कृत °**य** से निकला हो अर्थात् प्राचीन तृतीया से, जिसका मूल कारक-अर्थ वैदिक युग से ही खो गया है, तो आधुनिक भाषाओं के लिए यह एकदम असाधारण बात होगी कि उन्होंने एक मूल विभक्ति-रूप को खोजकर उसके साथ परसर्ग जोड़ दिया।

सही व्याख्या की कुंजी भूत कृदन्त के भावे-प्रयोग में मिलती है जिस पर § १२८ (२) के अन्तर्गत विचार किया जा चुका है। भूत कृदन्त का भाव-सप्तमी प्रयोग अपभ्रंश में धड़ल्ले से होता था। यही ढंग प्राचीन पश्चिमी राजस्थानी तथा अन्य सजातीय भाषाओं में भी सुरक्षित रहा। ऐसे ही भाव-सप्तमी कृदन्तों से प्राचीन पश्चिमी राजस्थानी के °**ई** वाले पूर्वकालिक कृदन्त उत्पन्न हुए हैं; जिसमें °**इ-इ** संकुचित होकर °**ई** हो गया जैसा कि °**ई** वाले तृतीया-रूपों में हुआ है (दे० §§ १०, (३), ५३, ५६)। इस तरह **करि-इ** (**करिउ** का सप्तमी रूप) से पूर्वकालिक कृदन्त **करी** उत्पन्न हुआ है।[४१]

§ १२८ (२) के अन्तर्गत आए हुए भूत कृदन्त के भाव-सप्तमी रूपों और प्रस्तुत शीर्षक के अन्तर्गत उद्धृत पूर्वकालिक कृदन्त के रूपों की तुलना करने पर हम यह ध्यान दिए बिना न रहेंगे कि पूर्वकालिक कृदन्तों की रचना °**इउ** वाले भूत कृदन्तों से हुई है और भाव-सप्तमी वाले रूपों की रचना या तो °**यउ** वाले भूत कृदन्तों से हुई है या °**अउ** वाले से, जो कि वर्तमान की प्रकृति से उत्पन्न नहीं हुए हैं। संभवत: इससे इस बात की व्याख्या हो जाती है कि ये सिमटकर °**ई** क्यों हो गए और दूसरे नहीं हुए तथा °**इइ** °**अइ** की अपेक्षा संकोचन में

---

४१. कुछ स्थलों पर प्राचीन पश्चिमी राजस्थानी के पूर्वकालिक कृदन्त का संबंध मूल तृतीया से भी दिखाया जा सकता है क्योंकि रूप की दृष्टि से तृतीया और सप्तमी एक-से हैं दश० ५ का निम्नलिखित उद्धरण देखिए—

'किसइ करमिं-करी मझ-रहइ ए फल हूया' = कि कृत्वा ममेदं फलं जातम्।

सबलतर प्रवृत्ति प्रदर्शित करते हैं। इस तरह आदिच० के निम्नलिखित उदाहरणों में °इइ संकोचन से बचने के लिए °अइ हो गया :

पचइ आहार करउ (पृ० ८ बी)=पकाकर आहार किया।

वरस पूरइ थयइं (पृ० १० बी)=वर्ष पूरा करके।

(देखिए °अइ (<°इइ) वाले एकवचन स्त्रीलिंग के सप्तमी तृतीया रूप, जैसे **मुगतइ**<**मुगति**, **विधइ**<**विधि**, इत्यादि)।

मेरे इस मत के सही होने की पुष्टि आगे के इन प्रमाणों से भी होती है :

(१) पूर्वकालिक कृदन्त में **नइ**, **करी** (<**करि-इ**) सप्तमी-परसर्ग जोड़े जाते हैं। यह तथ्य ऐसा है जिसकी व्याख्या तब तक नहीं हो सकती जब तक हम यह न मान लें कि पूर्वकालिक कृदन्त भी सप्तमी-रूप है। यह ध्यान देने योग्य है कि कुछ आधुनिक भाषाओं में पूरा रूप **कनइ** (जिससे मेरी व्युत्पत्ति (§ ७१, (२)) के अनुसार **नइ** संक्षिप्त रूप बना है) पूर्वकालिक कृदन्त में जोड़े जाने वाले उत्तर अंश के रूप जीवित है। देखिए मेवाड़ी–**कने** (केलाग, हिन्दी ग्रैमर, § ४९८), बघेलखंडी **कनाई** और नेपाली **कन**।

(२) सजातीय भाषाओं में भी ऐसा ही प्रयोग होता है। वे भी पूर्वकालिक कृदन्त का अर्थ देने के लिए भूतकृदन्त का भावे प्रयोग करती हैं। अपने को केवल एक किन्तु व्यापक उदाहरण तक सीमित रखते हुए मैं हिंदी को उद्धृत करूँगा जहाँ **°ए**(<°**अ-इ** <°**अ-हि**, सम्भवतः सप्तमी) रूपवाले भावे कृदन्त काफ़ी प्रचलित हैं। तुलसीदास की प्राचीन बैसवाड़ी में ऐसे भावे–कृदन्त बहुत मिलते हैं और वे आधुनिक हिंदी के पूर्वकालिक कृदन्त का ही कार्य करते हैं।

निम्नलिखित उदाहरण लीजिए—

कछुक काल बीते सब भाई। बड़े भए (रामचरितमानस, १।२०३)= कुछ काल बीतने पर सब भाई बड़े हुए।

समय चुके पुनि का पछताने (वही, १।२६१)=समय चुकने पर फिर पछताना क्या ?

(३) नेपाली में भी **गे** (–**कन**)<**जानु**, **भै** (–**कन**)<**हुनु** जैसे पूर्वकालिक कृदन्त मिलते हैं (केलॉग, हिंदी ग्रैमर § ५२१)। यदि संभव है तो यह सबसे ठोस प्रमाण है जिससे निश्चय होता है कि पूर्वकालिक कृदन्त मूलतः भूत कृदन्त से बना था, न कि धातु से।

§ १३२. **शक्तिबोधक तथा तीव्रता-बोधक—सकवउँ** "सकना", **जावं** "जाना", **नाँखवउँ** "फेंकना", **रहवउँ** "रहना" इत्यादि क्रियाओं के साथ पूर्वकालिक कृदन्त का प्रयोग करके शक्तिबोधक (Potential) और तीव्रता बोधक (Intensive) बनाया जाता है। पूर्वकालिक कृदन्त का ऐसा प्रयोग अधिकांश आधुनिक भारतीय भाषाओं में प्रचलित है और जहाँ तक विधि का संबंध है, इसका इतिहास प्राकृत से दिखाया जा सकता है। पूर्वकालिक कृदन्त के **°ऊण**

वाले रूपों के साथ विधि के छिटपुट प्रयोग धर्मदास के 'उवएसमाला' की जैन महाराष्ट्री में मिल जाते हैं। इस विषय में प्राचीन पश्चिमी राजस्थानी में °ई (मूलतः सप्तमी रूप) वाले पूर्वकालिक कृदन्त के प्रयोग के लिए हम संस्कृत का उल्लेख कर सकते हैं, जहाँ √शक् क्रिया धड़ल्ले से सप्तमी की क्रियार्थक संज्ञा के साथ प्रयुक्त होती है।

शक्तिबोधक (Potential) के उदाहरण :

नवि नीसरी सकइ (प० ५३) = नहीं निकल सकता।

हउँ किम जई सकउँ (प० ५०१) = मैं कैसे जा सका।

बोली न सकइ (योग० ३।७०) = बोल नहीं सकता।

सकीइ भ्रागि निवारी (इन्द्रि० ९) = आग निवारी जा सकती है।

इनमें से अंतिम उदाहरण में **सकवउँ** का प्रयोग ठीक संस्कृत के **शक्यते** की तरह कर्मवाच्य में हुआ है।

तीव्रता या बल-बोधक (Intenive) उदाहरण :

त्रूटी जाइ (भ० ७४) = टूट जाता है।

अनेक वरस वही गया (दशदृ० ५) = अनेक वर्ष बह गया।

ते छिद्र मिली गयउ (दशदृ० ८) = वह छिद्र बंद हो गया।

दिसो-दिसइँ ऊडाडी नाँख्यउ (दशदृ० ९) = दशो दिशाओं में फूट पड़ा।

जोई रहिउ (प० २९८) = जोहता रहा।

एकेन्द्री सघलाँ लोक-माँहि व्यापी रह्या छइ (एफ ६०२, १) = एकेन्द्रिय सकल लोक में व्याप रहे हैं।

§१३३. **क्रियार्थक-संज्ञा** (Gerundive)—इसकी रचना धातु में **-इवउ** >- **अवउ** प्रत्यय जोड़ने से होती है। अपभ्रंश **-एव्वउ,-इएव्वउ** और संभवतः ***-एवउ** (दे०-**एवा**) होता है जो संस्कृत, ***-एय्यकः** (दे० पिशेल का प्रा० ग्रै §§२५४, ५७०) से निकला है। वह वास्तविक 'Participium necessitatis' है और यह कर्ता के अनुसारी विशेषण की तरह प्रयुक्त होता है। उदाहरण :

एक करिवउ उपाय (प० १८) = एक उपाय करना है।

माहरउ अपराध खमिवउ (आदि च०) = मेरा अपराध क्षमा करना।

हिंसा न करवी (योग० २।२१) = हिंसा न करनी चाहिए।

अनेरी कलत्र वर्जवी (वही, २।७६) = अन्य की स्त्री वर्जनी चाहिए।

असत्यपणुं छाँड़िवुं (वही, २।५६) = असत्यपन छोड़ना चाहिए।

यत्न करिवुं (इन्द्रि० ४) = यत्न करना चाहिए।

ते धीर सुभट जाणिवा (वही ४४) = उन्हें धीर सुभट जानना चाहिए

कविता में **-इवउ** के लिए प्रायः—**एवउ** लिखा जाता है; जैसे—

काइअ करेवउँ (प० ९६) = किसी को करना चाहिए।

ठाँमि धरेवा -बेउ (वही १०५) =दोनों को [उचित] स्थान पर धरना चाहिए।

§ १३४. **क्रियार्थक संज्ञा** (Infinitive) — प्राचीन पश्चिमी राजस्थानी में इनकी रचना दो प्रकार से होती है : (१) **–इवउँ** > **–अवउँ** प्रत्यय द्वारा (२) **—अण** प्रत्यय द्वारा।

यह कहने की आवश्यकता नहीं है कि–**इवउँ** वाली क्रियार्थक संज्ञा वस्तुतः–तव्यत् वाली क्रियार्थक संज्ञा का ही नपुंसक रूप है और विशेष्य (Substantive) की तरह प्रयुक्त है। तृतीया में इसका रूप **–एवइँ** विकारी षष्ठी में **–इवा** और सप्तमी में **–इवइ** होता है और बहुवचन द्वितीया तथा तृतीया में भी इसके रूपों के उदाहरण मिलते हैं।

विभिन्न कारकों के उदाहरण :

प्रथमा एकवचन : **पाछउँ वलिवउँ** (दश० ४) =पीछे मुड़ना

दाँत-नु धोइवुँ (वही, ३।३) =दाँत को धोना

तृतीया एकवचन : **अवर्णवाद बोलवइँ** (आदि० ६५) =अवर्णवाद बोलने से।

साचइँ जाणीवइँ करी (षष्टि० ६८) =शुद्ध ज्ञानेन।

षष्ठी-विकारी एकवचन (सपरसर्ग) :

गणिवा-तणइँ कारणि नहीं समर्थ हुई (कल० ३) =गिनने के विषय में समर्थ नहीं हुई।

रात्रि जिमवा-तु (योग० ३।६७) =रात्रि में जीमने से

तेह-माहि आविवा-नी अनुज्ञा (श्रा०) =उसमें आने की अनुज्ञा।

देखवा-निमित्तइँ (दशदृ० ७) =देखने के निमित्त से।

खाइवा-नी वाँछा (आदिच०) =खाने की वांछा।

सप्तमी एकवचन : **क्रिया करिवइ** (मु०) =क्रिया करने में।

अर्थ-नइ धरिवइ तप निरर्थक थाइ (उप० ५१) =अर्थ के रखने पर तप निरर्थक हो जाता है।

द्वितीया बहुवचन : **शिख्या-नाँ देवाँ सहइँ** (वही, १५४) =[वे] शिक्षाओं के देने को सहते हैं।

तृतीया बहुवचन : **एह्वे करेवे तप जाइ** (वही, ११५) =ऐसे [कार्यों] के करने से तप जाता है।

अनेक विकथादिक-ने बोलवे (वही, २२४) =अनेक विकथादिकों के बोलने से।

जैसा कि पहले कहा जा चुका है, परसर्गों के साथ प्रयुक्त होने के अतिरिक्त—**इवा** वाले षष्ठी-विकारी रूप प्रायः **लागवउँ, देवउँ, पामवउँ वाछवउँ** जैसी क्रियाओं के साथ आरंभ-बोधक, अनुमति-बोधक, अवकाश-बोधक

और इच्छा-बोधक बनाने के काम आते हैं। उदाहरण—

आरंभ-बोधक : **घर पाडेवा लागा** (कान्ह० ९५) =[वे] घर गिराने लगे।

चींतविवा लागउ (आदिच०) = चिन्तन करने लगा।

अनुमति-बोधक : **स्वामी भव्य-जीव-नइ धर्म-थकी चूकवा न दिइँ** (आ०) = स्वामी ने भव्य ने जीवों को धर्म से चूकने नहीं दिया।

अवकाश बोधक : **पइसिवा न पामइँ** (दशद्० १) पैठने नहीं पाया।

चालवा को नवि लहि (ऋष० २) = कोई नहीं चलने पाया।

इच्छा-बोधक : **ओल्हववा वांछइ** (योग० २।८२) = बुझना चाहता है।

जीपवा वांछइ (योग० ३।१३४)[४२] = जीतने की वाञ्छा करता है।

शील० १०७ के निम्नलिखित उद्धरण में षष्ठी-विकारी का-**इवा** वाला रूप विधि (Potential) बनाने के लिए भी प्रयुक्त हुआ है;

भाँजिवा न सकइ = तोड़ नहीं सकता।

मु० के वक्तव्य के अनुसार (ग्रियर्सन का लि० सं० इं, जिल्द ९, भाग २, पृ० ३६२)—जो हालाँ कि स्वयं उसी में किसी उदाहरण-द्वारा प्रमाणित नहीं होता—**इवा** वाला षष्ठी-विकारी रूप प्रयोजन-वाचक तुमुन्नन्त क्रियार्थक संज्ञा के लिए भी प्रयुक्त हो सकता है। इसके उदाहरण प्राचीन पश्चिमी राजस्थानी रचनाओं में बहुत मिलते हैं। उनमें से कुछ, मुख्यतः प० से उद्धृत किया जाय :

हउँ तुझ[४३] मिलवा आविउ (प० ३४३) = मैं तुझ से मिलने आया हूँ।

राणी आव्या जोइवा (प० ३५०) = रानी जोहने के लिए गई।

जण जोवा धाया (प० ३९७) = जन जोहने के लिए धाए।

जिमवा बइठउ (शालि० २६) = जीमने के लिए बैठा।

नीचे प्रयोजन-वाचक षष्ठी-विकारी रूप सचमुच ही सम्प्रदान-परसर्ग के साथ प्रयुक्त हुआ है।

सवि कहिवा-नइ गयउ (प० ५४४) = [वह] सबसे कहने के लिए गया।

—**अण** वाले क्रियार्थक-संज्ञा के रूप प्राचीन पश्चिमी राजस्थानी में बहुत कम मिलते हैं। प्राप्त उदाहरण निम्नलिखित हैं :

---

४२. दश० ५ में षष्ठी-विकारी के-'इवा' वाले रूप के लिए द्वितीया के '०अउ' वाले रूप का एक उदाहरण मिलता है।

'मरिबउँ न वाँछइ' = [वे] मरना नहीं चाहते हैं।

४३. यहाँ 'तुझ' यह दिखलाने के लिए काफ़ी है कि 'मिलवा' व्यवहारतः संज्ञा के रूप में ग्रहण किया गया है।

रक्षण काजि (प० ५७)=रखने के लिए

तेडण गया (एफ़ ५३५।३।६)=[वे] बुलाने के लिए गये।

मोह जीपण[४४] **हेतइँ** (एफ़ ५३५।३।३)=मोह जीतने के हेतु

दुखिइ फाटण लागिउँ हीउँ (शालि० २०९)=दुख से हृदय फटने लगे।

निम्नलिखित दो उदाहरणों में–**अण** वाले दुर्बल रूप के स्थान पर –**अणउँ** वाले सबल रूप मिलते हैं :

शरीर-नइ उगटणूं (–णउं के लिए) (दश० ३।५)=गात्रस्योद्वर्त्तनम्।

सिंघासण मेल्हिउँ बइसणइ (शालि० १०९)=बैठने के लिए सिंहासन दिया।

प्राचीन पश्चिमी राजस्थानी का-**अण** वाली क्रियार्थक संज्ञा अपभ्रंश–**अण** <सं० **अन** से मिलती जुलती है जो मूलतः विशेष्य संज्ञा (Substantive) ही है। चूंकि यह आधुनिक गुजराती में जीवित नहीं रही, इसलिए इसे राजस्थानी विशेषता मानना चाहिए।

§ १३५. **कर्तृवाचक संज्ञा** —यह–**अण** वाली क्रियार्थक संज्ञा के बाद–**हार** जोड़ने से या—व्यवहारतः एकदम वही—धातु में–**अणहार** जोड़ने से बनता है। इस प्रकार **करण** (क्रियार्थक) से **करणहार** (इन्द्रि० १३) **देण** (क्रियार्थक) से **देणहार** (योग० २।२०) हो जाता है। इसका प्रयोग विशेषतः जब यह पुंलिंग में हो तो प्रायः असिद्ध रूप में होता है। उदाहरण—

चिहु गति-ना अन्त-नउ करणहार (एकवचन, पुं०) (आ०)=चारों गतियों के अन्त को करनेवाला।

मोक्ष पदवी-ना देणहार (बहु० पुं०) (एफ़ ५८०) मोक्ष-पदवी को देने वाला।

परन्तु जब स्त्रीलिंग में होता है तो नियमतः–**ई** (–**इ**) प्रत्यय-युक्त होता है; जैसे—

जोवण-हारी (इन्द्रि० ९९)=जोहनेवाली।

कलेस-नी करणहारी (वही० ३८)=क्लेश की करनेवाली कर्तृ-संज्ञा का अन्वय प्रायः विशेष्य की तरह अर्थात् षष्ठी के साथ होता है। योग० के निम्नलिखित उदाहरण में यह अपवाद-स्वरूप क्रिया की तरह अर्थात् कर्म कारक के अन्वय में प्रयुक्त हुआ है :

हित-नइँ करणहारि (योग० २।५०)=हितकारिणी।

योग० की उसी पांडुलिपि में –**अणहार** के अतिरिक्त (–**अनाहार**),

---

४४. 'जीपन' पाठ भी०।

अनहार, अन्हार प्रत्यय भी मिलते हैं जो योग० की प्राचीन पश्चिमी राजस्थानी और आधुनिक गुजराती **-अनार** के बीच की अवस्था के सूचक प्रतीत होते हैं। उप० में स्वरान्त धातुओं के बाद **ण्हार, -णाह्ल,-णार** भी मिलते हैं; जैसे—

बे धातु से **बेण्हार** (उप० २६८)।

हु धातु से **हुणाह्ल**, **हुणार** (उप० १०१)

—अणहार की व्याख्या मैं इस प्रकार करता हूँ कि यह—**अण** वाली क्रियार्थक संज्ञा के षष्ठी रूप तथा **कार** "करनेवाला" के संयोग के संकुचित रूप से बना है। इस तरह अपभ्रंश ***पालणह कार** "पालन करनेवाला" से **क** का लोप करके **पालणहार** बना। यह परिवर्तन एकदम वैसा ही है जैसा अपभ्रंश ***मह कारउ** (दे० § ८३; और पिशेल का प्रा० ग्रै०, § ४३४) से **महारउ** "मेरा" होना। यही स्थिति अन्य सजातीय भाषाओं में भी दिखायी जा सकती है। इस प्रकार**—अनेहारउ,—अनेहार** प्रत्यय, जो कि ब्रज और साहित्यिक हिन्दी में प्रचलित हैं, ***—अणहि-कार** से उत्पन्न हैं अर्थात् षष्ठी-विकारी प्रत्यय**—अहि** से उत्पन्न हुए हैं जो कि ब्रज और साहित्यिक हिन्दी की अपनी विशेषता है। उदाहरण:

अप०***धरणहि कारउ**>***धरणहि** (**क**) **आरउ**>***धरणइहारउ**>ब्रज **धरनेहारउ**।

इसी षष्ठी-विकारी**—अहि** से**—अनेवालउ,—अनेवाल** प्रत्यय की व्युत्पत्ति ढूंढ़ी जा सकती है। ये दोनों प्रत्यय भी ब्रज और साहित्यिक हिन्दी के ही हैं। अन्तर इतना ही है कि **ह** विपर्यासित होने की जगह लुप्त हो गया; उद्वृत्त स्वर के स्थान पर **व** श्रुति का समावेश कर दिया गया। उदाहरण :

अप० ***छड्डणहि कारउ**> * **छाडणेआरउ**> ब्रज **छाडनेवारउ**> **छाडनेवालउ**।

इसी तरह **व** श्रुति का समावेश मारवाड़ी में भी होता है जिसमें**—अणावालो** और° **—अवावालो** दो प्रकार की कर्तृ-संज्ञाएँ मिलती हैं इनमें से प्रथम— **अणउँ** क्रियार्थक संज्ञा से निकली है और द्वितीय—**अवउँ** से।

§ १३६. **कर्मवाच्य**—धातु में **ईज, ई** (**य**) जोड़ने से बनता है। इन दोनों प्रत्ययों में से पहली प्रयोग में बहुत कम आती है, इसका प्रयोग केवल तीन क्रियाओं **करवउँ, देवउँ** तथा **लेवउँ** और कुछ अन्य क्रियाओं तक ही सीमित रहता है। परंतु यह प्राचीनतर प्रतीत होती है और संभवत: इसीसे दूसरी उत्पन्न हुई है। अपभ्रंश की जो सामग्री अब तक प्राप्त है उसमें केवल **इज्ज** ही मिलता है और 'प्राकृतपैंगलम्' में भी जहाँ **इज्ज** ही **ईज** (देखिए भूमिका) हो गया है, **ई** प्रत्यय का कोई उदाहरण नहीं मिलता। अकेला अपवाद जिसे मैं जानता हूँ, **पाविअइ** (=सं० **प्राप्यते**, सिद्धहेम० ४।३६६) से बनता है, बशर्ते यह ***पावीअइ** से उत्पन्न हुआ हो। अपभ्रंश में **–ईअइ** वाले कर्मवाच्य

रूप का न मिलना मेरे इस विचार के पक्ष में सर्वोत्तम युक्ति है कि प्राचीन पश्चिमी राजस्थानी की इ (य) प्रत्यय **इज्ज**>**ईज** से निकली है और इसलिए शौरसेनी तथा मागधी के ई प्रत्यय से इसका कोई संबंध नहीं है। हमने देखा है कि प्राचीन पश्चिमी राजस्थानी में **ज** का **य** में परिवर्तन अल्पप्रचलित नहीं है (§ २२) और विधि (Precative) के प्रत्ययों में **अजे**>**अये**, **अजो**>**अयो** (§ १२०) से प्रमाणित होता है कि यह कर्मवाच्य के **ईजइ**>**ईयइ** के अत्यंत सदृश है। संभवतः जिस समय लिखने में **ज** के स्थान पर **य** का प्रयोग होने लगा, इन दोनों ध्वनियों के उच्चारण में अधिक अंतर नहीं था और इसके बाद **य** व्यंजन के रूप में अपनी शक्ति खो बैठा और बहुत कुछ जैन प्राकृत की **यश्रुति** का कार्य करने लगा। इससे स्पष्ट होता है कि वर्तमान कर्मवाच्य का अन्य पुरुष एकवचन का प्रत्यय –**ईयइ** किस प्रकार घिसकर –**ईइ** हो गया जिसमें से **य** अपनी शक्ति खो बैठा और **अ** पूर्ववर्ती स्वर **ई** में विलीन हो गया (दे० § १७) निःसन्देह पांडुलिपियों में –**ईज** के लिए –**ईय** का प्रयोग किया गया है और इसलिए हमेशा यह संभव नहीं है कि बिना किसी प्रकार के खतरे के इन दोनों प्रत्ययों में अंतर कर लें। आदिच० में विकल्प से **ई** ह्रस्व होकर **इ** हो जाता है।

आधुनिक गुजराती में **ई** केवल –**ईए** में होती है जोकि वर्तमान कर्मवाच्य का अन्य पुरुष, एकवचन का रूप है। इसका प्रयोग कर्तृवाच्य उत्तम पुरुष बहुवचन के स्थान पर निजवाचक (reflexive) अर्थ में होता है (देखिए §§ ११७, १३७)। अन्यत्र सभी स्थानों पर यह **आ** वाले विधिमूलक (Potential Passive) का स्थानापन्न होता है (§ १४०)। आधुनिक मारवाड़ी में **ईज** होता है।

§ १३७. **वर्तमान कर्मवाच्य**—**ईज, ई** (य) युक्त कर्मवाच्य धातुओं से नियमित कर्तृवाच्य की तरह उन्हीं प्रत्ययों द्वारा अनेक कालों की रचना होती है। तीन काल लक्षित होते हैं : वर्तमान, भविष्यत्, और वर्तमान कृदन्त।

वर्तमान कर्मवाच्य के उदाहरण :

(१)—**ईजइ वाले**—

कीजइ (मु०, प०, आदिच०) <अप० **कीज्जइ** <सं० **क्रियते**

दिजइ (मु०, प० ४८८) <अप० **दिज्जइ** <सं० **दीयते**

लीजइ (मु०, कल० १८, आदि० ११, प्र० ३) <अप० **लिज्जइ** <सं० ***लीयते**

पीजइ (उप० ९६) <अप० **पिज्जइ** <सं० **पीयते**

कहीजइ (आदिच०) <अप **कहिज्जइ** <सं **कथ्यते**

पामीजइ (शालि० ८०) <अप० **पाविज्जइ** <सं० **प्राप्यते**

भोगवीजइ (योग० ४।६९)

मुकीजइ (प० ५२५)

निम्नलिखित दो उदाहरणों में अप०–**अज्ज** से –**आज**,–**अज** हुए हैं :

खाजइ (भ० ७) (दे० **खाजती** § १३९) <अप० **खज्जइ** <सं० **खाद्यते**

नीपजइ (एफ़ ५३५) <अप० **णिप्पज्जइ** <सं० **निष्पद्यते** ।

(२) –**ईयइ** (**ईअइ**) वाले :

दीयइ, लीयइ (प०) <**दीजइ, लीजइ** (देखिए पूर्ववर्ती पैराग्राफ़)

करीयइ (प० ५९०, आ०, दशदृ० ५) < **करीजइ** <अप० **करिज्जइ** <सं० **क्रियते** ।

कहीयइ (आ०, एफ़ ६२७) <**कहीजइ** (देखिए पूर्ववर्ती पैराग्राफ़)

जाईयइ (प० ५९०, ६१७) <**जाईजइ** <अप० **जाइज्जइ** सं० ***यायते** "इतुर्"

जोईअइ (आदिच०) <**जोईजइ** <अप० **जोइज्जइ** <सं० ***द्योत्यते** 'विदेतुः'[४५]

गणीयइ (आदि० ३२)

भणीयइ (एफ़ ६६३, ५५)

रमीयइ (प० २४४)

(३) –**ईइ** वाले :

करीइ (भ० ३२, इन्द्रि० ४) <**करी (य) इ** (§ १७) <**करीजइ**

धरीइ (भ० ७) <**धरी (य) इ** <**धरीजइ**

कहीइ (एफ़ ७१५।१।१०)

जाणीइ (भ० ९३)

वावीइ (दश० ४)

करावीइ (एफ़ ७२२)

जैसा कि पहले कहा जा चुका है (§ १३६), आदिच० में प्रायः–**इअइ** ही मिलता है; जैसे—**मारी (य) इ, जोई (य) इ** इत्यादि के लिए **मारिअइ, जोइअइ, कहिअइ, पूजिअइ** ।

ऐसा कर्मवाच्य, जिसका मूल **य** तत्त्व लक्षित ही न हो, वह **दीसइ** (प० १८५, ४७९) है जो अप० **दीसइ** <सं० **दृश्यते** से निकला है ।

कर्मवाच्य संयुक्त वर्तमान की रचना **छइ** जोड़कर उसी तरह होती है जैसे कर्तृवाच्य की (§ ११८); उदाहरण—

कहीअइ छइ (आदिच०)

जितनी पांडुलिपियाँ मैंने देखी हैं, उनमें हमें वर्तमान कर्मवाच्य के केवल

---

४५. आधुनिक गुजराती में 'जोईए'।

अन्य पुरुष के एकवचन और बहुवचन रूप ही प्राप्त हुए हैं। इनमें से एक-वचन के रूप अधिक प्रचलित हैं और इनका प्रयोग विविध अर्थों में होता है और प्राय: सभी पुरुषों के स्थान पर ये भाववाच्य में भी प्रयुक्त होते हैं। इसका विधि (Potential) अर्थ में प्रयोग निम्नलिखित स्थानों पर हुआ है :

जीपीइ सुखिँ करी (इन्द्रि० ७१) =सुख से जीता जा सकता है।

ए काच–निँ स्युँ करीयइ (दशदृ० ५)=इस काँच से क्या किया जा सकता है।

विध्यर्थ में :

हवइ छाडीजइ गाँम (शालि०१२) =[यह] गाँव छोड़िए

कीजइ पर–घरि काम (वही)=पर-घर में काम कीजिए

शर्त के अर्थ में :

जिम समुद्र–नइँ पूर्व-नइँ पर्यन्तइँ झूसिरो (°रउ के लिए)

मूँकीयइ अनइ तेह–नी समिल पछिम–दिसिँ मूँकीयइ (दशदृ० ८)=जैसे यदि कोई समुद्र के पूर्व पर्यन्त में जुआ फेंके और उसकी समिल पश्चिम दिशा में फेंके......

Gerundive अर्थ में :

स्युँ छांडिइ (प्र० २) =क्या छोड़ना चाहिए (छोड़िए) ?

स्युँ ध्याईइ (वही १९)=क्या ध्याइए ?

विध्यर्थ में उद्‌धृत उपर्युक्त दो उदाहरणों में हमने स्पष्ट रूप से देखा कि उत्तमपुरुष बहुवचन के स्थान पर भाववाच्य का प्रयोग किस प्रकार होता है। प० से दो दूसरे उदाहरण लीजिए :

एक जीव आपीयइ प्रभाति (प० ४०५)=प्रभात में [हम] [तुम्हें] एक जीव अर्पित करेंगे।

चालउ जाईयइ (प० ६१७)= चलो, चलें।

कर्तृवाच्य के उत्तम पुरुष बहुवचन का अर्थ देने के लिए भाववाच्य का यह प्रयोग विशेषरूप से महत्त्वपूर्ण है क्योंकि इसीसे गुजराती के वर्तमान निश्चयार्थ के उत्तम पुरुष बहुवचन (दे० § ११७) के उस प्रत्यय की व्युत्पत्ति मालूम होती है जिसकी व्याख्या अब तक नहीं हो सकी थी। ऊपर अंतिम से ठीक पहले वाले उद्धरण में **आपीयइ** को केवल **आपीए** कर दीजिए आप तुरंत देखेंगे कि गुजराती भी कितनी सरलता से वर्तमान कर्तृवाच्य उत्तम पुरुष बहुवचन के स्थान पर भाववाच्य की रचना कर सकती है। संभवत: बहुवचन के उत्तम पुरुष और मध्यम पुरुष के प्रत्ययों में स्पष्ट अंतर करने के लिए ही ऐसा किया जाता है, जो कि प्राचीन पश्चिमी राजस्थानी में केवल अनुनासिक का ही अंतर रखते हैं अर्थात् प्रा० प० रा० में उत्तम पुरुष के रूप सानुनासिक होते हैं और मध्यम पुरुष के निरनुनासिक; आधुनिक गुजराती में तो यदि वे दोनों नियमत:—**ओ**

में सिमट जायँ तो एक दूसरे से अलगाए ही नहीं जा सकते। मेरे विचार से, यही वह कारण है जिससे मारवाड़ी—अउँ का—आँ कर लेती है (§§ ११ (५), ११७) और गुजराती भविष्यत् के उत्तम पुरुष बहुवचन के लिए सबल रूप *—ओ के स्थान पर दुर्बल रूप—उँ का प्रयोग करती है।

उत्तम पुरुष बहुवचन के अतिरिक्त अन्य पुरुषों के लिए प्रयुक्त प्राचीन पश्चिमी राजस्थानी भाववाच्य के उदाहरण :

रमीयइ दूति दिवस नइ राति (प० २४४)=दिवस और रात में द्यूत में रमिए ?

सिउँ करीयइ किहाँ जईयइ हवइ (प० ५६०)=क्या करिए [और] अब कहाँ जाइए ?

ते धूरत-नइ दीयइ दीख (प० २८०)=उस धूर्त को दीख दिया जाता है।

देखी ससउ दीयइ बहु गालि (प० ४०७)=शशक को देखते ही [सिंह] बहुत गालियाँ देता है।

तेडी ऊँट दीयइ छइ मांन (प० ४७६)=ऊँट को बुलाकर उसे मान दिया जाता है।

§ १३८. **भविष्यत् कर्मवाच्य**—उदाहरण :

(१) **ईज वाले :**

कीजसी (आदिच०)=किया जाएगा

जाइजसी (वही)=जाया जायगा "आइबितु:"

लीजिस्यइ (वही)=लिया जायगा।

(२) **ई वाले :**

कहीस्यइ, कहीसिइ (एफ़ ५५५, आ०)=कहा जायगा,

बोलिसिइँ (दश० ५।१००)=बोला जायगा,

बखाणी स्यइ (आ०)=बखाना जायगा,

परावीसिउ (उप० १८)=पराभूत होंगे,

पामीस्यइँ (षष्टि० ६६)=(वे) पाएँगे

निम्नलिखित दो उदाहरणों में अन्यपुरुष एकवचन रूप भाववाच्य में ठीक उसी तरह प्रयुक्त होता है जैसे वर्तमान कर्मवाच्य का अन्य पुरुष एकवचन प्रयोग किया जाता है :

मरीसिइ (उप० २०५)=[प्रत्येक] मरेगा

माँमा किम जिवीसिइ कहउ (प० ३८३) मामा, कहो कैसे जिएँगे ?

§ १३९. **वर्तमान कृदन्त कर्मवाच्य**—उदाहरण :

(१) **ईज वाले**—

लीजतउ (षष्टि० ५५)=लिया जाता हुआ

सेवीजतउ (आदिच०)=सेवित होता हुआ

पीजतउ हूंतउ (उप० ९६)=पिया जाता हुआ

निम्नलिखित **आज**<अप० **अज्ज** वाले रूप हैं—

खाजती<अप० * **खज्जन्ती** (=सं० **खाद्यमाना**)=खाए जाते हुए

(२) ई वाले—

अवलोकीतु (इन्द्र०)=अवलोकित होते हुए

जाणीतउ हूंतउ (षष्टि० ८१)=जाने जाते हुए

नांखीतु हुंतु (दश०)=पूर्णतः घिरे हुए

पीडीतु (योग० २।९७)=पीड़ित होते हुए

मारीतु हुंतु (योग० २।२६)=मारे जाते हुए

मुसीतउ (षष्टि० ५)=मूसे जाते हुए

गुजराती में वर्तमान कृदन्त—कर्मवाच्य का एक अवशेष **जोईतु** है जो **जोईए**<प्रा० प० रा० **जोईयइ**<**जोईजइ** (§ १३७) से निकलता है।

§ १४०. **विधिमूलक कर्मवाच्य** (Potential Passive)—यह बहुत दिनों से ऐसे प्रेरणार्थक के रूप में स्वीकृत है जिसने निजवाचक (reflexive) या कर्मवाच्य का अर्थ ग्रहण कर लिया है। देखिए डा० होर्नले द्वारा 'गौडियन ग्रैमर' § ४८४ प्रस्तुत युक्तियाँ और उदाहरण। प्राचीन पश्चिमी राजस्थानी में विधिमूलक कर्मवाच्य (potential passive) धातुएँ कर्तृवाच्य धातु में **आ** जोड़ने से बनती हैं और इनकी रूप-रचना भी उसी तरह होती है। इस कर्मवाच्य की महत्त्वपूर्ण विशेषता यह है कि सामान्यतः इसमें विधि (potential) का अर्थ निहित रहता है। परन्तु कालक्रम से यह अपना मौलिक विशिष्ट अर्थ खोता चला गया और अब गुजराती में इसका प्रयोग सामान्यतः कर्मवाच्य के अर्थ में होता है। प्रेरणार्थक से विधि (potential) अर्थ के विकास की व्याख्या सरलता से की जा सकती है और निम्नलिखित उदाहरणों से भली भाँति उदाहृत भी की जा सकती है।

छेतराइ नहीं परीक्षा-नउ जाण (आदिच०)=[स्वर्ण] परीक्षा को जाननेवाले [पीतल से] धोखा नहीं खाता।

प्राचीन पश्चिमी राजस्थानी में इसके अन्य उदाहरण—

वर्तमान : **समुद्र पाणीइं दोहिलु पूराइं** (इन्द्रि० ६२)=समुद्र पानी से कठिनाई से भरा जा सकता है।

सर्व पाप-मल-थकी मुकाइं (एफ ५७६, ६७)=[वे] सर्व पाप मल से मुक्त हो सकते हैं।

तुम्हो अभक्ष्य-माँहि कहिवाय (प० ४९३)=तुम अभक्ष्य [पशुओं] में कहे (गिने) जाते हो।

थिउ गरढउ नवि हणाइ मीन (प० ३७९)=[वह] जरठ हुआ [और अब] मीन नहीं मार सकता।

इस अंतिम उदाहरण में हणाइ का प्रयोग भावे है जैसा कि ठेठ कर्मवाच्य का होता है।

भविष्यत् : **नरक-रूपी या वैश्वानर-मांहि पचाइसि** (इन्द्रि० ७६) =नरक-रूपी वैश्वानर में पकाए जाओगे।

वर्तमान कृदन्त : **विषय-सुख आज-इ लगइ मूंकाता नथी** (इन्द्रि० १०) विषय-सुख आज तक छोड़ा नहीं जाता।

§ १४१. **प्रेरणार्थक**—यह चार वर्गों में बाँटी जा सकती है :

(१) मूल (Radical) स्वर को दीर्घ करके बनाया हुआ प्रेरणार्थक रूप। इनके सामान्य को देखते हुए इन्हें "सकर्मक" कहना अधिक अच्छा है; परंतु चूंकि ये मूल स्वर को दीर्घ करके प्रेरणार्थक बनाने की संस्कृत प्रवृत्ति से पैदा हुई हैं, इसलिए ऐतिहासिक व्याकरण की दृष्टि से इन्हें प्रेरणार्थक कहना अधिक सही है।

ये अकर्मक क्रियाओं से बनती हैं; जैसे—

ऊतरइ से **ऊतारइ** (आदिच०) =उतारता है।

पडइ से **पाडइ** (उप० १९०, दशद० २) =गिराता है।

मरइ से **मारइ** (एफ़ ७८३, ७४) =मारता है

मिलइ से **मेलइ** (प० ३३८) =मिलाता है, इत्यादि।

(२) धातु में प्रेरणार्थक प्रत्यय **आव** जोड़कर बनाए हुए प्रेरणार्थक रूप। यह **आव** अपभ्रंश आव, **आवे**<सं० **आ-पय** से आया है। संस्कृत में ठेठ प्रत्यय **-पय** है और **आ** आकारान्त धातु का अन्त्य स्वर है; पूर्वोक्त प्रत्यय इसी प्रकार की धातुओं तक सीमित है। प्राकृत और अपभ्रंश में **आपय** को सामान्य प्रत्यय के रूप में स्वीकार किया गया है और इसका प्रयोग किसी धातु के साथ प्रेरणार्थक क्रिया बनाने के लिए किया जाता था। **आव** प्रत्यय के पूर्व प्राचीन पश्चिमी राजस्थानी का मूल दीर्घ स्वर सामान्यतः, परंतु सदैव नहीं, ह्रस्व हो जाता है; जैसे—

आपइ से **अपावइ**	(प० ६५६)	=	दिलाना
बोलइ से **बोलावइ**	(प० ३४२)	=	बोलवाना
मानइ से **मनावइ**	(दशद० ६)	=	मनाना
लिइ से **ल्यावइ**	(आदिच०)	=	लिवाना

कभी-कभी मुख्यतः मूल दीर्घ स्वर वाली क्रियाओं के साथ **आव** की जगह ह्रस्व रूप **अव** प्रत्यय का प्रयोग होता है और मूल स्वर को दीर्घ ही रहने दिया जाता है; जैसे—

वीनवइ (प० ३४८) [<अप० **विण्णावइ**<सं० **विज्ञापयति**]

पाठवइ	(प० ४४५)	=	पठाता है
भोलवइ	(प० ४०९)	=	भुलवाता है

मेलवइ (प० ३३९) = मिलाता है
सीखवइ (दश० ६) = सिखाता है
सोसवइ (प० ५४६) = सुखाता है

यह प्राचीन पश्चिमी राजस्थानी की कोई अपनी विशेषता नहीं है बल्कि प्राकृत और अपभ्रंश में व्यापक रूप से प्रचलित है। केवल हेमचन्द्र से ये निम्नलिखित उदाहरण लीजिए जो प्राचीन पश्चिमी राजस्थानी की उपर्युक्त चार क्रियाओं के मूल प्राकृत रूप हैं,

पट्ठवइ (सिद्ध० ४।३७) **विण्णवइ** (सिद्ध० ४।३८)
मेलवइ (सिद्ध० ४।२८) **सोसवइ** (सिद्ध० ३।१५०)

अपभ्रंश की ही तरह प्राचीन पश्चिमी राजस्थानी में भी वही **अव** प्रत्यय नाम-धातु बनाने के लिए भी इस्तेमाल किया जाता है (दे० § १४२), इससे कभी-कभी यह निर्णय करना कठिन हो जाता है कि **-अवइ** वाला रूप प्रेरणार्थक है अथवा नाम धातु-निर्मित क्रियापद।

(३) **आड, आर,** (**आल**) प्रत्यय द्वारा निर्मित प्रेरणार्थक। इनमें से प्रथम प्रत्यय का अस्तित्व प्राकृत में मिल जाता है क्योंकि यह हेमचन्द्र द्वारा 'प्राकृत व्याकरण' ४।३० में उद्धृत **भमाडइ** क्रिया तथा अन्य दो-तीन स्थलों में मिल जाता है। **ड** को **व** के स्थान पर आए हुए स्वार्थिक अथवा श्रुति तत्व मानने में मुझे कोई कठिनाई नहीं दिखाई पड़ती; प्रेरणार्थक धातु के **आ** और प्रत्यय की संधि बचाने के लिए ऐसा करना संभव है। इसलिए यह व्यवहारतः स्वार्थिक प्रत्यय के वजन पर निर्मित माना जा सकता है। स्वार्थिक प्रत्ययों पर विचार § १४६ के अंतर्गत किया गया है। दो अन्य प्रत्यय **आर** और **आल** स्पष्ट रूप से **आड** से उत्पन्न हुए हैं (दे० § २९)।

उदाहरण—

(क) **आड** वाले रूप

ऊडाडइ (दशदृ० १०)=उड़ाता है।
जगाडइ (दश०)=जगाता है
नसाडइ (कल० १६, प० ५८७, इन्द्रि० ५७)=भगाना
देखाडइ (प० ३१७, ३६३, रत्न० १०८, योग० ४।४०, आ०, दशदृ०, एफ़० ७१५)=दिखाता है।
बइसाडइ (आदिच०)=बैठाता है।
पमाडइ (दश०)=दिलाता है।
लगाडइ (आ०)=लगाता है।

(ख) **आर** वाले रूप—

घटारइ (आदिच०)=घटाता है।
दिवारइ (वि० ६०)=दिलाता है।

बइसारइ (दश० ४ एफ़ ७१५, २।११, आदिच०)=बैठाता है।

सुआरइ (दश० ४)=सुलाता है।

(ग) **आल** वाले रूप—

दिखालइ (आदिच०)=दिखाता है।

र, ल वाले प्रेरणार्थक रूप सिन्धी, पंजाबी और हिंदी में भी मिलते हैं। मारवाड़ी की दो प्रेरणार्थक क्रियाओं **दिरावइ**, और **लिरावइ** (दिलाना और लिवाना) में र का स्थानान्तरण हो गया है। इनका मूल रूप **दिवारइ** और **लिवारइ** है। ये दोनों **आर** वाली प्रेरणार्थक क्रियाओं का उदाहरण देने के लिए ऊपर प्राचीन पश्चिमी राजस्थानी उदाहरणों में उद्धृत की गई हैं। आगामी शीर्षक के अंतर्गत दुहरी प्रेरणार्थक क्रिया में र का यही स्थानान्तरण ध्यान देने योग्य है। **आर** वाली प्रेरणार्थक से शक्तिबोधक कर्मवाच्य का एक उदाहरण **गवराय** (एफ़ ५३५।४।१२) जो **गवारइ** "गवाता है" से बना है।

(४) दुहरी प्रेरणार्थक क्रियाएँ—ये **आव** और **आड**>**आर** दोनों प्रत्ययों के संयुक्त रूप **अवाड, अवार** के जोड़ने से बनती हैं।

उदाहरण—

मिलइ से **मेलवाडइ** (शालि० ३१)

कहइ से **कहवारइ** (आदिच०)

स्वारान्त धातु के विशेष प्रयोग में **अवार** के स्थान पर **अराव** प्रत्यय जोड़ा जाता है। इन दोनों में से मैं दूसरे को पहले से ही उत्पन्न मानता हूँ, धातु के अन्त्य स्वर तथा प्रत्यय के आद्य **अ** के बीच आई हुई **व** श्रुति (§ ११६) तथा प्रत्यय-गत **व** के पास-पास रहने से जो उच्चारण संबंधी कठिनाई उत्पन्न हो सकती थी उसे दूर करने के लिए र का स्थानान्तरण कर दिया गया है। इस प्रकार **दि** धातु 'देना' से पहले नियमित दुहरी प्रेरणार्थक क्रिया * **दि–व्-अवार्-अ-इ** हुई, फिर र के वर्ण-विपर्यय द्वारा **दि-व्-अराव्-अ-इ** (प० २२३, ३५५, दश० ४० आदिच०)। अन्य उदाहरण—

खाइ (**खा-व-इ**) से **खवरावइ** (उप० १४६)

जोइ (**जो-व-इ**) से **जोवरावइ** (उप० ११३)

लिइ (**ले-व-इ**) से **लिवराइ** (दश० ४)

विकल्प से स्वरान्त धातु का यही प्रत्यय **ह** करान्त धातु में भी लगता है; जैसे—

सहइ से **सहवरावइ** (उप० २५६)

मराठी के उस प्रयोग से इसकी तुलना कीजिए जहाँ हकारान्त धातुएँ नियमत: **अववि** प्रत्यय लगाकर प्रेरणार्थक क्रिया बनाती हैं (होर्नले, गौडियन ग्रैमर § ४७६)।

कर्मवाच्य के रूप :

कहिवराइ (उप० २२७)=कहलाता है : सामान्य वर्तमान।

कहवराइ छइ (आदिच०)=कहलाया जाता है; संयुक्त वर्तमान

कहवराणा (वही)=कहलाया हुआ : भूतकृदन्त प्रथमा बहुवचन पुंल्लिग।

प्रेरणार्थक का एक अनियमित रूप है पाइ (दश० १०, दशदृ० २) "पिलाता है" जो संस्कृत पाययति से अपभ्रंश *पाएइ, पाअइ होता हुआ बना है।

§ १४२. नाम धातु—ये या तो सीधे संज्ञा या विशेषण के साथ क्रिया जोड़ने से बनती हैं अथवा प्रेरणार्थक प्रत्यय अव (आव कभी नहीं) जोड़ने से। ये दोनों तरीके प्राकृत और अपभ्रंश में भी प्रचलित थे। प्राचीन पश्चिमी राजस्थानी के उदाहरण निम्नलिखित हैं—

(१) संज्ञा या विशेषण से सीधे बनी हुई नाम-बोधक क्रियाएँ—

आणन्दिउ (ऋष० ३५)<आणन्द <सं० आनन्द—

जन्म्यउ (दशदृ० १)<सं० जन्मन्

व्यतिक्रम्यउ (आदिच०)<सं० व्यतिक्रम—

मूत्रिउँ (उप० १४६)<सं० मूत्र—

जीतइ, जीपइ (दशदृ० २)<भूतकृदन्त जीत-<अप० जित्त-<सं० जित।

मूंकइ (दशदृ०, श्रा० इत्यादि)<भूत कृदन्त *मूक-<अप० मुक्क-<सं० मुक्त—

(२) संज्ञा या विशेषण में अव प्रत्यय जोड़कर बनी हुई नाम-बोधक क्रियाएँ—

भोगवइ (प० ३४७, १७८, एफ ७८३, २५ इत्यादि)<सं० भोग—

साचवइ (प० २९७) <अप० सच्चवइ (सिद्धहेम० ४।१८१)<सं० सत्यापयति

गोपवइ (प० २८६ <सं० गोपयति

चीँतवइ (प०, आदि च०)<चिन्तयति

वर्णवइ (एफ़ ७८३, ५, षष्टि० ९६)<सं० वर्णयति

ध्यान देने की बात है कि अन्तिम उदाहरणों में से अधिकांश में नाम बोधक क्रियाओं के रूप संस्कृत से विकसित दिखाए जा सकते हैं, इसलिए यहाँ व केवल ऐसे श्रुति व्यंजन का कार्य करता प्रतीत होता है जो संस्कृत य के स्थान पर रख दिया गया है।

—०—

अध्याय १०

रचनात्मक प्रत्यय

§ १४३. इस अध्याय का उद्देश्य केवल उन थोड़े से रचनात्मक प्रत्ययों पर विचार करना है जिनकी अभी तक उचित व्याख्या नहीं हो सकी है अथवा जो किसी क्रियाविशेषण, सर्वनाम या क्रियारूप से उत्पन्न होने के कारण विशेष ध्यान देने योग्य हैं। पिछला वर्ग मुख्यत: उन विशेषणों से संबद्ध है जो स्वार्थिक प्रत्यय ल और ड के योग से बने हैं और चूँकि पहले वर्ग की अपेक्षा ये अधिक व्यापक हैं इसलिए मैं इनका वर्णन पहले करूँगा।

§ १४४. वे प्रत्यय जिनका मुख्य तत्व ल है, प्राचीन पश्चिमी राजस्थानी में अधिक व्यापक रूप से प्रयुक्त होते हैं। इन दो भागों में बाँटा जा सकता है:

(१)–इलउ वाले प्रत्यय (२)–अलउ वाले प्रत्यय।

—इलउ प्रत्यय अपभ्रंश—इल्लउ < सं०–इलक: से निकला है (दे० पिशेल का प्रा० ग्रै० § १९४, ५९५) और मुख्यत: क्रियाविशेषणात्मक विशेषणों की रचना करता है अर्थात् स्थान या कालवाचक विशेषणों की; जैसे—

आगलउ (षष्टि० १५६) < **अग्गिल्लउ** < सं० * **अग्रिलक:**=आगे

छेहिलउ (दे० § ०८) < अप० **छेइल्लउ** < सं० ***छेदिलक**:=पीछे

धुरिलउ (षष्टि०, इन्द्रि०) < अप० * **धुरिल्लउ** < सं० * **धुरिलक:**= आरंभिक

पूर्विलउ (आदि च०) अर्धतत्सम=पूर्ववर्ती

बाहिरिलउ (वही) < अप० **बहिरिल्लउ** (दे० अर्धमागधी **बहिरिल्ल**) < सं० * **बाहिरिलक:**=बाहरी

माहिलउ (प० ४३७, उप० १९७) < अप० **मज्झिल्लउ** < सं० * **मध्यिलक:**=मध्यवर्ती, भीतरी

विचिलउ (आदिच०) < अप० * **विच्चिल्लउ** (दे० **विचि**, §७५)= बिचिला।

यही वे क्रियाविशेषणात्मक विशेषण हैं जिनमें आधुनिक गुजराती के **ओलो** और **पेलो** जैसे तथाकथित निश्चयवाचक सर्वनामों के जनक रूप आते हैं। इन

दोनों में से **ओलो** की व्युत्पत्ति मैं संस्कृत * **अपारिलकः** से मानता हूँ, बीच की अवस्थाएँ ये हैं :

अप० * **अवरिल्लउ**>**ओरिल्लउ**>प्रा० प० रा० * **ओरिलउ** और फिर मध्यम र के लोप होने से (§ ३०) * **ओइलिउ**>**ओलिउ** हुआ। **ओलिउ** रूप मु० में मिला है। इसी प्रकार मैं **पेलो** को संस्कृत * **पारिलकः** (या संभवतः * **परिलकः**) से उत्पन्न मानता हूँ। संस्कृत के बाद अपभ्रंश * **परिल्लउ**, प्रा० प० रा० * **परिलउ**>**पइलउ** जिनमें से अंतिम रूप मु० में मिला है और आदिच० की पांडुलिपि में भी। आधुनिक गुजराती में **ओलो** और **पेलो** बिना किसी भेद-भाव के निश्चयवाचक 'वह' के अर्थ में प्रयुक्त होते हैं; परन्तु उनके प्राचीन पश्चिमी राजस्थानी मूलरूपों ने अपने विभिन्न अर्थों को सुरक्षित रखा जैसा कि मु० के उदाहरणों से प्रमाणित होता है। वहाँ **ओलिउ** का प्रयोग 'ओर' या 'सम्मुख' के अर्थ में है तो **पइलउ** का 'विमुख' के अर्थ में; ये दोनों ही अर्थ ***अपारिलकः** 'इस पार स्थित' के और * **पारिलकः** (या संभवतः * **परिलकः**) 'उस पार स्थित' के अनुसार ही हैं जिन्हें मैंने गुजराती **ओलो** और **पेलो** का चरम उद्गम माना है। इसी संस्कृत उद्गम से क्रियाविशेषणात्मक विशेषण **उरली** या **उल्ली** (**तरफ**) उद्गम 'इस ओर' **परली पल्ली** (**तरफ**) 'इस ओर' को संबद्ध किया जा सकता है जिसे केलॉग ने हि० ग्रै० § ६४५, (२) ए के अंतर्गत उद्धृत किया है और इसे ऊपरी द्वाब की बोली में प्रयुक्त माना है। होर्नले के 'गौडियन ग्रैमर' § १०५ पर उद्धृत बिहारी **परल** भी इसी से संबद्ध है।

—**इलउ** प्रत्यय के स्वार्थिक या ह्रस्वार्थक प्रयोग का एक उदाहरण **थोडिलउ** 'थोड़ा' है जो ऋष० १६४ और षष्टि ११६ में उद्धृत है।

अंत में—**इलउ** प्रत्यय का प्रयोग भूत कृदन्त के बाद जुड़नेवाले स्वार्थिक प्रत्यय के रूप में होता है। यह प्रयोग प्राचीन पश्चिमी राजस्थानी में बहुत विरल प्रतीत होता है, यदि हम व्याप्त उदाहरणों से निर्णय करें। परंतु आधुनिक गुजराती में—**एलो** प्रत्यय आज भी अत्यधिक प्रचलित है। चूंकि ल वाले भूत कृदन्त आधुनिक भारतीय भाषाओं के पूर्वी और दक्षिणी क्षेत्र की निजी विशेषता है, इससे प्रतीत होता है प्राचीन पश्चिमी राजस्थानी में यह दक्षिणी क्षेत्र की भाषाओं से ही आया है या अधिक सही कहें कि बहिरंग क्षेत्र की प्राचीन भाषा से उत्तराधिकार में मिला है और यह मूलतः प्राचीन पश्चिमी राजस्थानी क्षेत्र में सर्वत्र बोला जाता है (दे० ग्रियर्सन, लि० स० इं०, जिल्द ६, भाग २, पृ० ३२७)। जहाँ तक प्राकृत अवस्था का सम्बन्ध है, भूतकृदन्त के बाद—**इल्लिय** प्रत्यय के प्रयोग के उदाहरण जैन-महाराष्ट्री में काफी मिलते हैं। कुछ प्राचीन पश्चिमी राजस्थानी के उदाहरण § १२६, (४) के अंतर्गत दिये गए हैं जहाँ इस विषय पर विशेष रूप से विचार किया गया है।

§ १४५.—**अलउ** प्रत्यय—यह अपभ्रंश—**अलउ**, ***अल्लउ**<सं० ***अलक:** से बनी है और प्राचीन पश्चिमी राजस्थानी में इसका प्रयोग संज्ञा और विशेषण दोनों के बाद या तो स्वार्थे होता है अथवा ह्रस्वार्थे। उदाहरण—

कीडलउ (दश० ४।११)=कीड़ा

पतंगलउ (वही)=पतंगा

बगलउ (प० ३७६, ३७८ इत्यादि)=बगला

बेडली (एफ़ ७८३, ७) [<सं० वेडा]=बेड़ा

आँधलउ (आ०) [∠प्रा० **अँधल-**, °**ल्ल-**]=अंध

एकलउ (प० २०४, २८१, २८२) [<अप० **एकल**]=अकेला

कीधलुँ (ऋष० १४८) [दे० § १२६, (४)]=किया

परंतु कुछ स्थलों पर प्राचीन पश्चिमी राजस्थानी-**अलउ** अपभ्रंश-**अलउ**,-**अल्लउ** से संबद्ध न होकर अपभ्रंश—**इल्लउ** से पैदा हुआ है और इसलिए **इलउ** के समान है। यहाँ **इ** के लिए **अ** का समावेश केवल इसलिए हुआ है कि एक ही अक्षर में दो **इ** के पास-पास रहने से उच्चारण संबंधी जो असुविधा होती है उसे दूर कर दिया जाय। संभवत: यही स्थिति-**अलि** वाले सभी स्थानवाचक क्रियाविशेषणों की है (§ १०१,(१))। इनकी व्युत्पत्ति मैं *-**इलि** से मानता हूँ अर्थात् यह -**इल** वाले क्रियाविशेषणात्मक विशेषण का सप्तमी रूप है (दे० § ४, (१)। परंतु **विचालि** रूप, जो प० ६०२ में आया है और **विचि** का पर्याय है, सूचित करता है कि -**अल**,-**अल्ल** प्रत्ययों का-**इल्ल** के समान ही क्रिया-विशेषण-अर्थ में प्रयोग अपभ्रंश काल से ही मिलता है। एफ़ ६४७ पांडुलिपि की प्राचीन पश्चिमी राजस्थानी टीका में **मथालइँ** 'ऊपर' के कुछ उदाहरण मिलते हैं जिसका संबंध अपभ्रंश प्रत्यय—**अल**, -**अल्ल** से जोड़ा जा सकता है। **मथालइँ** के मूल अपभ्रंश रूप **मत्थअलहिं** या **मत्थअल्लहिँ**<सं० ***मस्तकलकस्मिन्** हो सकते हैं। लगे हाथों यह भी कह दूँ कि मैं उपर्युक्त **मथालइँ** को आधुनिक पूर्वी राजस्थानी के अधिकरण परसर्ग **मालइ** के सदृश मानता हूँ (दे० § ग्रियर्सन, लिं० सं० इं०, जिल्द ९, भाग २, पृ० ३६)। मध्यवर्ती रूप ***महालइ** है जो **थ** के **ह** होने से बना है। यह स्थिति वैसी ही है जैसी प्राचीन पश्चिमी राजस्थानी परसर्ग **माहि** की है जो **माझि** के **झ** को **ह** करने से बना है (§ ७४ (७))।

§ १४६.—**डउ** प्रत्यय<अप० -**डउ**<सं० ***टक:** सदैव अपभ्रंश की ही तरह स्वार्थे प्रयुक्त होता है। उदाहरण :

कागडी (प० ३७४)=मादा काग

गाँठड़ी (प० २८३)=गाँठ

चाँमडउँ (प० २०२)=चमड़ा

बापुडउ (प० २०१) = [< अप० **बप्पुडउ**] = बापुरो, बेचारा

माडी (ऋष० १२६) = माँ, माई

वातडी (एफ़ ७२८, १२) = बात

सुमिणडाँ (ऋष० ५३) = सुपिना, सपना

मइलडउ (एफ़ ५६६, ४) = मैला

रूडउ (दे० § १६) = अच्छा

कभी-कभी **-डउ** अपने समानार्थक स्वार्थिक प्रत्यय **–अलउ** के साथ जुड़ जाता है और इस तरह या तो **-डलउ** रूप बनता है या **–अलडउ** देखिए हेम० ४।४३०।३ में उद्धृत अपभ्रंश रूप **बाहुबलुल्डलउ**।

उदाहरण—

कूखडली (ऋष० ६७) = कोख

माडली (शालि० १०) = माई

बगलडउ (एफ़ ५६६, ४) = बगुला

निम्नलिखित उदाहरण में **–डउ** का प्रयोग क्रियाविशेषण वर्तमान कृदन्त की रचना में हुआ है।

भमन्तडाँ (एफ़ ६६४)।

डउ के उ तत्व को मैं स्वार्थिक उ से जोड़ता हूं जो प्रेरणार्थक क्रियाओं में **अ** के बाद श्रुति की तरह आ जाता है।

§ १४७. जो प्रत्यय प्राचीन पश्चिमी राजस्थानी में अभी तक लक्षित नहीं किया जा सका है वह—**हउ** है। इसका प्रयोग क्रियाविशेषण प्रकृति के बाद स्थानवाचक विशेषण बनाने के लिए किया जाता है। अपभ्रंश में इसके उदाहरण नहीं मिलते, परंतु इसमें कोई शक नहीं कि यह सिंधी प्रत्यय—**हों** का सजातीय है। यह सिन्धी प्रत्यय भी एकदम इसीतरह प्रयुक्त होता है (दे० §ट्रम्प, सिंधी ग्रैमर, पृ० ३८४-५)।

अंतर केवल इतना ही है कि सिंधी में इस प्रत्यय के पूर्व प्रकृति का अन्त्य स्वर दीर्घ हो जाता है।—**हउ** का संबंध मैं संस्कृत–**स्थतक:** से जोड़ता हूँ; अप०–**ठउ** और फिर प्रा० प० रा० ***ठउ** >–**हउ**। या संभवत: यह संस्कृत *–**थक:** से उत्पन्न हुआ है। यह ऐसा प्रत्यय है जिसे क्रियाविशेषण में जोड़कर सप्तम्यर्थ विशेषण की रचना की जाती है जैसा कि संस्कृत के इस उदाहरण से स्पष्ट है : **यर्वात–थ:** (पाणिनि ५।२।५३; मनु०, १।२०)। इस प्रत्यय से **प्राचीन** पश्चिमी राजस्थानी के निम्नलिखित सप्तम्यर्थ विशेषण बनते है।

आघउ (प० ५८४) < ***आगहउ** < अप० **अग्ग**– < सं० **अग्र** =—**आगे**

अरहउ (प० ४७६) < **उरहउ** (आदिच०) < अप० **ओर**–, –**अवर** < सं० **अपार**– = निकट

पहुउ (उप० १४६-२६५) < **परहउ** (उप० ५४) < अप० **पर**– < सं०

पार-=दूर

ऊपरउ (आदि० ५५) <**ऊवहरउ** (दश० ५।१३, उप० १७८) <***ऊवरिहउ**<अप० **उव्परि**-<सं० **उपरि**-=ऊपर, श्रेष्ठ

उपर्युक्त दो उदाहरणों के साथ सिंधी **अगाहों** और **ओराहों** की तुलना की जा सकती है (दे० ट्रम्प, वही)। विशेष रूप से महत्वपूर्ण दो रूप **उरहउ** और **परहउ** हैं—केवल इसलिए नहीं कि वे प्राचीन पश्चिमी राजस्थानी ***ओइलउ** और **पइलउ** (§ १४३) से संबंधित हैं, बल्कि इसलिए भी कि वे मारवाड़ी **वरो, परो, रो** आदि के पूर्वरूप हैं। ये अवधारणबोधक क्रिया बनाने के काम आते हैं (ग्रियर्सन, लि० स० इं० जिल्द ९, खंड २, पृ० ३०)। इनके चिह्न मारवाड़ी प्रवृत्ति से प्रभावित प्राचीन पश्चिमी राजस्थानी की उप० आदिच० पांडुलिपियों में मिलते हैं। उदाहरण :

एक आपणी आँखि पह्नी करी (उप० २६५)=अपनी एक आँख दबाकर

दूसरे उदाहरणों के लिए देखिए § ७८।

§ १४८. **अन्य प्रत्यय**—विशेष ध्यान देने योग्य निम्नलिखित हैं—

—आण, –आन : राजाण (प० १८१) और **रजाँन** (प० १७१)=राजा

—इम, संस्कृत कृदन्त—**इम** के सदृश, प्राकृत की तरह भाववाचक संज्ञा बनाने के काम आता है मूलतः (नपुंसक विशेषण जो संज्ञा बन गया, दे० पिशेल, प्रा० ग्रै० § ६०२, एन० १)।

उदाहरण : **लवणिम** (एफ़ ६४७)=लावण्य

–इवउ : राजिवउ (एफ़ ६४७)=राजा

–एरडउ, उप० में प्रयुक्त दुहरा प्रत्यय, अधिकांशतः तुलनावाचक अर्थ में। उदाहरण के लिए देखिए § ७९।

—तउ<अप० ***—त्तउ**<सं० ***—त्वकम् : अउरतउ** (प० ६०, ९७, ३७६)=आर्तता <अप० ***आउरत्तउ** <सं० ***आतुरत्वकम्**। आधुनिक गुजराती में **ओरतो** होता है और इसका प्रयोग 'आकांक्षा' के अर्थ में किया जाता है। इस प्रत्यय का एक दुर्बल रूप—**त** (<सं०—**त्वम्**) के<लिए देखिए **मिथ्यात** (एफ़ ७२८, १८)।

—ति<सं०—**ता** (—**त्वा** ?)>अप०—**त्ता** (?), **अ**, के स्थान पर स्त्रीलिंग प्रत्यय **इ** रखने से बना है। उदाहरण: **रमति** (प० १३४, १३५) <अप० *** रम्मत्त**<सं० **रम्यता**=रमण करता,

रउ— : **त्रीजरउ** (आदिच०) में स्वार्थिक प्रत्यय की तरह प्रयुक्त।

§ १४९. **निषेधवाचक उपसर्ग**—अंत में मैं निषेधवाचक प्रत्यय—**अण** (<अप० **अण**—<सं० **अन**—) का उल्लेख करना चाहता हूं जो प्राचीन पश्चिमी राजस्थानी में संज्ञा और क्रिया दोनों के पहले व्यापक रूप से प्रचलित है। उदाहरण :

अणघरी (प० ६०२) स्त्री =बेघर की

अणतेडिउ आविउ छूँ ईहाँ (प० ४१७) =यहाँ मैं बिना बुलाए आया हूँ

जाँघ अणफरसतउ (श्रा०) =जाँघ अनछुए ही

अणदीधुं (दश० १।३) =अनदिया,

काई अणलहिवउँ न हुई (षष्टि०) =कुछ दुर्लभ नहीं है

तुं अणजाँणइ मरम (प० ८४) =तुम मर्म नहीं जानते ।

—०—

परिशिष्ट

प्राचीन पश्चिमी राजस्थानी रचनाओं से संकलित उदाहरण

१. धनावह बनिया के चार पुत्रों के विभिन्न पेशे

[हीराणंद् सूरि-कृत **विद्याविलास चरित्र** (सं० १४८५=१४२६ ई०)
से, पांडुलिपि संख्या ७३२, रीजिग्रा बिब्लिग्रोथेका नेज़नाले चेंत्राले
ऑफ़ फ़्लोरेंस]

तिणि पुरि निवसई सेठि धनावह, धम्र्मी नइँ धनवन्त।
पदमसिरी तस घरणी भणीइ, सहिजिइ[४६] अतिगुणवन्त ॥ ४ ॥
तस घरि नन्दन च्यारि निरूपम, पहिलउ[४७] धुरि धनसार।
बीजउ बन्धव बहुगुण बोलइ, बुद्धिवन्त[४८] गुणसार।
त्रीजु[४९] मूरतिवन्तु [गुण] सागर, सागर जेंम गम्भीर।
चउथउ बन्धव सुणि धनसागर, समर ससाहस धीर ॥ ५ ॥
एक दिवस ते च्यारइ[५०] नन्दन, रमति करन्ता[५१] रंगिँ।
बापि बोलाव्या कहु किस मुझ घरि, भार धरेसिउ तुम्हि।
पहिलउ[५२] बेटउ नन्दन बोलइ, हूं घरि मण्डिसु हाट।
बीजउ बोलइ प्रवहण पूरी, आणिसु[५३] सोवनपाट[५४] ॥ ६ ॥
त्रीजउ बोलइ [...] घर तणां, हूं गो[५५] चारिसि तात।
चउथउ बोलइ सुललित वाणी, सुणि प्रभु मोरी बात।
ऊजेणी नउ मारी राजा, लेऊस सर्व स्वराज।
इणि[५६] परि बाप तणां हूं सारिसि, मनवंछित सवि काज ॥ ७ ॥
एह वचन निसुणी नइ कुपीउ, चुहुँ[५७] दिसि जोयइ[५८] सेठि।
रीसाणउ बोलइ रे बालक, राती कीधी द्रेठि।
राय बीहन्तिइं तीणइ अवसरि, दीधी तास चपेड।
[तूं] मुझ घरि म रहिसि रे लम्पट, पर हूंति[५९] पूरि पेट[६०] ॥ ८ ॥
इणिँ[६१] परि देखी बाप पराभव, धनसागर सुपवित्त।
मांन धरी मन मांहि नीसरिउ,[६२] नयर बारि चलचित्त[६३]।

---

४६. सहजियं, ४७. पहिलु, ४८. बुध्धिवंत, ४९. त्रीजउ, ५०. च्यारि, ५१. रमति, ५२. पहिलु, ५३. आणिस, ५४. सोवन्नपाट, ५५. गोरू, ५६. ईणि, ५७. दहु, ५८. जोइ, ५९. हुँसि, ६०. पूरितुं, ६१. ईणि ६२. नीसरीउ, ६३. चलचित, ।

२. अन्य संस्करण के अनुसार वही कहानी

[न्यायसुंदर कृत विद्याविलास-चरित्र (सं० १५१६=१४६० ई०)
जैनाचार्य श्री विजयधर्म सूरि-प्रदत्त पांडुलिपि से]

तिणि नयरी निवसई धनवन्त। सेठि धनावह जगि जयवन्त।
पद्मश्री, छइ तेह नौ नारि। निरुपम सील कला भण्डार[६४] ॥ १७ ॥
तिणि जाया छइ च्यारइ पुत्त। लक्षणवन्ता सगुण निरुत्त।
नार्महि पहिलउ धन धनसार। बीजउ सागरदत्त कुमार ॥ १८ ॥
त्रीजउ गुणसागर गम्भीर। चउथउ धनसागर वरवीर।
रंगइ रमता च्यारइ कुमर। दीठा बापि[६५] जिसा हुइ अमर ॥ १९ ॥
परीख्या काजि[६६] बुलावि[६७] तात। निसुणउ[६८] वच्छ अम्हारी वात।
तुम्ह नइं आपउं[६९] निज घर भार। करिस्यउ किसु[७०] घर नउ व्यापार ॥ २० ॥
धनसागर तब बोलइ इसउ। सेठि तणइ कुलि वरतइ जिसउ।
जलथलमण्डल बहु विवसाउ। धनउ[त]पति नउ एह उपाउ[७१] ॥ २१ ॥
बीजउ पभणइ सागरदत्त। सांभलि तात वात इकचित्त।
विणजहि लागइ जोखिम घणा। ए छइ थेल घणा धन तणा ॥ २२ ॥
करसण सहसगुणउतपत्ति[७२]। ईणइ[७३] वाधइ घरि सम्पत्ति।
बोलइ गुणसागर इम जांणि। हाली करम किम इम वखांणि ॥ २३ ॥
ओलग कीयइ[७४] राजा तणी। तउ घरि वाधइ सम्पति घणी।
तउ बोलइ धनसागर जांणि। वय लहुडउ पणि वडउ प्रमांणि ॥ २४ ॥
परवसि विण किम ओलग होइ। जिहां परवसि तिहा निवृति न होइ।
राजा मारी लेइस राज। सवि साधिसु मनवंछित काज ॥ २५ ॥
धन कारणि जगि बहुअ नर, उद्यम विवध करन्ति।
ते काई कीजइ किसउं[७५], जिणि सवि कज्ज सरन्ति ॥ २६ ॥
रुलिवउ पेटा चोटडउ, नवि भरीइ भण्डार।
कुम्भ न भरीइ तउ किमइ, ठार पडइ सो वार ॥ २७ ॥
सांमत्थिम जे राज विण, ते सांमत्थिम जोइ।
जे परमत्थ निहालीइ, लूंण विहूण रसोइ ॥ २८ ॥
पुत्र वयण इम सांभली, तउ मनि हूवउ ससंक।
जइ ए बोलिसी बोल हिव, कुल आणेसि कलंक ॥ २९ ॥
जोइ न कुण कुल आंपणउ, अस राखी मनि आस।
घरि वाधइ वद्धामणउ, बाहरि लील विलास ॥ ३० ॥

---

६४. निरूपम, ६५. बाप, ६६. काज, ६७. बुलावइ, ६८. निसुणो, ६९. आपु, ७०. किसउ, ७१. उपाय, ७२. सहस्र, ७३. इण, ७४. कीइ, ७५. किसुं।

आप समागउ जीपीइ, कीजइ कुल आचार।
जे नर जाणइ एतलउ, ते साचि लागमार ॥ ३१ ॥
धनसागर पभणइ वली, कइ[७६] कुलवडुण[७७] कज्ज।
जे नर खांडइ आगला, तास तणा ए रज्ज ॥ ३२ ॥
साहसतेजि समत्थ[७८] नर, ते लहुडा न कहाइ।
जिमि घणघोर अन्धार विण, वाते जिम पुलाइ (?)[७९] ॥ ३३ ॥
तुम्ह पुत्तह विण अम्ह सरइ[८०], जिणि आवइ कुल गालि।
तिणि सोनइ कीजइ किसउं[८१], कांनज त्रोडइ आलि ॥ ३४ ॥
तुझ संगति रूडी नंही, जिहां भावइ तिहां जाइ।
सूकह काठइ बलन्तडि[८२], नीला फेडइ ठाइ ॥ ३५ ॥
नीसंरियउ निस भरि कुमर, एकलडउ वरवीर।
तेजी न सहइ ताजणउ, साहस जांह सरीर ॥ ३६ ॥

३. वानर और कील

[हितोपदेश के पद्यानुवाद पंचाख्यान से (केवल प्रथम तंत्र)
पांडुलिपि संख्या १०६ रीजिया विब्लिओथेका नेजनाले
चेंत्राले ऑफ़ फ्लोरेंस]

अव्यापारेषु व्यापारं यो नरः कर्तुमिच्छति[८३]।
स एव निधनं याति कीलोत्पाटीव वानरः ॥ ७२ ॥
दमनक कहि[८४] ते किम हुई वात, कहु[८५] करटक से माहरा भ्रात।
खित्री एक रहिउ पुरि जेणि, वन[८६] मां गढ मण्डाविउ तेणि ॥ ७३ ॥
तिहां लाकड विहरइ सूतार, बिपुहुरे जेमबा[८७] नी वार।
काष्ठ विचइं खीली देई वल्या, वनि भमता वानर तिहां मिल्या ॥ ७४ ॥
ताणी हाथ सुखइ तें करी, वार बे[८८] वार ते नीसरी।
बिहुं पाटीआं[८९] विचि अधठाम, कपि चम्पाणउ मूयउ ताम ॥ ७५ ॥
अव्यापार एह कारणइ छांडेवउं गुणवन्ति।
जेह न छांडइ जांणतां, ते आपद पामन्ति ॥ ७६ ॥

---

७६. कि, ७७. कुलवट्टण, ७८. समय, ७९. यह छन्द इतना अशुद्ध है कि इसके पुनरुद्धार का उपाय नहीं सूझता। त्रुटि सम्भवतः दूसरे 'जिमि' में है जो लिपिकार-द्वारा मूल से मूल के किसी भिन्न शब्द (या शब्दों) के लिए रख दिया गया है। ८०. सरय, ८१. कीसु, ८२. बलतडइ, ८३. इछति, ८४. कहइ, ८५. कहउ, ८६. घन, ८७. जिमवा, ८८. वि, ८९. पाटीग्रा।

४. कौलिक और विष्णु

[उसी से]

सुगुप्तस्यापि दम्भस्य ब्रह्माप्यन्तं न गच्छति।
कौलिको[९०] विष्णुरूपेण राजकन्यां निषेवते[९१] ॥ ३३२ ॥

कहि दमनक बन्धव नइ वली, राजकन्या[९२] कोलिकि किम वरी।
एक नयरि कोलिक[९३] छइ सार, तेह नइ मन्त्रि एक सूतार ॥ ३३३ ॥
तिणइ[९४] नयरि एक देवप्रासाद, जात्रमहोत्सव हुइ बहु नाद।
ते जोवा नइ राजकुंयारि, आवइ देहरइ बहु परिवारि ॥३३४॥
ते कोलिकि दीठी आवती, रम्भारूपि[९५] नामि श्रीमती।
देखी मूर्छा पामिउ तेह, तउ सूतारि बोलाविउ एह ॥ ३३५ ॥
नवि बोलइ नइ थयउ अचेत, घरि आणी नइ वालिउं चेत।
पूछइ मित्र तुझ नइ सिउं थयउं, कहि तउ[९६] कांई कारण कहउं ॥ ३३६ ॥
कहि[९७] कोलिक सिउं पूछइ भ्रात, ए कारण नी खोटी वात।
राजकन्या मइं दीठी जिसइं, हउं मोहिउ[९८] तेणीयइं तिसिइं ॥ ३३७ ॥
ते विण घडी रही नवि सकउं, न वीसरइ ते मुझमनि थिकउं।
कहि[९९] सूतार म आणिसि खदे, ते मेलउं हउं माने वेद ॥ ३३८ ॥
कोलिक कहि कन्या जिहां रहइ, पवन प्रवेश तिहां नवि लहइ।
तउ तूं मुझ नइ किम मेलवइ, बुद्धिबल माहरउं जोजे हवइ ॥ ३३९ ॥
घडिउ गरुड खीली संचारि, संख चक्र सिउं देव मुरारि।
कोलिक रूप नारायण सांम, खीली तणउं देखाडिउं ठाम ॥ ३४० ॥
चडी गुरुड खीली चालवइ, ऊडिउ गुरुड सांझ नइ समइ।
जई बइठउ कुमरी नइ मालि, निद्रावसि हुइ छइ बाल ॥ ३४१ ॥
जइ कोलिका बोलावइ खेवि, सूतां कइ जागइ[१००] छह देवि।
हउं निश्चय छउं देव मुरारि, मुझ सिउं (हवइ) विषयसुख सारि ॥ ३४२ ॥
समुद्रसुता मेल्ही नइ दूरि। हउं[१] तुझ मिलवा आविउ भूरि।
गरुडवानन शंक [नइ] चक्र। कौस्तुभमणि नइ स्यांम विचित्र ॥ ३४३ ॥
हैखी सेजि थकी ऊतरइ। कर जोडी नइ वीनति[२] करइ।
हूँ[३] अपवित्रकाया माणुखी। एह देह नही तुम्ह सारिखी ॥ ३४४ ॥
तू तां त्रिभुवन नउ भूपाल। तुझ नइ सहू पूजइ दयाल।
कहि कोलिक मम राधा नारि। ते सिउं माण नही संसारि ॥ ३४५ ॥
कहइ कन्या प्रभु तुझ नइ गमइ। तु जई मांगउ मुझ तात कन्हइ।
मांणसदृष्टि न जांउ[४] अम्हे। देव साखि हूँ[५] वरवउं तुम्हें ॥ ३४६ ॥

---

९०. कोलिको, ९१. निषेविते, ९२. कोलिक, ९३. कोकिल, ९४. तीणइ, ९५. रम्भरूपि, ९६. तूं कहइ तउ, ९७ कहइ, ९८. मोहिउं, ९९. कहइ, १००. जागिउ, १. हुं, २. वीनती, ३. हुं, ४. जांउं, ५. हुं।

रही राति ते गुरुडइ[६] चडिउ । को नवि देखइ तिम ऊतरिउ ।
कोलिक इम ते नित भोगवइ । दिन आपणा सुखिइं नीग नीगवइ[७] ।। ३४७ ।।
कन्याअंगि दीठा नख दन्त । कुंचुकनर कहि आविउ[८] अन्त ।
राय प्रतइं तें नर वीनवइ । अम्हे न जांणउ स्वामी हवइ ।। ३४८ ।।
तेडी राय रांणी नइ कहइ । सुणि प्रिया तउं [...?] कांई लहइ ।
तेह नइ रूठउ जांणे जम । राय विचार करइ तव इम[९] ।। ३४९ ।।
तउ राणी आव्या जोइवा । नर ना स्पर्श दीठा अभिनवा ।
रे रे दुष्टि दुराचारिणी । ए सिउं काम कीधउं पापिणी ।। ३५० ।।
जोई नीचउं जणणी नइ कहइ । विष्णुरूपि[१०] आवी नइरहइ ।
करइ ते [ह] माणस सिउं वात । हरषवदन तब हूई[११] मात ।। ३५१ ।।
जई राय नइ प्रछन्नगति जइ । निरखइ बइठा छांना रही ।
विणुरूप ते गरुडइ चडी । आवी गउखी रहिउ ते घडी ।। ३५२ ।।
देखी राय रांणी प्रति कहइ । विष्णुरूप सहू व्यापी रहइ ।
मन नां काज करीसइ कोडि । सवि भूपतिरहिसइ[१२] करजोडि ।। ३५३ ।।
एह जमाई तणइ प्रसादि । मोटा सिउं सही कीजइ वाद ।
सर्व देस सीमाडां तणा । राय करवा मांडइ आपणा ।। ३५४ ।।
ते सीमाडा विग्रह काजि । आवी रह्या ते राय नइ पासि ।
नयरपोलि देवरावइ राय । सहू को आकुल व्याकुल थाय[१३] ।। ३५५ ।।
राय कुमारी नइ कहावि इसिउं । तउं बेटी नउ महिमा किसिउं[१४] ।
ए जमाई छतइं मुझ दुक्ख नर । बीजा[१५] किम लिहिसइ[१६] सुक्ख ।। ३५६ ।।
आविउ कोलिक जव थई राति । कुमारी कहइ ते सघली बात ।
तुम्ह जमाई छतां मुझ तात । शत्रु तणउ ते किसउ उतपात ।। ३५७ ।।
कहइ कोलिक ए साचउं सुणउ[१७] । हवइ जोए महिमा मुझ तणउ ।
देवि[१८] सुदर्शन चक्र प्रमाणि । वयरी नइ घरि पाडउं हांणि ।। ३५८ ।।
ते कोलिक मन मांहइ[१९] धरइ । जउ वयरी रा नउ पुर हरइ ।
तउ ए स्त्री विरहउ मुझ थाइ । इसिउं विमासी कोलिक जाइ ।। ३५९ ।।
ते चिन्तइ निजघर मांहि जई[२०] । इसिउ उपाय करउं हूं[२१] सही ।
गुरुडि चडी हुं रहउं आकासि क्यारइ । वयरी जासिइ नासि ।। ३६० ।।
वासदेववाहन तणउ[२२], गरुड विचारइ भेद ।
प्रणमी प्रभु नइ इम कहइ, वाच सुणउ मुझ देत ।। ३६१ ।।
कोलिक मरण अंगीकरी, करइ तुम्ह नइ लोय ।
पूजा नही करइ पावरी, नहीं मांनइ वली कोय[२३] ।। ३६२ ।।

---

६ गुरुडि, ७. सुखि छोगवइ (sic), ८. कहइ, ९. पंक्ति त्रुटिपूर्ण है, १०. विष्णुरूपी, ११. हुई, १२. रहसइ, १३. थाइ, १४. किसउं, १५. वीजा, १६. लहसिइ, १७. साचउ सुणउं, १८. देव, १९. मांहि, २० जउ, २१. हुं, २२. तणउं, २३. कोइ ।

कृष्ण[२४] कहि[२५] तेणइ गरुडि तूं, जई संक्रमि खगराय ।
हूं[२६] कोलिककाया वसउं', इमि ते काज कराय[२७] ॥ ३६३ ॥
विष्णु गरुड बेहु[२८] संक्रमइ। वयरी ना दल ऊपरि भमइ ।
आगइ चरित्र सुण्या तसु तणां । नाठां[२९] वयरी जायइ घणां ॥ ३६४ ॥
गगण थकी कोलिक ऊतरइ । महिमवन्त[३०] थिउ राय नइ मिलइ ।
राइ मन्त्रि दीठउ जव तेय । तव कोलिक [सिउं] पूछिउ भेय ॥ ३६५ ॥
ए इसिउं काहउ[३१] किमते हूइउँ[३३] । धुरि थी सवि तेणइ इम कहिउं[३२] ।
शत्रु हण्या तणउ गुण जांणि । राय किसी [इ] न कीधी तांणि ॥३६६॥
राजा रीझिउ करिउ पसाय । सहु साखइ परणावइ राय ।
देस गाम आप्या हितकरी । कोलिकि राजकन्या [इम] वरी ॥ ३६७ ॥

५. राजा दत्त और कालिकाचार्य की भविष्यवाणी

[धर्मदास की उवएसमाला (१०५ वीं गाथा) पर सोमसुंदर सूरि की टीका, जैनाचार्य श्री विजयधर्म सूरि-प्रदत्त पांडुलिपि (सं० १५६७=१५११ ई०) से]

तुरुमिणी नगरीइं दत्त ब्राह्मणि महुन्तइ राज्य आपणइ वसि करी आगिलु जितशत्रु राजा काढी आपणपइ राज्य अधिष्ठिउं[३४] । धर्म्म नी बुद्धिइं घणा याग यजिया । एक बार दत्त ना माउला श्रीकालिकाचार्य गुरु भाणेज राजा भणी तीणइं नगरि आविया । मामउ भणी दत्त गुरु कन्हइ गिउ । याग नुं फल पूछवा लागु । गुरे कहिउं जीवदया लगइ धर्म्म हुइ । दत्त कहइ याग फल कहउं । गुरे कहिउं हिंसा दुर्गति नुं हेतु हुइ पेलउ कहइ आडउं कां कहउ याग नुं फल कहउ गरे मरण आंगमी नइ कहिउँ याग नुं फल नरक गतिकहीइ पेलउं कहइ दत्तउं नरगि जाइसु । गुरे कहिउं कउंण सूदेह । सातमइ दिहाडइ कुम्भी माहि पचीतउ नरगि जाएसि । सिउं अहिनाण। सातमइ दिहाडइ ताहरइ मुहि विष्ठा[३५] पडिसिइ ए अहिनाण । दत्ति कहिउं तउं मरी किहां जाइसि । गुरे कहिउं हउं देवलोकि जाइसु । तउ दत्तइं रीसाविइं गुरु पाखती जण मूंकिया । चींतवइ छइ सातमइ दिहाडइ गुरुजि मारिसु । इसिउं चींतवी घर माहि पइसी रहिउ । राजां मार्ग चोखलाविया । तिहां पुष्पप्रगर कराविया । एकहं मालीइं गाढइ काजि ऊपनइ विष्ठा[३५] मारगि करी ऊपरि फूल नुं डालउं लांखिउं । ते दत आठमा दिहाडा नी भ्रान्तिइं सातमइजि दिनि गुरु मारिवा नीसरिउ । घोडा नु पग विष्ठा[३५] ऊपरि पडिउ । विष्ठा[३५] ऊछली तेह नइ मुहडइ पडी । बीहनु पाछउ वलिउ ।

---

२४. कृष्णि, २५. कहइ, २६. हुं, २७. कराइ. २८. बेहु, २९. नाठा, ३०. महिमावंत, ३१. कहउं, ३२. हुओ, ३३. कहिउ ।

सामन्तमण्डलीके तेह ऊपरि विरक्त हुंतइ[३६] बांधी कुम्भी माहि [घालिउ कुम्भीं माहि] पचीतउ नरगि गिउ। सामन्ते वली आगिलु जितशत्रु राजा थापिउ। तीणइं श्रीकालिकाचार्य पूज्या। चारित्र आराधी देवलोकि पहुता॥

६. राजा श्रेणिक और उनका क्रूर पुत्र कुणीक

[वही, गाथा संख्या १४६]

राजगृह नगरि श्रेणिक राजा। चिल्लणा पट्टराणी। तेह नइ एक वार गर्भि पुत्र ऊपनु। पाछिला भव ना वइराणु सम्बन्ध भणी गर्भ नइं महात्म्यिइं भरतार नां आंत्र खावा नुं डोहलउ ऊपनु। अभयकुमार मुहुन्तइं कारिमां आंत्र खवरावी डोहलउ पूरिउ। जातमात्र बेटउ ऊकरडइ लंखाविउ। तिहां तेह नी आंगुली कूकुडइं लगारेक करडी। श्रेणिक महाराइ पाछउ घरि अणाविउ। अशोकचन्द्र नाम दीधउं। तेह नी आंगुली कुही। ते रोयइ। आंगुली श्रेणिक राय पिरू वहती मोह लगइ मुहुंडइ घातइ। ते बेटउ रोतु रहइ। आंगुली साजी थई। आंगुली कुही भणीं तेह हइं बीजउं नाम कोणी इसिउं प्रसिद्ध हूउं। इसिइ अभय कुमार महुन्तइं दीक्षा लीधी पुठिउं श्रेणिक महाराइं कोणी हइं राज्य देवा वांछतइं पहिलउंजि सम्यक्त्व नी परीक्षा देवता नु आपिउ हार अनंइ अवधिज्ञानी सेचनक हाथीउ एतलां वानां हल्ल विहल्ल बेटां[३७] ह्लइं आपियां। कोणी नइ मनि मत्सर ऊपनु। सामन्त सघलाइ आपणइ वसि करी बाप काष्ठपंजरि[३८] घाती राज्य लीधउं। बाप ह्लइं नित पांच पांच सई नाडीए मरावइ। इसिइ कोणी राय नइ बेटउ जायु छइ। ते खोलइ लेई कोणी राय जिमवा बइठउ। बेटइं भाणा माहि मूत्रिउं। ते पह्लउं करी जिमवा लागु। कोणी राय चिल्लणा माय ह्लइं कहइ मात दीठउं तइं माहरा बेटा ऊपरि स्नेह चिल्लणा मात रोसी कहइ सिउ ताहरू स्नेह। ताहरा बाप ह्लइं हूं उपरि एवडउ स्नेह हूंतउ ताहरी कुही आंगुली पिरू वहती आपणइ मुखि धाततउ। ते वात जाणी कोणी राय नइ मनि पश्चाताप हूउ। कुठार लेई बाप नी आठीलि भांजिवा गिउ। रखवाल आवी श्रेणिक ह्लइं कहिउं। श्रेणिक महाराय चींतविउं न जाणीइं ए वली कुण ह्लइं कदर्थना मारिसिइ। एह भणी तालुपुट विस खाई मूउ। आगइ आऊखा बांधा भणी पहिली नरकपृथ्वीइं गिउ। कोणी राय ह्लइं महापश्चाताप हूउ। पछइ कोणी राय हल्ल विहल्ल भाई नइ कीधइं चेडा महाराय सिउं महायुद्ध करी पाप ऊपज्र्जी[३९] छड्डी नरक-पृथ्वीइं गिउ॥

---

३६. में पांडुलिपियाँ सभी अनुनासिकों को केवल एक बिंदु से व्यक्त करती हैं इसलिए यह निर्णय करना कठिन है कि प्रस्तुत प्रसंग में 'हुँतइ' है या 'हुन्तइ'। ३७. बेटा, ३८. काष्ट०, ३९. ऊपाज्र्यी।

७. जैन मुनियों की मधुमक्खियों-सी जीवन-चर्या

[**दसवेयालिय सुत्त** की टीका से पांडुलिपि सं० ५५७, रीजिग्रा बिब्लिग्रोथेका नेज़नाले चेंत्राले ऑफ़ फ्लोरेंस में सुरक्षित]

धम्मो मंगलमुक्कठं।[४०] धर्म्म सर्वोत्तम मांगलिक हुइ[४१]। किंवि°। जीवदया १ संयम १७ भेद [२] तप १२ भेद ३ एह त्रिहुं प्रकार मांहि सघलाइ[४२] धर्म्म ना भेद अवतरइं। फलमाह। जेह जीव रहइं धर्म्म नइं विषइं सदा मन हुइ[४३] देवइ[४४] ते प्रतिइं नमस्कारइं ॥१॥ जहा°। जिम भमरु वृक्ष नां फूल नइं विषइं रस थोडु पीइं जेणइ रीतइं फूल क्रमाइं नहीं भमरू आपणपूं प्रीति पमाडइं ॥२॥ एवमे°। एणइं प्रकारइं भ्रमरा तणी परइं थोडउ आहार लेता श्रमण महात्मा कह्या लोक मांहि जे जैनसाधु वर्तइं ते फूल नइं विषइं ममरा नी परि आहार लिइं[४५] गृहस्थ नइं अन्तराय न ऊपजइं आपणउ[४६] निर्वाह करइं। किंविशिष्टाः साधवाः। दीधूं भात तेह नी एषणा शुद्धि नइं[४७] विषइं रत[४८] आसक्त छइं भमरा अणदीधूं लिइं साधु दीधूं सूझतुं लिइं एतलउ[४९] विशेष जाणिवउ ॥३॥ वयं च°। जीणइं प्रकारइं कोइ गृहस्थ पीडा न पामइं तेणइँ प्रकारइं अम्हे वृत्ति प्राणाधार आहार लहुं[५०] ईणि बुद्धिइं साधु ऋषीश्वर गृहस्थ तणइं घरि आपहणी नीपना आहार नइ विषइं जाई जिम भमरा आपहणी नीपनं फूल नइं विषइं जाइं ॥४॥ महुकार°॥ जे साधु कुणह तणी निश्रा रहित हुइं ते ऋषीश्वर अल्पाहार लहवा तु[५१] मधुकर सरीखा हुइं। किंवि°। तत्व[५२] तणा जाण छइं। पुनःकिंवि। नाना प्रकार गृहस्थ तणइं घरे पिण्ड आहार[५३] नइं विषयं रत आसक्त छइं। तेणि कारणि इस्या साधु कहीइं इस्युं तीर्थंकर तणइं वचनइं अध्ययन तणी समाप्ति हु बोलुं ॥५॥

८. अरिहन्त का अर्थ

[**पंचनमोक्खार** की टीका से, पांडुलिपि सं० ५८०, रीजिग्रा बिब्लिग्रोथेका नेज़नाले चेंत्राले ऑफ़ फ्लोरेंस में सुरक्षित]

नमो अरिहन्तणं। अरिहन्त नइं माहरूं नमस्कार हु[५४]। किस्या[५५] छइं ते अरिहन्त। रागद्वेषरूपिया [अ] रि वयरी हण्या छइं जेहे ते 'अरिहन्त'। वली किशा छइं। चउसट्ठि[५६] इन्द्र तणी नीपजावी पूजा हुइं योग्य थाइं। किशा ते इन्द्र। वीस भवनपति त्रीस विन्तरेन्द्र दस देवलोक ना बि चन्द्र बि सूर्य एक चउसट्ठि[५७] इन्द्र सम्बन्धिनी पूजा हुइं योग्य थाइं। वली अरहन्त किशा छइं।

---

४०. यहाँ मैंने प्राकृत छंद की संस्कृत छाया, जो कि पांडुलिपि में दी हुई है, छोड़ दी है, ४१. हुइं, ४२. सघलाइं, ४३. हुइं, ४४. देवइं ४५. लिइं, ४६. आपणो, ४७. ने, ४८. रत्त, ४६. एतलो, ५०. लहु, ५१. लइंचातु, ५२. तत्त्व, ५३. आहर, ५४. हुं, ५५. किस्यां, ५६. चउंसट्ठि, ५७. चउंसट्ठ।

उत्पन्नकेवलज्ञान चउत्रीस[५८] अतिशइं करी विराजमांन अष्टमहाप्रातिहार्यसंशोभमांन। किस्या ते प्रातिहार्य। अशोक वृक्ष फूलपगर परमेश्वर नी वांणी चांमरयुग्म सिंहासन छत्रत्रय भामण्डल देवदुन्दुभि एहे आठ[५९] प्रातिहार्य करी शोभायमांन। तीर्थंकर विहरमांन पद ध्यायिवा जिसउं स्पटिक-मणि अंकरत्न शंख कुन्द तणां पुष्फ तेह् नी परि धवलवर्ण्ण श्री चन्द्रप्रभ सुविधिनाथ अरिहन्त जांणिवा जे मोक्ष पदवी ना द्देणहार ते अरिहन्त प्रति माहरूं नमस्कार हु[६०]।

६. मानव योनि में मनुष्य की असहायता

[आदिनाथदेसणोद्धार बालावबोध से, इंडिया ऑफिस
लाइब्रेरी की पांडुलिपि, तिथि संवत् १५६१]

संसार माहि नथी सुख जन्मजरामरणशोके करी तथा तउहइ ते मिथ्यात्विइं अन्ध[६१] जीव न करइं श्रीजिनेन्द्र नउ वर धर्म ॥१॥ मायावी इन्द्रजालीया सरीखु वीजचमत्कार झबका सरीखउ सर्व सामान्य माचइं क्षण माहि दीठउं अनइ नाठउं किसउं अत्र प्रतिबन्ध॥२॥ कूण कहि नइ सगउं कूण पर भवसमुद्रभमणंमि[६२] माछा नी परइं भमइं जीव मिलइं वली जाइं अतिदूर ॥३॥ जन्मि जन्मि स्वजन नी श्रेणि मूंकी जेतली जीवइं तेतली सर्वाकाशि एकठी करी न माइं ॥४॥ जीवइं भवि-भवि मेल्हियां देह जेतलां संसारि तेह सघलांइ[६३] सागरोपमे करी कीजइ संख्या तु अनन्तेहिं[६४] न थाइ ॥५॥ त्रैलोक्य सघलउं[६५] अशरण छइ हींडइ विविधयोनि माहि पइसतूं नासतूंइ हंतउं न छूटइ जन्मजरामरणरोग नउ ॥६॥ छांडी नइ स्वजनवर्ग घर नी लक्ष्मी नउ विस्तार सघलउइ संसार अपारावार मार्ग माहि अनाथ पन्थी नी परइं जीव जाइ ॥ ७ ॥ वाइं आहणिउं पांडुरउ[६६] पांनडउं तेह् नउ संचय जाइ दिशे-दिशे जिम वाल्हउंइ तिम कुटुम्ब स्वकर्मवाइं आहणिउं जाइ ॥ ८ ॥ हा दैव माहरी मा हा बाप हा बान्धव भार्या बेटा वल्लभ जोतां हूंतां[६७] सर्व मरइ कुटुम्ब सकरुण नउं [६८] ॥९॥ अथवा कुटुम्ब माहि अति वल्लभ व्याधि वेदनाइं पीडिउ सलसलइ सडद्बडइ (sic) व्याधि मूमरि माहि गयउ चडकला[६९] नउं बाल तेह नी परि ॥ १० ॥ स्वजन न लिइं वेदना न वैद्य राखइं न रक्षा करइं ओषधीइं मरणवाघइं जीव लीजइ जिम[७०] हरिण नउं बालक तेह नी परइं ॥ ११ ॥ जिम तरुअर नइ विषइ पंखीया विआलवेलां दिशि-दिशि तउ आव्या अनइ रात्रि वसी नइ जाइं केवल न जाणीइं केतलाइ एक केही दिशि ॥ १२ ॥ घररूपीया वृक्ष नइ विषइ सगा चिहुं गति संसार माहि घणी दिशि थी आव्या वसी नइ पंच दीहा पछइ न जाणीइ कीहं जाइं

---

५८. चउत्रीस, ५९. आट्ठ, ६०. हुं, ६१. अथ, ६२. इस समास का अंतिम अंश प्राकृत है जो मूल से ही लिया गया है, ६३. सघलाइं, ६४. प्राकृत रूप, ६५. सघलउ, ६६. पांडुरउ, ६७. हूंता, ६८. तउं, ६९. वडकला, ७०. तिम।

॥१३॥ अर्थं धन धरि निरहइं [?][71] बान्धव सगां[72] नउ समूह मसाणभूमि एकलउ जाइ जीव नही [?] कांई अर्थि सगे रहइ को नही ॥१४॥ मृत्यु मरणरूपीइं ऊंटइं जीवलोकवन अप्राप्तफलफूल[73] काचउ [खाजइ] तेह नउ प्रसरण को वारणहार नथी देवलोकि मनुष्य [लोकि] असुरलोकि ॥ १५ ॥ गर्भथिउं[74] योनइं नीसरिउं [नीसरतउं हूंतउं] तथा नीसर्या पछी बालक वाधतउं हूंतउं छोकरउ तरुणउं मध्यम ॥१६॥ करडवलिउ पालिउ गाढउ डोकर उमरण विपाकि आवइ मरण देखइ सवि[75] कइ नइं पातालि पइठउ पर्वतगुफा अटवी माहि ॥ १७ ॥ थलि समुद्रि पर्वतशृंगि आकाशि भमतउ[76] जीव सुखीउ[77] दुखीउ रणीउ[78] दालिद्री मूर्ख विद्वांस करूप ॥१८॥ रूपवन्त व्याधीउ[79] नीरोग दूबलउ[80] बलवन्त न परिहरइ वन नउ दावानल नी परि जलिउ त्रसथवर[81] प्राणी जीव नउ[82] समूह ॥१९॥ अर्थ लक्ष्मीइं न छूटीइ[83] [न] बाह नइं बलइं न मन्त्रतन्त्र ओषधमणिविद्याइं न धराइ[84] मरण नी एकइ घडी ॥२०॥ जन्मजरामरण तीणइं हण्या जीव बहु रोगशोक तीणे संताप्या हींडइं[85] भवसमुद्रि दुक्ख नां सहस्र पामतां ॥२१॥ जन्मजरामरण (ना) आर्त्या जीव वाल्हां[86] ना वियोग ते दुख ना आर्त्या अशरण मरइं जाइं संसार माहि भमइं सदाइ॥२२॥ अशरण मरइं इन्द्र बलदेव वासुदेव चक्रवर्त्ति तउ एहवउं जाणी नइं करइ जीव धर्म्म नउ उद्यम ऊतावलउ ॥२३॥ बीहामणी भवाटवीइं एकलउ जीव सदाइ असखाइउ कर्मइं हणिउ भव नी श्रेणि हींडइ अनेकरूपे करी ॥२४॥ जिम आविउ एकलउ कन्दोरा पाखइं नागउ जीव जाइसइ तिमजि एकलउ छांडी नइ सर्व ॥२५॥ जाइ अनाथ जीव वृक्ष नउ फूल जिम कर्म नइं वाइं हरिउं धन धान्य आभरण पिता पुत्र कलत्र मेहली नइ ॥२६॥

१०. योगियों को कुलकर ऋषभ की पाक-शिक्षा

[आदिनाथ चरित्र से, पांडुलिपि सं० ७००, रीजिआ बिब्लिओथेका नेजनाले चेंत्राले ऑफ़ फ्लोरेंस में सुरक्षित]

जिवारइ ऋषभ कुलग [र] पणइ वर्त्तता तदा जुगलिआ सगलाही कन्दाहार मूलाहार पत्राहार[87] पुष्पाहार फलाहार करता। तिणइ प्रस्तावि सगलाही क्षत्रिय इक्षु सेलडी भोजन करता तिणइ मेलि इक्ष्वाकुवंसी लोक कहीजइ। हिवइ युगलिआ सालि आदिदेई सणीधांन[88] सतरमउ एहवा १७ धांन नी जाति आम काचा तुसे सहित खाता सर्व भस्म थाता सर्व जरतउ। पडता

---

७१. निहरहइं, ७२. सगा, ७३. अप्राप्ति ७४°°थिउ, ७५. सव, ७६. भमतउं, ७७. सुखिउ, ७८. रणीउं, ७९. व्याधीउं, ८०. दुबलउ, ८१. त्रसथवर, ८२. णउ, ८३. छूटीइं, ८४. धराइं, ८५. हींडइ, ८६. वाह्लला, ८७. पत्ताहार, ८८. सणीधान।

काल नइ जोगइ काचा पाका फल फूल तुस धांन[८९] सर्व तुसे सहित खातां जीमतां युगलिग्रां[९०] नइ जरइ नही पचइ नही शरीर नी अगनि मन्दी पडी माठीपडी अजीर्ण थाइवा लागा तिवारइ युगलिआ भगवन्त कन्हइ आवी कहइ। आगइ श्री ऋषभ कहइ जुगलिआ नइ अहो युगलिआ[९१] तुहे तुस धांन[८९] सर्व फली पुहुंख सिरा लेई नइ कर कमल सुं मसली कण जूदा[९२] करी आहार करउ। तिवारइ ते जुगलिआ तिमहीज करिवा लागा। इम करतांही जिवारइ जरइ नही तदा हाथ सुं मसली तण्डुला[९३] काढी पुडां माहे भीजवी नइ आहार करउ।[९४] इमही[९५] करतां जरइ नही। तिवारइ तण्डुला[९६] काढी पुडा दोना माहे भीजवी तिडकइ मेल्ही जीमउ। अथ तण्डुला भीजवी तावडइ मेल्ही हाथपुट मध्ये राखी नउ आहार करउ। अथ कण काढी भीजवी तावडइ मूंकी तिडकउ लगावीजइ करसम्पुटइ राखी कक्खा नउ ताप लगावी नइ आहार करउ[९७]। तउही जरइ नही। इम केतलउ एक काल व्यतिक्रम्यउ अद्यापि अगनि ऊपनी नथी अतिस्निग्ध कालइ अतिरूक्ष कालइ अगनि ऊपजइ नही किन्तु मध्यस्थ कालि ऊपजइ [...९८] ते जुगलिआ इणि विधइ जेहवइ रहइ छइ तेहवइ प्रस्तावि वन माहे वांसे वांसि घासी नइ अग्नि ऊपनी। तिवारइ जुगलिए दीठी। देखी नइ भयभीत थया। भगवन्त नइ जई नइ कहइ हे स्वामी वन माहे एह वउ एक पदार्थ नवउ ऊपनऊ छइ ते धगधगाहट करइ छइ। तदा भगवन्ते ज्ञानइ करी जाण्यउ अगनिपदार्थ ऊपनउ। जुगलिआ नइ कहइ छइ तुम्हें तिहां जाग्रउ आसइ पासइ तृण खड काष्ठ परिहा करउ नही तउ सर्व बालि नइ भस्म करिस्यइ अनइ वले फल फूल पुहुंख प्रमुख वन माहि थी ल्यावउ अगनि माहे पचउ पचइ आहार करउ। तिवारइ ते जुगलिआ वन माहि थी सिरां नी पोटली करी अगनि माहि मूकइ। ते सर्व बाली भस्म करइ। जुगलिआ भगवन्त नइ जाई कहइ ते तउ अम्हांही हुंती भूखी भराडी दीसइ छइ पाछउं[९९] कांई[१००] आपइ नही। तदा भगवन्ते जाण्यउ ए साचा जुगलिआ समझइं काइं नही विण सीखव्या नही जाणइ। श्री आदीसर भगवन्त रइवाडी पधार्या हाथी ऊपरि बइसी नीली माटी आणी कडहलउ घड्यउ नीवाह पचावउ। पछइ चूल्हा नी मांडि आधारण नउं देवउं धांन नउं ओरिवउं ऊतारिवउं मसोतउं फेरव्यउं[१] तां लगइ पचनारम्भ प्रवृत्ति सर्व भगवन्तइ प्रगट करी जुगलिआं नइ दिखाली। तिवार पूठइ आज तांइ पाकारम्भ करिवा लागा।

—०—

८९. धान। ९०. युगलिया, ९१. युगलिआं, ९२. जुदा, ९३. तंडुल, ९४. करइ, ९५. इमंही, ९६ °ल, ९७. करइ, ९८ 'ते वात गाथाइं करी कहइ छइ' में शब्द यहां मैंने छोड़ दिए हैं क्योंकि ये वर्णन में अनावश्यक और आरोपित हैं। ९९. पाछउ, १००. काई...१. पांडुलिपि में पूर्ववर्ती नपुंसक रूपों मे एक भी रूप सानुनासिक नहीं है।